Le couple et ses trajectoires contemporaines

Collection *Monde en cours*
créée par Jean Viard

Ouvrage édité par Manon Viard

www.editionsdelaube.com

ISBN 978-2-8159-6757-0

Kathleen Tamisier

Le couple
et ses trajectoires contemporaines

Postface de Pascal Lardellier

éditions de l'aube

De la même auteure,
chez le même éditeur

Le Crazy Horse. Dans l'intimité d'un cabaret de légende, 2023

Genèse d'un projet éditorial, justification méthodologique

Ce livre ne prétend pas tout révéler sur le couple ni définir une vérité absolue. Il ne propose pas de recettes miracles, ni de réponses toutes faites. Mais il part d'une conviction profonde : la question du couple, et plus largement celle de l'amour, est au cœur de notre société et de nos vies.

À chaque époque, à chaque génération, nous interrogeons le couple. Devons-nous l'idéaliser ? le redéfinir ? le fuir ou le sauver ? Il alimente nos conversations, nos doutes, nos espérances. Il touche à ce qu'il y a de plus intime et de plus universel en nous : le besoin d'aimer, d'être aimé, de construire, de durer, de comprendre… ou de recommencer.

Entrons ensemble dans cette exploration du couple, sans prétention, mais avec sincérité. Non pas pour juger, mais pour questionner. Non pas pour imposer, mais pour éclairer.

Car derrière chaque histoire d'amour se cache une tentative de vivre mieux, de se relier, de faire sens à deux.

Introduction

Nous faisons toutes et tous au cours de notre vie l'un des plus beaux voyages du monde : le voyage amoureux. Pour autant, cet itinéraire n'est pas un long fleuve tranquille. Ce périple est un parcours complexe, épousant des passages obligés, parfois escarpés. La vie débute souvent par la liberté du célibat, un moment durant lequel chacun essaye de s'inventer, tout en expérimentant beaucoup. Puis, avec la rencontre amoureuse, naît l'étincelle d'une passion qui peut se transformer en un engagement profond, ouvrant sur la possibilité d'un projet conjugal et familial. Cependant, au fil du temps, cette relation évolue. Et ce qui semblait être une union idyllique ternit parfois sous le poids du quotidien, de la routine et des incompréhensions.

L'amour, cette expérience universelle, intime et pourtant profondément sociale, n'a jamais cessé de fasciner, de troubler, mais aussi de diviser. À travers les époques, il a été chanté par les poètes, étudié par les philosophes, filmé sur grand écran, mis en scène au théâtre, ritualisé par les religions, encadré par les lois, mais il demeure, encore aujourd'hui, un mystère dont chaque individu fait l'apprentissage à ses dépens ou à ses délices. Faire de la place à l'amour, l'accueillir comme il se doit n'est jamais déraisonnable. Pour autant, c'est une sensation étrange, un chamboulement difficile à comprendre. L'amour s'immisce dans chaque cellule du corps. Tout nous échappe et, pourtant, on a cette impression diffuse que tout est possible. Nous sommes à nouveau capables de déplacer des montagnes, d'afficher ce sourire un peu niais en permanence sur le visage, rire en continu, se sentir invincible car choisi, aimé, admiré, désiré.

Ce que l'on appelle « la vie de couple » semble si naturelle, si attendue, qu'elle en devient presque un passage obligé de l'existence adulte. Pourtant, à y regarder de plus près, elle est loin d'être une évidence. Elle se construit, se questionne, se défait. Le couple exclusif et durable n'est plus l'unique modèle de réussite amoureuse. Le mariage, autrefois institution centrale de la société, semble vaciller sous le poids des transformations culturelles, économiques et psychologiques. Et les ruptures conjugales, désormais fréquentes, ne sont plus perçues comme des échecs, mais souvent comme des étapes vers une réinvention de soi. On assiste à une pluralisation des modèles conjugaux, concubinage, polyamour, célibat choisi.

Comme au théâtre, quatre actes structureront cet ouvrage, comprenant chacun trois scènes (comme au théâtre de la vie). Seront abordées de manière chronologique les questions inhérentes au célibat, à la rencontre amoureuse, la passion, l'amour (im)possible, l'engagement, le mariage, le désamour, la rupture conjugale, la remise en couple. Au cœur de cette réflexion, ce livre se propose d'interroger la construction du couple dans le contexte contemporain, là où coexistent la célébration de l'amour romantique et la lucidité sur ses impasses. Car l'amour, aujourd'hui, se vit dans un monde saturé de paradoxes ; il doit être à la fois intense et durable, libre et fidèle, passionné et équilibré. L'idéal amoureux contemporain, hérité des contes, des médias et des réseaux sociaux, nourrit souvent des attentes démesurées. Le vertige de l'amour, cette euphorie initiale qui accompagne toute rencontre amoureuse, fait parfois oublier que toute relation est aussi un travail, une cohabitation de différences, un compromis entre deux solitudes.

Mais avant même de former un couple, il y a l'expérience du célibat. Longtemps stigmatisée, elle devient aujourd'hui une posture légitime, parfois revendiquée, parfois subie. Le célibat n'est plus seulement un état transitoire, il devient un lieu d'exploration de soi, un temps de liberté, mais aussi, pour certains, un symptôme du désenchantement amoureux. Entre liberté individuelle et désir d'attachement, l'individu moderne vacille, hésite et, souvent, souffre.

La tendance a vu le couple évoluer du fusionnel au fissionnel[1]. Les deux partenaires sentimentaux et conjugaux pensent aussi à s'accomplir hors de leur relation, pour s'offrir des échappées belles personnelles, voire des parenthèses, pensées comme des respirations nécessaires pour pérenniser le couple.

Mais nous n'assistons pas pour autant à la fin du couple prophétisée par les Cassandre médiatiques. Le couple reste encore une norme incontournable, un modèle difficilement dépassable, une valeur-refuge, alors que les temps sont violents, économiquement, socialement, mais aussi relationnellement. Le mariage garde même une formidable force d'attrait symbolique. En fait, c'est la manière de vivre à deux qui a changé. Et de nouveaux modèles sont en train de s'inventer.

À cela s'ajoutent les nouvelles formes de relations, les amours impossibles ou toxiques, les histoires passionnées où le plaisir charnel masque parfois des rapports de pouvoir, de dépendance ou de violence psychologique. Ces dimensions, longtemps reléguées au silence, sont aujourd'hui au cœur des débats sociaux. Elles questionnent la notion même d'amour, en révélant ses ambivalences : ce qui élève peut aussi détruire, ce qui unit peut enfermer. Peut-on encore croire à l'idéal d'un

1. Serge Chaumier, *L'amour fissionnel. Le nouvel art d'aimer*, Paris, Fayard, 2004.

amour heureux et équilibré ? Ou faut-il repenser les fondements mêmes de nos relations intimes ?

Ce livre n'apporte pas de réponses définitives. Il offre plutôt un parcours, un regard à la fois lucide et sensible sur les amours contemporains, sur les tensions entre l'individu et le couple, entre le désir et l'attachement, entre l'éphémère et la construction. En mêlant témoignages, analyses et références filmiques incontournables et sociologiques, il s'efforce de comprendre comment les individus d'aujourd'hui composent avec leurs contradictions affectives. Il ne s'agit pas de juger, mais d'éclairer : pourquoi aime-t-on ? Pourquoi reste-t-on ? Pourquoi part-on ? Et surtout, comment réconcilier l'idéal avec le réel ?

Acte I

De la rencontre à la déclaration : le vertige des possibles

Scène 1 : Le célibat

Monologue de Bridget Jones (Renée Zellweger) :
« Pourquoi les personnes en couple demandent toujours aux célibataires comment vont leurs amours ? Est-ce que nous, on leur saute dessus pour savoir s'ils baisent encore ? »
Le journal de Bridget Jones, film réalisé par Sharon Maguire, 2001

En 1996, date de sortie du livre consacré à cette héroïne des temps modernes, les trentenaires célibataires s'identifiaient à cette Anglaise charmante et maladroite, qui désespérait non sans humour de trouver l'amour. Trois décennies se sont écoulées depuis la publication en Angleterre de ce roman, quelques centaines de pages en forme de journal intime relatant le quotidien farfelu et drolatique d'une célibataire londonienne de 33 ans. Bridget Jones est devenue logiquement la cheffe de file d'une horde de jeunes femmes dont elle a révélé l'appartenance à une communauté, celle des célibataires. Un véritable phénomène, avec des millions d'exemplaires vendus, rendant au passage célèbre son auteure Helen Fielding. Un quatrième volet des aventures de l'une des célibataires la plus célèbre de la planète a vu le jour sur grand écran en 2025. Véritable raz-de-marée, il faut analyser Bridget Jones à l'aune du contexte euphorique de la fin des années 1990, période presque comparable aux années 1970.

Hédoniste, ludique, où l'on avait envie de se lâcher, de vivre des choses. Le miroir que leur tendait Bridget, reflet fidèle de leurs défauts et vilaines manies, a permis de décomplexer de nombreuses femmes.

Solo et bien dans sa peau

« Mon existence en solo, je la vis pleinement. J'ai envie de refaire ma vie, mais pas à n'importe quel prix », me confie Caroline, 35 ans, mère célibataire divorcée depuis deux ans. « Je profite des variantes de l'amour : la tendresse que je trouve auprès de ma famille et de ma fille, la complicité que je partage avec mes amis. » À l'heure où le mariage n'est plus un passage obligé, où la vie de couple se pense davantage en CDD qu'en CDI et où la société se fait de plus en plus individualiste, nous sommes toutes et tous amenés à connaître des périodes de célibat. Fini le temps où les catherinettes étaient raillées et les vieux garçons tournés en ridicule. Aujourd'hui, les célibataires s'assument et certains n'hésitent pas à vanter les mérites de la vie en solo. Sans en faire pour autant un projet de vie. Parmi eux, ils sont nombreux à prouver qu'il est possible d'exister et de s'épanouir en dehors de la vie de couple, qui est souvent loin d'être un long fleuve tranquille, lui préférant, un temps au moins, le célibat. Pour Léa, 41 ans, vivre seule est un choix : « Je ne me marierai pas, j'ai vu trop de désastres autour de moi. En revanche, avoir un compagnon de route de temps en temps est appréciable, mais pas à temps plein. »

La possibilité d'être célibataire à un moment ou à un autre de sa vie est de plus en plus élevée. Comme nous le rappelle l'écrivain Jean Claude Bologne[1], « ce célibat n'est plus

1. Jean Claude Bologne, *Histoire du couple*, Paris, Perrin, 2016.

la salle d'attente du mariage, mais un mode de vie assumé, que reprennent à l'occasion les gens mariés, que reprennent tout naturellement les divorcés, nouveaux venus dans l'histoire occidentale ».

Exit l'image du célibataire malheureux et laissé pour compte. Place à celle d'un célibat qui peut être source d'épanouissement.

> Je me fréquente moi-même, je suis davantage à mon écoute. Je m'interroge sur ce qui me ferait plaisir, sur les personnes que je voudrais rencontrer. J'ai compris que l'on pouvait trouver d'autres domaines de réalisation de soi que le couple. Que ce soit au niveau professionnel, artistique, associatif, sportif. (Juliette, 32 ans)

À la Sainte-Catherine, fêtée le 25 novembre, la coutume, aujourd'hui désuète, voulait que les femmes célibataires de plus de 25 ans (les catherinettes) implorent la sainte patronne de les aider à se marier. Les solos s'en remettent désormais à d'autres saints : leur bonne étoile, leur bon vouloir, ou encore les sites de rencontres en ligne. Le nombre de célibataires a plus que doublé en soixante ans. Selon les chiffres de l'institut national de la statistique et des études économiques (Insee), la France compte aujourd'hui plus de 18 millions de personnes seules. Et parmi ces solos, célibataires forcés ou par choix, des personnes divorcées, séparées, veuves et des familles monoparentales. Plus qu'un état civil, le statut de célibataire est devenu un état d'esprit. Loin d'être un chemin de croix, c'est un choix qui permet d'être pleinement soi-même, une façon de vivre qui ferait presque des envieux… en couple. On est loin du cliché de la vieille fille complexée, traînant son « ultra-moderne solitude » comme le chante Alain Souchon. En effet, qui n'a jamais rêvé de passer, de temps en temps, un week-end tranquille à la maison à lire, regarder des séries et buller dans un bain sans contraintes ? Qui n'aimerait pas, parfois, sortir quand bon lui semble sans avoir de comptes à rendre ?

> Depuis que je suis divorcée, je me suis débarrassée de la routine du couple et je mène ma vie comme je l'entends. Et si j'ai envie de passer la journée attifée du sweat-shirt de mes 15 ans, élimé sous les coudes, je le fais ! Par contre, je n'ai jamais été aussi coquette, je vais régulièrement chez l'esthéticienne, j'adore ! J'ai enfin le temps de prendre soin de moi. (Bénédicte, 36 ans)

> C'est un vrai bonheur de me sentir libre de mes mouvements. Avec mon ex, je n'avais pas une minute à moi. Après le boulot, il fallait faire les courses, préparer le repas, l'écouter parler toute la soirée de ses problèmes de boulot... Ouf, tout ceci est fini ! Je pense à moi. (Léa, 37 ans)

> Le couple, je l'ai vécu. Je ne peux pas dire que je n'ai pas aimé, mais mon célibat retrouvé m'épanouit davantage aujourd'hui. Je passais mon temps à répondre aux multiples injonctions de ma compagne. Je donnais beaucoup de ma personne, je m'occupais d'énormément de choses dans la maison mais ce n'était jamais suffisant ni jamais assez rapide. Jusqu'au jour où elle m'a fait passer pour un fainéant devant nos amis... ce fut la goutte d'eau qui a fait déborder le vase. Nous nous sommes séparés peu de temps après. Cette séparation couvait depuis trop longtemps. (Gabriel, 31 ans)

Tout comme Bénédicte, Léa et Gabriel, les néo-célibataires semblent être des personnes épanouies, qui prennent désormais le temps de s'occuper d'elles, de faire du sport, de profiter de soirées, de voyager, de s'investir dans leur carrière. Vivre avec légèreté, vivre pour soi. Se dessaisir des injonctions, de ce que nous ne pouvons plus accepter ou tolérer.

L'actrice britannique Emma Watson avait trouvé, en 2019, la formule qui fit mouche, trouvant un écho retentissant dans les médias du monde entier. Dans une interview accordée au *Vogue* anglais, elle déclarait être très heureuse de vivre en solo. Mieux, elle l'avait théorisé : « Je suis *self-partnered.* » Ce que l'on pourrait traduire par « je suis mon propre conjoint ». Aussitôt l'expression fut reprise sur tous les réseaux sociaux. La comédienne venait de prononcer le mot magique, celui qui décrit à merveille ce que vivent nombre de personnes. De plus en plus d'hommes et de femmes revendiquent le fait de ne pas être en couple et refusent que ce soit vu comme un état honteux, dépressif, à cacher aux yeux du monde. On appelle cela le « *single positivity movement* ». Cas isolés, néanmoins révélateurs d'un certain état d'esprit, on peut se marier… avec soi-même. On parle alors de « sologamie ». Ce phénomène entre dans la logique du mouvement *#MeToo*. Il y a là l'affirmation d'une puissance féminine et le désir de briser un tabou, celui qui postule que les femmes seraient incomplètes si elles ne sont pas inscrites dans une vie de couple. Les célibattant(e)s actuel(le)s refusent le diktat de la société qui impose de trouver à tout prix un conjoint, une moitié, un prince ou une princesse charmante, qui donnerait enfin un sens à leur vie. La plupart ont connu la vie de couple. Ces personnes ont cherché et trouvé l'amour, trimbalant une vision négative du célibat. Jusqu'au jour où une révélation a eu lieu, leur permettant d'assumer leur situation.

> Je voyais mes proches célibataires et je les plaignais. Puis un jour, cela a été mon tour. Solo pour la première fois depuis quinze ans. Je me suis toujours imaginée à deux. Tout me paraissait plus simple en duo. Les premiers temps ont été difficiles car je passais mes journées et mes soirées à me remémorer les choses du passé. Et petit à petit, j'ai lâché prise. Je me pensais incapable d'avancer seule et pourtant, j'avais

> en moi toutes les ressources pour m'épanouir. Ce fut une période transitoire de deux ans, je suis à nouveau en couple, mais, avec le recul, j'ai beaucoup appris sur moi. Je peux même dire que j'ai été pleinement heureuse. (Fabienne, 38 ans)

Emma Watson s'est tout de même remise en couple en 2022. Nous le verrons au fil de ces pages, le couple a encore une raison d'être.

Claire Brull, auteure du blog *J'ai 40 ans et je t'emmerde*, revient sur sa période de célibat :

> J'ai été en couple durant huit ans. Mon mec était beau, intelligent, mais c'était un rabat-joie de première. Je suis restée par peur d'être seule. Aux yeux des autres, j'étais dans une relation stable. Mais cela me rendait malade. Un jour, je l'ai quitté. L'effet a été magique. Au lieu d'être submergée par l'angoisse, je me suis sentie libérée, j'ai commencé à sortir, à rencontrer de nouvelles personnes. C'était il y a trois ans.

Depuis, elle dit se sentir très bien, vivre dans l'instant. Mais évoque aussi le regard pesant de ses ami(e)s qui voudraient bien qu'elle se calme. Le regard des autres, voilà le plus difficile à gérer pour nos célibataires. D'où le besoin de prendre la parole.

> Que des femmes soient amenées à revendiquer leur célibat, cela prouve à quel point cette situation n'est pas toujours acceptée par la société. On se justifie toujours d'être célibataire, mais jamais d'être en couple, non ? On nous considère comme des épouses, des mères. Mais pourquoi devons-nous constamment justifier nos choix de vie ? J'assume pleinement mon célibat et aussi le fait de ne pas vouloir être une mère. Doit-on encore en débattre ?

Mais alors quelles seraient ces vertus de la vie en solo ? Nos célibataires affirment se sentir plus ouvertes aux autres, ayant une vie plus riche. Marianne, 32 ans, a eu quelques histoires d'amour, mais elle n'a pas été convaincue :

> Seule, je peux organiser ma vie comme je veux. Moi qui adore danser, je peux assister à autant de cours et de spectacles que je veux, sans avoir de remarques de mon mec. En fait, je me suis rendu compte que je n'avais pas besoin d'être avec quelqu'un pour être heureuse, ce qui ne veut pas dire que je ferme la porte à une relation amoureuse.

Être en accord avec soi-même – certains vous diront aligné(e)s –, voilà la grande découverte que font les heureux célibataires. Anémone, 33 ans, a été pendant cinq ans une célibataire obstinée. Un passage nécessaire, à ses yeux, pour pouvoir faire le point sur elle-même :

> Le célibat m'a permis de développer une relation positive avec moi-même. C'était essentiel et salvateur pour une éventuelle remise en couple.

Aujourd'hui, chez de plus en plus de personnes, on retrouve une exigence fondamentale : redevenir soi, définir ses goûts, faire ses propres choix. Et non en fonction d'un(e) autre. Et si bien vivre son célibat, cette occasion privilégiée de se réaliser en se retrouvant en tête-à-tête avec soi-même était le meilleur moyen de retrouver, par la suite, plus facilement l'amour ?

Et du côté des hommes, cela donne quoi ? Le même ressenti si l'on en juge les propos d'Adrien, 39 ans et de David, 37 ans :

> J'ai vécu toute ma vie en couple, autant dire que le célibat n'était pas prévu au programme. Il m'a toujours fait peur.

Ma compagne est partie il y a cinq ans. J'ai dû faire face. Aujourd'hui, je le vis pleinement. Je vis pour moi.

J'ai été marié durant dix ans, ma femme m'a quitté pour un autre. Mon monde s'est écroulé. Je vis seul avec mon fils unique. Je veux avancer, bien sûr. Je ne me vois pas célibataire tout le reste de ma vie. Mais cette position de solo me convient, elle me permet de prendre le temps de rencontrer la bonne personne, celle qui me donnera envie de m'engager à nouveau. Je suis patient.

Les célibataires assument pleinement leur statut, et cela est nouveau, aussi. Ils savent même faire preuve d'une bonne dose d'autodérision, comme en témoigne la vogue des tee-shirts qui les a vu arborer « je suis célibataire », l'été sur les plages et dans les rues. Message ambigu à souhait, entre fière revendication d'une liberté que beaucoup n'ont pas ou plus à leurs yeux, et appel à rompre la glace, coûte que coûte, en facilitant le contact, forcément intéressé.

La plupart des solos vivent cette période comme une parenthèse, qui n'est en rien synonyme d'une vie en pointillé. Les parenthèses, par nature, demandent à être refermées. C'est à ce prix que l'on peut mettre le point final, quand l'une a trouvé l'autre, son pendant complémentaire. Les célibataires sont de plus en plus nombreux; mais le couple, même en révolution, a décidément de beaux jours devant lui.

Célibataire et délétère

Petit bond en arrière: novembre 2009. « Nouveau départ », le salon du divorce, de la séparation et du veuvage se tient pour la première fois à Paris. Objectif: permettre aux divorcés de réussir leur séparation. Et surtout, de refaire leur vie. Clubs de rencontres, coaching, relooking, agences proposant des voyages en solo… Après la séparation, un nouveau mariage ? Tout semble inviter ces célibataires à ne surtout pas le rester trop longtemps.

Les célibataires ont beau prouver qu'exister autrement qu'à deux est possible, jouissant en 2025 d'une image plus positive, ils continuent de faire face à de nombreuses critiques par les personnes en couple. Homme ou femme, on serait forcément égocentrique, névrosé, misanthrope.

> Si vous saviez combien de fois j'ai entendu ce discours… Tu ne penses qu'à toi, tu dois être dépressif, tu n'aimes pas les gens en fait… Tu es loin de te recaser ! Comme si le couple nous épargnait d'une quelconque névrose. Laissez-moi rire. Ma compagne a passé sa vie à me surveiller. En permanence. Tu es où ? Qui c'est cette fille ? Elle en veut à ton argent ! Elle est trop jeune pour toi (huit ans d'écart à 63 ans, ce n'est pas fou non plus, hein ?!). Elle ne se rendait même pas compte qu'elle était invivable. Un enfer que j'ai subi durant des années. Si j'avais su que le bonheur pouvait être une vie en solo… je n'aurais pas attendu aussi longtemps pour le devenir. (François, 63 ans)

Comme l'explique Anne-Laure, 34 ans, le regard social est lourd à porter :

> Je suis restée célibataire assez longtemps, non par envie. Prise en étau entre mon souhait d'être en couple et mon refus de vivre une histoire au rabais, j'ai trop souvent vécu cette étouffante pression sociale. Fréquemment et dans divers environnements, je devais subir, la trentaine bien entamée, des phrases du genre « il faudrait peut-être penser à te caser » ou encore « dommage qu'il n'y ait pas de beaux célibataires à ce mariage ». Malgré le caractère risible de ce genre de phrases, le choc et la violence des mots devaient être encaissés à chaque fois. Et puis un jour (notamment suite à une démarche de

> développement personnel), une rencontre s'est transformée en une belle histoire, sereine et sécurisante. Pourquoi maintenant ? Peu importe, car me voilà enfin dans le moule (rire). Je suis très heureuse aujourd'hui, autant qu'avant, mais avec un poids en moins : celui de l'anxiété vécue malgré moi à l'idée de ne jamais apparaître socialement en couple.

Isabelle a 37 ans. Elle est aujourd'hui seule et sans enfant :

> Lors des réunions familiales, je génère de l'indifférence ou de la gêne. Au travail, j'essuie toutes sortes de remarques. Auparavant, cela me faisait bondir. Maintenant, j'essaye de me détacher de ce miroir qu'ils projettent sur moi et qui n'est en rien mon reflet.

> Quand je me suis retrouvée célibataire à 39 ans après dix années de vie de couple, c'était comme débarquer seule à l'autre bout du monde sans parler la langue locale… j'étais perdue. (Sarah, 39 ans)

Aujourd'hui encore, certains continuent d'attendre du célibataire qu'il trouve un jour sa moitié. Si possible avant d'avoir atteint la trentaine, décennie fatidique pour tous ceux qui ne sont pas encore casés. Tout le monde se souvient de *Tanguy* du réalisateur Étienne Chatiliez (2001), ce jeune trentenaire vivant encore chez ses parents, à leur grand désespoir d'ailleurs. Le film sorti en 2001 fut un tel succès qu'une suite a vu le jour en 2019 (*Tanguy, le retour*). Quant aux quadragénaires et quinquagénaires séparés, il leur revient de tourner rapidement la page et de retrouver quelqu'un sans tarder. La pression semble insidieuse. L'incitation à être en couple demeure très lourde. Médias, publicités, sites de rencontres, partout, on vante l'apologie du couple, qui reste la règle. C'est un signe de socialisation et, peut-être, une façon de se rendre l'existence plus confortable. « Pour affronter la vie et ses épreuves, pour acheter une maison, partir en voyage ou, tout simplement, aller à l'hôtel, mieux vaut être deux. Dans un monde où tout est conçu pour les couples, il est difficile d'être seul. Beaucoup de gens sont convaincus, et je crois à juste titre que la grande aventure d'une vie est une histoire d'amour. C'est ce qui est le plus exaltant[1]. »

On discerne sans mal que des tendances profondes se dégagent, qui transforment autant la manière de vivre sa solitude que celle qui consiste à faire couple. Alors, les célibataires papillonnent. Le fait est que l'on aime de moins en moins en contrat à durée indéterminée (CDI) et de plus en plus en contrat à durée déterminée (CDD). Quitte à renouveler celui-ci régulièrement, par tacite reconduction, ou à rompre le contrat, sans préavis. Les solos d'aujourd'hui constituent une génération d'aventuriers, mais aussi de naufragés du cœur, ayant connu maintes histoires, mais aussi maintes déceptions et séparations. Conscients qu'il est difficile de miser sur une histoire d'amour, plusieurs séquences de vie sentimentale et conjugale successives sont souvent nécessaires avant de trouver la perle rare.

La génération des amours en CDD se caractérise par un désenchantement et une méfiance, autant que par une impatience aux petits et gros défauts de l'autre. Alors que les générations précédentes ne se posaient pas ce genre de questions, intégrant la possibilité du meilleur, comme celle du pire.

Et s'il était question d'exigence dans les rencontres amoureuses, de lucidité dans les attentes et de courage? En quête d'authenticité, nos célibataires ne veulent pas d'une relation à n'importe quel prix. Ils sont nombreux à espérer une véritable

1. Jean-Michel Hirt, *L'insolence de l'amour. Fictions de la vie sexuelle*, Paris, Albin Michel, 2007.

histoire d'amour sans la trouver. Pour autant, ils refusent de s'« encoupler », en créant un couple juste pour ne plus être seuls :

> Seule une relation dans laquelle on essaie d'être heureux est acceptable pour moi. Je vois trop de couples dans mon entourage littéralement dans le coma... Je suis de celle qui ne peut embrasser un homme sans avoir de réels sentiments. Alors partager des années de vie avec quelqu'un sans vibrer juste pour éviter d'être seule ? C'est de l'ordre de l'impensable. Autant vivre avec un colocataire. (Adèle, 31 ans)

Cibles privilégiées des médias et de nombreux films, les solos représentent un filon en or. Véritablement tendance, le célibat est une source inépuisable d'inspiration pour les scénaristes de cinéma et de télévision.

Personne n'a oublié des séries télévisuelles telles que *Friends* ou *Sex and the city*. Le succès de la suite des aventures de Carrie Bradshaw (*And just like that*) tend à prouver que la vie de célibataires est celle que l'on envie, à condition qu'elle ne dure pas trop longtemps. Après la mort de *Mister Big*, le grand amour de notre héroïne, va-t-elle retomber amoureuse ? Se remettre en couple ? Les paris sont ouverts sur un futur prétendant. Aidan, l'ex qui a tant souffert de leur séparation ? Un nouvel homme ? Une femme ?

Le célibat est toujours un sujet de prédilection, un thème quasi obsessionnel de l'immense production des talk-shows. Quitte à ce que ses représentations médiatiques soient des clichés. Célibataire au début du film ou de la série, mais qui se termine en *happy end*, à savoir un retour au modèle de l'union romantique comme matrice du couple idéal. La télé-réalité a en tout cas fait du célibat une vache à lait très fertile, de l'inépuisable *L'amour est dans le pré*, au *Bachelor* à *L'Île de la tentation*.

Il semble que l'on soit passé en quelques années de la célibataire à la « célibattante », sorte de *Wonder Woman* dont se sont immédiatement emparés les magazines féminins. *Elle*, *Marie-Claire*, en tête. La célibataire 2025 est belle, intelligente, gagne très bien sa vie, conduit une voiture hype, ne sort que dans des endroits chics et select, choisit ses vacances sur le catalogue du Club Med et n'hésite pas à faire un aller-retour Paris-Milan pour une seule journée shopping… La modernité nous a en tout cas fait goûter à la liberté, celle d'agir, de décider, de voyager, de découvrir et d'aimer, aussi. Vertigineuse liberté dont les célibataires jouissent à l'envi, exprimant à leur corps défendant un signe des temps.

Réaliste ? Représentatif de la population française ? Mais alors, comment désigner cette femme seule avec ses trois enfants, qui (sur)vit grâce à un petit salaire et aux repas des Restos du Cœur ? Ou cet homme qui habite en foyer et qui passe ses journées sur un banc à donner à manger aux pigeons ? Le très humaniste film d'Isabelle Mergault, *Je vous trouve très beau* (2006), mettait déjà en scène le très regretté Michel Blanc, agriculteur, doté d'un physique ordinaire, bourru de surcroît, et avait déjà, semble-t-il, rendu justice aux dizaines de milliers de célibataires sans grade. Les célibataires, en particulier ceux vivant seuls, constituent une population vulnérable à la pauvreté en France. En 2022, selon l'Insee, le taux de pauvreté des personnes seules de moins de 65 ans était de 12,8 %, soit environ 2,3 millions de personnes. Ce taux est supérieur à la moyenne nationale de 8,1 %, reflétant une vulnérabilité accrue des célibataires face aux difficultés économiques. Plusieurs facteurs expliquent cette situation. Des revenus limités, notamment en l'absence de soutien familial ou de revenus conjoints. Le loyer ou un remboursement de crédit immobilier, les charges locatives, les assurances, les taxes. Le coût de l'énergie et les divers abonnements. L'alimentation. Les transports, l'entretien d'un véhicule, l'essence, l'abonnement aux transports en commun… L'isolement social peut également entraîner une exclusion des réseaux sociaux et professionnels, réduisant les opportunités d'emploi et d'entraide. Le couple n'est pas seulement une valeur refuge morale, il facilite la vie d'un point de vue économique. Toujours selon l'Insee, 60 % des célibataires français vivent avec moins de 1 500 euros par mois, sont peu propriétaires, vont moins souvent au restaurant. La vie à deux accroît les ressources.

Une personne meurt toutes les dix minutes à cause de la solitude. C'est le chiffre glaçant révélé par un rapport de l'Organisation mondiale de la santé (OMS) en juin 2025. Selon l'OMS, une personne sur six dans le monde souffre de solitude, un mal invisible qui touche toutes les générations, même si certaines personnes sont plus exposées, les jeunes, les personnes en situation de handicap, les personnes LGBTQIA+, les migrants ou les minorités. Ce rapport prouve que la solitude chronique liée à une période de célibat à long terme peut avoir des effets délétères sur la santé physique et mentale. Les résultats sont sans équivoque. Ne pas avoir trouvé sa compagne ou son compagnon de route nuit à la santé. La solitude, aggravée par un retour ces dernières années à des valeurs traditionnelles comme le mariage et la famille, déstabilise les célibataires endurcis. Aspirer à s'épanouir dans une union solide serait fondamentalement humain. Le désir d'une relation stable est un besoin quasi inné chez l'homme. Les personnes qui vivent une relation amoureuse satisfaisante et celles qui sont entourées de nombreux amis sont moins souvent malades et possèdent de meilleures fonctions immunitaires que les personnes isolées socialement. Leur système nerveux fonctionne mieux, elles dorment mieux et prennent davantage soin de leur santé.

Une étude menée par l'institut français d'opinion publique (Ifop[1]) a révélé que 50 % des personnes interrogées ont traversé un épisode dépressif. 46 % consomment des antidépresseurs ou des anxiolytiques. 76 % se déclarent malheureuses. La solitude peut entraîner une dégradation de l'estime de soi et une détresse psychologique suivie de pensées suicidaires, de crises d'anxiété, de consommation d'alcool et de drogues.

Manque de soutien, mais aussi de tendresse et de sexe. Les résultats des études indiquent que les célibataires ont une vie sexuelle bien moins épanouie que les personnes vivant en couple. L'amour, au sens large, stimule la production d'hormones. Les relations sexuelles avec un partenaire régulier produisent la libération des hormones du bonheur dans notre organisme dont les principales sont la sérotonine, l'ocytocine et les endorphines. Ces substances permettent de renforcer notre système immunitaire, de réduire le stress, de lutter contre les angoisses.

> J'ai vécu une période de célibat très longue, plus de cinq ans. J'ai apprécié ce temps que je me suis consacré. En revanche, des choses m'ont terriblement manqué. Ne pas pouvoir échanger, partager. Me confier. J'ai des amis bien sûr, mais avec la personne qui vit à vos côtés, c'est autre chose… Faire l'amour, souvent, intensément, en toute confiance. C'est important, non ? (Valéria, 34 ans)

Si le célibat a longtemps été perçu comme une situation transitoire, il semble de nos jours de moins en moins stigmatisé. Malgré les difficultés inhérentes à la solitude, de nombreuses personnes célibataires parviennent à vivre pleinement, librement, avec un certain épanouissement personnel.

---

1. Enquête Ifop de 2024 en collaboration avec l'association Astrée.

Les représentations évoluent et la société semble plus ouverte à la diversité des parcours affectifs. Le célibat n'est donc plus un marqueur de marginalité ou d'échec personnel. Porté par des évolutions sociétales profondes, comme l'individualisation des parcours, l'essor des valeurs d'autonomie et le recul des normes conjugales traditionnelles, il est de mieux en mieux accepté, voire revendiqué comme un choix de vie légitime. Les personnes célibataires sont désormais nombreuses à affirmer une forme d'épanouissement hors du couple.

Cependant, les enquêtes d'opinion révèlent qu'un idéal demeure largement partagé : celui de la vie à deux. Trouver un partenaire avec qui construire, évoluer, se soutenir mutuellement, partager les joies et les épreuves et, à terme, partager la durée reste un horizon désiré par une grande majorité de Français. Le couple conserve une forte valeur symbolique et affective dans l'imaginaire collectif.

Les chaînes de la dépendance affective

Conversation entre Betty (Béatrice Dalle) et Zorg (Jean-Hughes Anglade) :
Betty : Il y a toujours un truc qui déconne chez un mec !
Zorg : On s'est trouvé un coin peinard, je crois bien que c'est toi qui es fêlée ! T'es une conne !
Betty : Ça pue chez toi, c'est moche, je vais faire le ménage ! Je ne respire pas dans ta baraque et ton bordel. Et ce carton, je le fous en l'air !
Zorg : Non ! pas celui-là. J'y suis attaché. C'est sentimental.
Betty : Il a quoi de spécial ?! C'est quoi tous les cahiers ? C'est toi qui as écrit tout ça ?
Zorg : Oui, c'est moi et ça fait un bail même.
Betty : C'est toi qui as écrit sur toutes les pages de tous ces carnets ?
Zorg : Oui mais c'est n'importe quoi…
Betty : Ça parle de quoi ?

Zorg : De rien. De trucs qui me sont passés par la tête. Je les avais presque oubliés.
Betty : Tu te fous de moi ? on n'oublie pas des trucs comme ça !
Zorg : Viens te coucher maintenant. Tu ne vas pas te mettre à lire tout ça ? !
Betty : Pourquoi ? je vais me gêner peut-être !

Zorg (voix off) : Betty était la première personne à poser les yeux là-dessus. Le calme était revenu. À trente ans, on commence à avoir une assez bonne expérience de la vie. On apprécie de pouvoir souffler un peu.
37,2 le matin, film réalisé par Jean-Jacques Beineix, 1986

Film devenu culte, *37,2 le matin* met en scène la passion dévastatrice entre Zorg (Jean-Hughes Anglade) et Betty (Béatrice Dalle). Zorg vit en marge de la société. Il est un écrivain raté, il survit dans un chalet à Gruissan, enchaînant les petits boulots. Sans ancrage, désœuvré, marginalisé, il rencontre Betty avec laquelle il va vivre une passion intense et destructrice. Betty cherche l'absolu dans l'amour. Elle incarne une forme de féminité instable, hypersensible, écorchée, en prise à un désespoir existentiel, face à un monde normé et rigide qui ne lui correspond pas. Elle incarne une figure de la dépendance affective extrême qui se manifeste par un amour fusionnel, exclusif envers Zorg. Leur relation devient progressivement le théâtre d'une perte de repères psychologiques chez elle, dont l'équilibre mental semble entièrement conditionné par la qualité de son lien à Zorg. Elle projette sur lui l'idéal d'un amour total, inconditionnel, impossible à vivre. Elle ne supporte pas les compromis, les demi-teintes ou les frustrations du quotidien. Elle attend de lui qu'il donne un sens à sa vie, qu'il réalise ses rêves, notamment en l'encourageant à publier son roman et qu'il soit entièrement disponible émotionnellement.

Son amour est une quête existentielle, seul moyen de combler un vide profond. Lorsque Zorg ne répond pas à ses besoins affectifs, elle le vit comme une trahison, entrant alors dans des crises de colère ou de désespoir. Au fil des mois, la dépendance de Betty prend une tournure pathologique, perdant peu à peu le sens de sa propre identité en dehors de sa relation avec Zorg. Elle ne semble vivre qu'à travers son regard. Elle cherche un amour absolu, mais aussi reconnaissant. Elle veut qu'il réussisse comme écrivain, non seulement pour lui, mais aussi pour donner un sens à leur vie à deux, comme si son bonheur ne pouvait passer que par le bonheur de l'autre. C'est une forme classique de dépendance affective, où l'identité personnelle est entièrement projetée sur le partenaire. Sociologiquement, Betty incarne un archétype féminin romantique et tragique, la femme qui aime trop, jusqu'à l'oubli de soi, jusqu'à la folie. Cela renvoie à des représentations sociales très ancrées, où la femme passionnée est à la fois exaltée (telle la muse, la bohémienne, la sensuelle) et pathologisée (l'hystérique, la folle, la suicidaire). Elle n'a pas de projet propre, pas de carrière, pas d'autonomie dans le film : sa seule mission devient de soutenir, corriger, exalter l'homme qu'elle aime. Mais quand cet amour ne la comble pas, elle implose. Son entière féminité est construite autour d'un amour sacrificiel.

La dépendance affective de Betty ne serait rien sans un partenaire qui la nourrit inconsciemment. Zorg, au lieu de mettre des limites, entre dans ce jeu fusionnel. Il accepte tout, pardonne tout, s'adapte à tout, dans une posture d'amour sacrificiel inverse. Mais en n'opposant jamais de frontière claire, il renforce la dépendance de Betty, qui devient incapable de se confronter à la réalité seule, Zorg devenant un catalyseur silencieux.

Eva Illouz[1] a démontré comment l'amour moderne fonctionne comme un marché, avec ses offres, ses demandes, ses investissements émotionnels. Betty, dans ce système, est non compétitive. Elle donne tout sans retenue, sans stratégie. Son amour est inconditionnel, illimité, et donc, tragiquement inadapté à un monde affectif basé sur l'échange et la réciprocité. Betty souffre car elle n'adopte pas les codes de l'amour moderne. Elle ne sait ni se protéger, ni négocier.

Partons du principe que nous éprouvons toutes et tous le besoin d'être aimé(e)s, de recevoir de l'amour. On connaît des ami(e)s qui ne peuvent pas vivre seul(e)s. De ceux qui rencontrent systématiquement l'homme ou la femme de leurs rêves tant le statut de célibataire leur est anxiogène. Dans la mise en couple, c'est l'élan amoureux qui engage le plus souvent. Et il est sélectif. En principe, tout le monde ne vous plaît pas ou ne vous donne pas envie d'aimer. Ceux qui semblent foncer dans n'importe quelle relation affective peuvent être considérés comme des dépendants affectifs. Le terme « dépendant affectif » n'est pas un diagnostic officiel en psychiatrie. Il n'est pas répertorié dans le *DSM-5*, le manuel des troubles mentaux, ni dans la *CIM-11*, la classification internationale des maladies de l'OMS. Ceci dit, il est largement utilisé en psychologie clinique, en psychothérapie et dans le langage courant pour décrire un comportement relationnel marqué par une peur intense de l'abandon, un besoin excessif d'être aimé ou rassuré, une tendance à s'oublier soi-même dans la relation à l'autre. Il s'agit d'un trouble de la personnalité qui touche celles et ceux qui se considèrent comme incapables de se débrouiller seul(e)s. Ou qui ont le sentiment de ne pas être aimables et aimés, leur procurant une sensation

1. Eva Illouz, *Les sentiments du capitalisme*, Paris, Seuil, 2006.

d'insécurité affective. Toujours dans l'attente d'être approuvé ou validé par les autres, le dépendant affectif néglige son propre bien-être.

Cela peut se manifester par un attachement trop fort à une personne en particulier, souvent dans une relation amoureuse. La personne dépendante a tendance à chercher constamment l'amour ou l'attention des autres. La dépendance affective est également liée à un manque de confiance en soi et peut résulter de blessures émotionnelles passées, comme un manque d'amour ou de sécurité dans l'enfance, ou des expériences de rejet.

Si vos parents ne vous ont pas donné l'amour ou les soins dont vous aviez besoin pour avancer dans la vie, un vide qui grandit jour après jour se crée, tel un puits sans fond. Ce vide n'a jamais été comblé, au point de devenir une véritable souffrance. Le dépendant affectif est une passoire. Un « je t'aime » quotidien ne suffit pas. Les mots et les actes, même multipliés, s'écoulent par les trous de cette passoire donnant l'impression de ne jamais être comblés. On pense inconsciemment que l'amour doit faire mal, qu'il doit être chaotique. On devient dépendant à ce chaos car notre cerveau aime ce qui est connu. Ce qui, bien souvent, nous amène, tel un cercle vicieux, à choisir des femmes ou des hommes non disponibles émotionnellement ou fuyants. Que l'on va indéniablement étouffer.

La dépendance affective peut également être générée par la société. Cette société qui nous fait croire que l'on peut tout avoir, tout de suite. Les sites de rencontres, nous y reviendrons, nous plongent dans l'immédiateté. On a accès à des centaines de profils de femmes ou d'hommes en continu. Sommes-nous réellement faits pour vivre comme cela ? Est-ce un rythme naturel ? Qu'en est-il de l'attente, de la patience ?

Qu'en est-il du fleurissement de la relation, de son évolution ? On voudrait que cet homme nous aime tout de suite, réponde à nos messages instantanément. Mais cet homme n'a-t-il pas le droit d'avoir sa propre temporalité ? Il va répondre quand il l'aura décidé. Cet homme va m'aimer comme il sait aimer, comme il peut m'aimer et pas comme moi je veux être aimé.

La dépendance affective ne crie pas. Elle chuchote, elle supplie, elle attend. C'est un vide intérieur que l'on confond avec l'amour. Un besoin d'être regardé pour se sentir exister. On cherche dans les yeux de l'autre une preuve d'existence, une confirmation de sa propre valeur. Le moindre silence devient un doute, la moindre distance une menace. La peur de l'abandon rôde comme une ombre fidèle, même lorsque tout semble aller bien. Alors on s'adapte. On plie. On s'efface. On devient ce que l'autre attend, espérant, au fond, qu'il ne parte pas. On dit oui quand on pense non. On reste quand on devrait fuir. On donne tout, même ce que l'on n'a plus. On perd ses goûts, ses repères, sa voix. L'identité se dilue dans le lien, comme de l'encre dans l'eau. Et quand vient le moment de partir, on n'y arrive pas. Le cœur sait, mais le corps tremble. Car l'amour, même toxique, semble préférable à l'absence. À l'idée d'être seul ou seule. À l'idée de n'être plus rien.

Imaginons l'histoire de Lucie. Lucie a toujours été ce que l'on appelle « la gentille fille ». Celle qui dit oui, même quand tout en elle crie non. Elle pense que l'amour, le vrai, c'était donner sans compter. S'effacer un peu pour que l'autre brille. Elle n'y voyait aucun mal. Chaque relation est, pour elle, une quête. Non pas de l'amour, mais d'un besoin de validation. En tant que femme dépendante affective, elle cherche en permanence des signes d'affection, des compliments, des assurances d'amour de la part de l'autre pour se sentir bien.

Le regard de l'autre est un miroir dans lequel elle cherche sa valeur. Si on l'aime, alors elle mérite d'exister. La peur de l'abandon vit en elle comme une locataire silencieuse. Toujours là, toujours prête à hurler au moindre signe d'éloignement. Un message sans réponse, un regard fuyant, un silence trop long. Cela entraîne des comportements de possessivité et de contrôle. Oubliant que l'autre est également sur la sellette. Qu'à tout moment, la possibilité nous est offerte de sortir cet homme ou cette femme de notre vie. Lucie fait passer les besoins de l'autre avant les siens. Il s'agit d'un sacrifice de soi, qui met de côté ses propres désirs, besoins ou valeurs pour maintenir la relation. Elle s'efface souvent pour plaire ou satisfaire l'autre. Elle pense que son bonheur est lié à l'autre. Mais personne ne doit endosser cette responsabilité. Ce n'est pas à l'autre de guérir nos traumas. Quand l'autre quitte la relation, elle reste seule, vidée. Et pourtant, elle n'arrive pas à couper les liens. Elle s'accroche aux souvenirs, aux promesses, aux illusions. Même dans la douleur, elle préfère rester attachée plutôt que de faire face au vide de l'absence. Une personne dépendante affective éprouve des difficultés à mettre fin à une relation toxique ou déséquilibrée, source de souffrance, craignant l'isolement ou la perte totale d'affection de l'autre.

Lucie n'est pas un cas isolé. Elle est une parmi tant d'autres, un visage parmi mille, femme ou homme issu d'une génération élevée avec l'idée que l'amour donne un sens à tout. Depuis l'enfance, nous avons pu être conditionnés subtilement, mais puissamment à croire que l'amour romantique est le sommet de la réussite personnelle. Derrière un besoin incessant d'être aimé, il y a un vide identitaire. Un espace que ni la famille, le cercle amical et social, ni même les passions n'arrivent à combler. Seule la présence de l'autre peut temporairement remplir ce gouffre. La dépendance affective n'est pas un caprice, mais une stratégie de survie émotionnelle apprise très tôt.

Socialement, on valorise les femmes et parfois les hommes qui prennent soin, qui s'adaptent, qui aiment sans compter. Cette glorification du don de soi provoque un conditionnement à faire passer l'autre avant soi, jusqu'à se perdre.

Et c'est là que se situe la racine sociologique du problème. Notre culture confond souvent amour et possession, don et disparition de soi, attachement et dépendance, nous transformant en véritable caméléon émotionnel.

Dois-je être heureuse, heureux grâce à l'être aimé(e) ? Non. Quand cette personne n'est pas là, mon bonheur est toujours là. Je continue à exister pour l'autre. Je ne suis pas oublié(e) même lorsqu'il ou elle n'est pas là. Je suis toujours dans sa tête. Notre valeur n'est pas déterminée par la personne que l'on fréquente. Je peux être trahi(e), trompé(e), quitté(e), je reste toujours extraordinaire. Et dans tous les cas, je serai aimé(e) par d'autres.

Il ne tient qu'à nous de remplir ce puits émotionnel en cultivant notre jardin intérieur. Vivre sa vie, vivre ses passions, faire des choses qui nous intéressent vraiment. L'équilibre se trouve à l'extérieur, amitiés, activités, projets et non dans le repli de la seule relation amoureuse. Ce sont les bases d'une relation saine. L'autre ne m'appartient pas. Je garde ma liberté personnelle, il garde la sienne. On s'apporte des choses de notre plein gré.

Chercher l'amour en soi, cela ne dispense en aucun cas de recevoir de l'amour extérieur. Apprendre à se célébrer, célébrer les petites et grandes victoires, ne jamais se critiquer, se dévaloriser. Avoir de l'amour déjà pour soi.

Lorsqu'un(e) dépendant(e) affectif/ve s'engage dans une nouvelle relation amoureuse précipitamment, on pense naturellement à une relation qui répare. Il n'existe pourtant aucun temps de latence à respecter entre deux amours. Juste un principe de prudence qui enjoint à ne pas se précipiter dans une « relation pansement », destinée à réparer ce que l'on a vécu juste avant avec un(e) autre. Un nouvel amour chasse l'ancien, dit l'adage mais dans cet après douloureux, une relation pansement a-t-elle forcément du bon ? Peut-elle guérir plus rapidement la blessure ?

La personne que l'on rencontre immédiatement après (voire un peu avant) une rupture douloureuse, cette personne qui va panser, va permettre de protéger cette plaie ouverte après la séparation, de cicatriser plus facilement. Comme un pansement appliqué sur une coupure, le partenaire pansement aura le rôle de redonner confiance, d'aider et de soulager le deuil de la rupture. Mais pour que cette relation ait un avenir, encore faut-il être au clair avec les raisons qui nous motivent. Être quitté(e) et se retrouver seul(e) du jour au lendemain est douloureux. « La rupture a le pouvoir de faire douter de la personne que l'on est. Retrouver un nouveau partenaire va aider à retrouver confiance en soi, et à réaffirmer notre pouvoir de séduction. Cette nouvelle relation va renarcisser. Elle va également permettre une transition physique et sexuelle[1]. » Vous abandonnez votre ancienne relation et vous vous perdez dans une nouvelle. Une relation pansement va donner l'impression d'aller mieux, mais pour un temps seulement.

> Mon ex s'est remis en couple cinq jours après notre séparation. Plus rapide que l'éclair. Il s'est posté très rapidement sur les réseaux sociaux, avec elle. Souriants, il semblait jouir pleinement de sa nouvelle vie. Il s'est installé chez elle dans la foulée. J'ai appris par ses amis qu'il en bavait. Que ce n'était qu'une façade. Rien de vrai. Que du faux. Ils se sont séparés quand sa nouvelle copine a compris que ce n'était pas de

1. Fabienne Kraemer, *21 clés pour l'amour slow*, Paris, PUF, 2016.

> l'amour, mais de la dépendance. J'avais compris qu'il aurait dû prendre du temps pour se reconstruire, pour faire le point avec lui-même. Cette compulsion à se mettre en couple en urgence est juste pathétique. (Carole, 34 ans)

> Ma rupture a été traumatisante. Mon homme m'a quittée du jour au lendemain, en cinq minutes chrono. En rentrant d'un dîner, il a quitté la maison. Le mode opératoire est aussi violent que la douleur que j'ai ressentie. Un choc! (Line, 45 ans)

Deux ans après la rupture, Line assume et revendique pleinement son célibat:

> J'ai rencontré des hommes, on m'a fait la cour, mais personne ne m'a donné envie de rompre l'équilibre qui est le mien aujourd'hui. Une vraie cure de jouvence.

> Qu'en est-il de son ex-compagnon?

> Il a refait sa vie dans les jours qui ont suivi notre rupture. À vrai dire, je le plains. La seule chose qu'il aurait dû faire, c'est de goûter au célibat. Enchaîner les relations amoureuses, dans son cas précis, me semble suicidaire. Il ne parviendra jamais à se reconstruire. Il ne vit pas. Il est en mode survie. Cela me semble pitoyable et tellement triste.

La rupture, nous y reviendrons, agit comme une grande claque. Violente, douloureuse, parfois imprévisible, elle laisse une marque qui met du temps à s'estomper, y compris chez la personne qui quitte. Une rupture chamboule tout et quand l'état amoureux n'est plus là, il est long et difficile de remonter la pente. Mais est-ce qu'une relation dite « pansement », littéralement retomber volontairement dans les bras de quelqu'un pour oublier son ex, est vraiment le bon choix? Face à la tristesse, aux centaines de questions (qu'est-ce que j'ai fait?

Comment vais-je m'en sortir ?), au vide laissé par son amour, chercher du réconfort dans les bras de quelqu'un d'autre apparaît comme le seul remède à portée de main. Si chaque rupture est différente, certain(e)s ont besoin pour se remettre de plusieurs semaines, mois, voire années, car une rupture n'est pas seulement un adieu à une personne. Nous disons adieu au couple, aux habitudes, à la vie conjugale, à la tendresse et à tout ce que la relation a apporté de bien. L'histoire se raconte dorénavant au passé et c'est cela qui est dur à accepter.

Scène 2 : La rencontre amoureuse

Les rapports de couple face au succès des sites de rencontres

> Conversation entre Iris (Laure Calamy) et Sylvia (Olivia Côte), une amie :
> Iris : Il ne se passe plus rien entre nous, au lit.
> Sylvia : Tu as pensé à prendre un amant ? Il n'y a rien de plus simple. Tu as un téléphone... Va sur Tinder ou autre chose. Il y en a pour tous les goûts. Il y a même une application qui est spécialisée pour les gens mariés... Moi, je te conseille Deelove... ça m'a sauvé la vie.
> *Iris et les hommes*, film réalisé par Caroline Vignal, 2023

À travers le parcours d'Iris, 50 ans, ce film propose une radiographie sociale de la rencontre amoureuse à l'ère numérique. Il illustre à la fois les promesses d'autonomie que permettent les applications, et leurs pièges émotionnels : superficialité, solitude, compétition affective. Il interroge surtout la manière dont les femmes à tout âge peuvent ou non s'approprier ces outils pour réinventer leur rapport au désir, à l'amour et à elles-mêmes. Mariée, mère, dentiste, Iris mène une vie bourgeoise confortable, mais marquée par une absence de désir sexuel depuis cinq ans. Face à cette frustration, elle découvre les applications de rencontre pour raviver sa libido et redécouvrir son corps. Le film suit sa transformation, oscillant entre plaisir, confusion et remise en question. Mise en lumière du désir de réappropriation de son corps et de son plaisir, le film illustre la montée de l'individualisme amoureux, où l'on ne reste plus dans un couple par devoir, mais par choix, même à un âge avancé. Iris ne cherche pas à remplacer son mari, elle cherche à se redécouvrir elle-même, de se reconnecter à son désir. Le film montre comment les applications permettent à Iris d'accéder à un univers de possibles, des hommes variés, des conversations intimes, une nouvelle forme de séduction.

Par ailleurs, on connaît tous des gens qui ont fait l'amour avec des mots jusque tard dans la nuit. Qui ont joué du second degré, des doubles sens, des sens tout court lors de conversations badines au début avant de basculer, deux heures après, vers des substituts de pornographie. Des gens qui ont joui par les mots pendant des heures, des jours, des mois. Et puis, qui ont préféré ne pas se rencontrer pour ne pas être déçus. Quand d'autres se sont vus en présentiel et ont regardé leurs fantasmes s'échouer sur la réalité d'un feeling qui ne passait pas *in real life*. Car ce qui s'échafaudait dans nos têtes ne se produisait pas dans la chair. Lire des SMS laissant le trouble s'installer, faire miroiter à l'attention de nos neurones la bombe à retardement de l'orgasme est en soi un art du préliminaire décrit par Roland Barthes[1] : « Le langage est une peau : je frotte mon langage contre l'autre. C'est comme si j'avais des mots en guise de doigts, ou des doigts au bout de mes mots. »

On ne comptabilise pas moins de 2000 sites de rencontres en 2025 en France : les marques du groupe Meetic (Meetic, Tinder, Even, pour les parents célibataires, et Disons demain,

1. Roland Barthes, *Fragments d'un discours amoureux*, Paris, Seuil, 1977.

pour les plus de 50 ans), leurs concurrentes (Adopte, Bumble, Elite rencontre, Attractive world, le Parfait Gentleman, OkCupid ou Once). Selon le *Dating Lab* du groupe Meetic Europe, premier observatoire de la rencontre amoureuse animé par divers experts (sociologues, psychologues, neurobiologistes, philosophes), en 2024, 50 % des couples se sont rencontrés en ligne. Depuis la fin des années 1990, en effet, Internet et les sites de rencontres métamorphosent les stratégies de séduction.

Sur ces sites, chacun devient son propre cyber-agent matrimonial. Un pseudo, une fiche de présentation, un court texte résumant la personnalité et la quête, une photo éventuellement, et voici le (ou la) célibataire prêt(e) à entrer dans le grand bal masqué du « Net sentimental[1] ». Ensuite, on s'écrit des messages, on fait connaissance, on se livre, on se dévoile, on donne le meilleur de nous-mêmes, on ment aussi souvent… Chronophage, la pratique est particulièrement absorbante et nombreux sont ceux qui souffrent de Net-addiction, illustrant à l'envi ce que certains spécialistes décrivent comme « la tyrannie du branchement[2] » ou l'obsession du lien.

Révolution sociale et amoureuse, la rencontre en ligne a constitué au fil des années une révolution relationnelle, tant les timides peuvent oser ce qu'ils ne se permettraient pas forcément dans la vraie vie. Sur le Net, ils sont affranchis du regard d'autrui et libérés de la pesanteur et de la gaucherie de ces corps dont ils ne savaient que faire avant. Désormais protégés

1. Pascal Lardellier, *Le cœur NET. Célibat et amours sur le Web*, Paris, Belin, 2004.
2. Dominique Wolton, *Internet, et après ? Une théorie critique des nouveaux médias*, Paris, Flammarion, 1999.

par l'écran qui fait écran, l'anonymat du pseudo et l'absence des corps, bien loin des lieux de représentation sociale, les personnes seules peuvent se permettre toutes les audaces. Quitte à voir se généraliser le zapping relationnel[1] et l'industrialisation de la drague. Cela renvoie à « la marchandisation du lien social. Les partenaires sont choisis comme sur un marché, *via* des critères superficiels. Le rapport à l'autre devient souvent instrumental, parfois cynique[2] ». Car on passe des un(e)s aux autres sans justification ni explication, et le jeu des messages en copier-coller permet de contacter des dizaines de personnes en même temps. Après, il n'y a plus qu'à attendre qu'un(e) partenaire potentiel(le) morde à l'hameçon.

Dès les pages d'accueil, les sites de rencontres proposent des modes de recherche très performants, caractérisés par un réalisme et un pragmatisme qui tendent à évincer le danger, l'erreur, les errements. Et la logique sentimentale qui s'impose alors est consumériste : réduction des risques, catégorisation des termes de la quête, tentative de mise en adéquation entre ses aspirations et les concours très précis du partenaire idéal et du couple rêvé. Avec, souvent, cette illusion que l'on sélectionne au mieux celui ou celle à aimer, en fonction de multiples critères physiques, sociaux et moraux. On peut parler de « marketing amoureux[3] ». Le marketing orienté vers les célibataires surfe sur une tendance contradictoire : il vante l'indépendance, mais vend le couple comme valeur cardinale

1. Pascal Lardellier, *Éloge de ce qui nous lie. L'étonnante modernité des rites*, La Tour-d'Aigues, l'Aube, 2023.
2. Eva Illouz, *Pourquoi l'amour fait mal. L'expérience amoureuse dans la modernité*, Paris, Seuil, 2012.
3. Pascal Lardellier, *Les réseaux du cœur. Sexe, amour et séduction sur Internet*, Paris, François Bourin éditeur, 2012.

et horizon vers lequel tendre, puisque celui-ci est son fonds de commerce. Car si l'air du temps et les médias promeuvent l'autonomie et l'épanouissement de l'individu, dans le même temps, on enjoint à ces solos de se conformer au modèle du couple. Nombre d'entre eux expliquent la pression douce exercée par l'entourage, les amis, les parents, les collègues, quand ce statut s'éternise. « Se caser », rentrer dans le rang des gens « normaux ». Et scruter les fiches perso mises en ligne par les solos sur les sites de rencontres permet de constater qu'ils sont nombreux à avouer que la solitude est pesante. Il est d'ailleurs savoureux de relever que sur la totalité des inscrits de ces sites, une majorité de célibataires souhaite à toute force revenir au couple, alors qu'une petite minorité (en fait déjà engagée) cherche en toute discrétion à en sortir, pour agrémenter le quotidien.

Les femmes et les hommes ayant fait un passage plus ou moins long sur les sites de rencontres sont toujours prompts à analyser cette situation que tous ou presque ont connue.

> J'ai échangé avec un type bien sous tous rapports pendant quelques semaines. Il me raconte sa vie, il me plaît. Je sens qu'il se passe quelque chose. La photo de son profil renvoie l'image d'un homme distingué. Tout à fait mon genre, brun, élégant, une barbe bien taillée. Je lui donne rendez-vous un soir en bas de chez moi. Et là, je croise un homme, ventripotent, mal fagoté, négligé… aucune trace de mon bel apollon. Cet homme s'approche de moi et me dit: Coucou Mimi, c'est moi! Fab06! ça va? Ben, non ça ne va pas justement! J'avais l'impression d'être dans un cauchemar! Il y avait vraiment tromperie sur la marchandise!! Je suis rentrée chez moi en courant! (Myriam, 48 ans)

Viviane, Carine et François vivent seuls, et ils sont inscrits sur des sites de rencontres. Officiellement célibataires ; mais seuls, vraiment ? Ils ont des amis, des amants ou des maîtresses. Ils sont intégrés socialement et vivent des aventures qui ne sont pas pour autant des histoires. Mais n'étant pas en couple institué, ils restent des célibataires dans le regard de leurs proches. S'ils ne portent plus le stigmate qui affecta longtemps ce statut (les « vieilles filles » et « vieux garçons » d'antan), ils ne sont pas vraiment dans le rang.

Internet constitue en fait un immense second marché de la rencontre, le rendez-vous des naufragés du cœur et des parcours de vie compliqués qui aspirent quand même à (se) reconstruire, en se recomposant. Sur le « Net sentimental », on parle énormément de ses peines, de ses déceptions, de ses blessures et, bien sûr, de ses espoirs. La matrice technologique console, épanche, elle sert de déversoir, de défouloir, mais aussi de terrain de jeu et d'espace de séduction tous azimuts, reconstituant beaucoup de couples, mais en en défaisant pas mal aussi.

Nos villes sont devenues des archipels de solitude, alors qu'un appartement parisien sur deux est occupé par une personne seule. Alors tâchons d'être amis sur Facebook, tentons d'être amants ou amoureux sur Meetic ; et suivez, chers *followers*, ma vie passionnante sur Instagram. Passée l'ironie de principe, il n'y a pas de connotation morale dans cet énoncé. Anecdote révélatrice rapportée par ce couple constitué sur un site de rencontres : deux voisins d'immeuble se faisaient face en fumant accoudés au balcon chaque soir, se jaugeant de loin. Si la glace n'avait pas été brisée dans la vraie vie, c'est le détour par le même site qui les fit se rencontrer vraiment, alors que des regards en coin de ce face-à-face crépusculaire, rien n'avait vraiment abouti :

> Le plus fou, c'est que je me demandais pourquoi ce type me regardait avec autant d'intensité. Célibataire depuis deux ans, je cherchais à faire la rencontre de ma vie. Inscrite sur un site sans ma photo, j'espérais, un brin désabusé. Niveau physique, je lui trouvais du charme mais sans plus donc je ne lui accordais aucune importance alors que nous nous retrouvions souvent le soir tard sur nos balcons respectifs à fumer nos cigarettes. L'ironie, c'est qu'il a réussi à me séduire *via* le site que nous fréquentions… Ses mots, sa douceur, sa manière de concevoir la vie, il m'a infiniment plu. Nous nous sommes donné rendez-vous au café à l'angle de notre rue. Je l'ai vu arriver. C'était juste une situation hallucinante. Nous avons ri une nuit entière pour ne plus jamais nous quitter. (Floriane, 30 ans)

Il y a la drague, il y a l'amour et il y a le reste. Or, rappelons ce constat d'évidence : nous sommes de plus en plus nombreux à passer chaque jour un temps toujours plus important sur Internet. Il s'agit d'une révolution douce, qui s'est imposée en quelques années à peine, reconfigurant des pans entiers de nos vies et de nos relations. Sur la Toile, nous achetons, nous nous informons, nous donnons notre avis sur tout et n'importe quoi, nous draguons, retrouvons des copains et des ex, nous préparons nos vacances et gérons nos comptes, nous jouons, rencontrons virtuellement de nouveaux amis, nous dupliquons là ce que nous faisions auparavant de visu et sans ces écrans. Nous travaillons, bien sûr aussi, en passant une partie importante de nos journées à envoyer des e-mails et à y répondre. Et la part relationnelle de notre temps écran est conséquente, constituant souvent la majeure partie du temps passé *online*. Car connectés au réseau, nous sommes en contact permanent avec des personnes que nous connaissons bien (collègues et amis dans la vraie vie), avec des personnes que nous connaissons peu ou presque plus (anciens copains d'école ou de promo, ex-voisins, contacts professionnels lointains), mais nous communiquons aussi longuement avec des internautes que nous ne connaissons pas physiquement, et qui ne sont souvent que des « pseudos », des « fiches perso » ou des « profils ». Et là est bien l'une des autres grandes nouveautés introduites par le Net dans notre univers relationnel. De la blogosphère aux plateformes de *chat* et autres forums, de la drague en ligne aux réseaux sociaux, nous passons chaque jour un temps conséquent à communiquer *via* des ordinateurs toujours plus nomades et interactifs. Ils tiennent maintenant dans le creux de la main et sont connectés partout tout le temps. Les nouvelles machines à communiquer, les smartphones, sont tactiles et sensibles. Nous leur avons délégué une partie de notre mémoire et une large part de nos émotions. De moins en moins présents à autrui en face à face, il faut bien reconnaître que nous sommes de plus en plus nombreux à entretenir nos contacts numériques au fil de la journée et à alimenter ex-amis, copains lointains et amants virtuels de bribes de nous, opinions, coups de cœur, états d'âme, confidences et photos.

Longtemps, les corps eurent une prééminence obligée. Avant d'aimer d'amour ou d'amitié, il fallait s'être rencontré pour de vrai. Or, depuis quelques années, on peut s'affranchir des identités, des corps, du regard d'autrui, ce juge suprême, et des civilités qui fondaient la sociabilité traditionnelle, pour rencontrer et aimer différemment.

Les sites de rencontres font désormais tellement partie du paysage qu'on a parfois du mal à se rappeler que tout cela a véritablement démarré il y a trente à peine, boosté par la généralisation de l'ADSL.

> À de rares exceptions, nous vivons en permanence avec un ordinateur ou un téléphone à portée de main, à portée de cœur. Avant, l'amour c'était compliqué, depuis Internet, c'est pire. Mais l'amour simple, qui y croit encore ? À chaque époque ses épreuves amoureuses. Certains ont connu la guerre, les interdits, la révolution sexuelle, le sida… désormais, ce sera Internet. (Angela, 42 ans)

Soyons honnêtes : pour rencontrer, coucher, vivre des aventures, tomber amoureux, se mettre en couple, Internet, « ça fonctionne », indéniablement. Grâce à cet entremetteur technologique qui n'a pas d'égal, chaque jour, des dizaines de milliers de personnes se retrouvent (dans un café, en général) pour assez vite passer aux choses sérieuses : faire connaissance, puis voir si le « et plus si affinités » trouve lieu d'être, pour un moment de sexe, de partage de mots, de tendresse, pour commencer une histoire, ou la clore. Et chaque mois, des milliers de vrais couples se constituent, qui feront un bout de chemin ensemble, en signant un CDD conjugal, en principe renouvelable après période d'essai. Ces nouveaux couples viendront compléter la chronique de ces plus belles histoires du Net dont raffolent les médias.

Baze, Bumble, Raya, les nouveaux réseaux jouent maintenant sur la cooptation ou des droits d'entrée exorbitants. Il y a quelques mois, Bumble a bloqué Sharon Stone (oui oui, l'actrice du film *Basic Instinct*) pensant que son profil était faux. Personne n'a voulu y croire. Sharon Stone sur un site de rencontres, pour le commun des mortels, cela paraît aussi incongru qu'une boîte de caviar Beluga dans le rayon frais d'une station-service. Et pourtant, cela est bien réel. Sharon Stone s'est inscrite sur Bumble pour trouver sa moitié. Cela en dit long sur l'amour 3.0. Il y a une vingtaine d'années, on avait honte de s'être connus sur Internet. On s'accommodait avec cette réalité à cacher. On dira que l'on s'est rencontré lors d'un concert. Lequel déjà ?! Vite, une idée !

Aujourd'hui, on assume. Tel un Brad Pitt triomphant à une cérémonie des SAG Awards, qui, brandissant son trophée, a littéralement enflammé la salle lorsqu'il a annoncé fièrement qu'il allait devoir ajouter ce prix sur son compte Tinder. Info ou intox ? Brad Pitt demain à mon bras… ? Rien n'est moins sûr. Plus récemment, on apprenait l'inscription de l'actrice Charlize Theron, précédée par la mannequin Cara Delevingne, ou encore le chanteur Harry Styles. Adrien, 26 ans, s'est inscrit sur Raya :

> Je me retrouve dans le même réseau que le mannequin vedette Edie Campbell, ce qui me fait une belle jambe. Et quand je repère une fille qui pourrait me plaire, elle est en Australie ou en Californie.

Va-t-on assister à un néoromantisme technologique ? Vincent, 45 ans, se dit effaré par la violence des échanges en milieu numérique :

> Il y a moins de civilité, davantage de questions intrusives, du coup, les femmes se mettent sur la défensive, elles zappent, ne répondent pas. Bien sûr, des histoires se nouent, mais les gens semblent pris dans une forme de frénésie. Si tu ne réponds pas dans les cinq minutes, on t'efface !

Chez Billy Wilder, l'amour durait sept ans, chez Frédéric Beigbeder, trois ans, et sur Internet, parfois vingt minutes. Le protocole amoureux semble redistribué. À 28 ans, Margot en a fait l'expérience sur le site Tinder :

> C'est vraiment tout et n'importe quoi, les gens n'ont plus aucun filtre. J'ai matché avec un type, on discute, c'est plutôt sympa, et là tout à coup, il m'envoie à la chaîne quinze photos

> de son sexe. Quelques jours plus tard, il insiste pour qu'on se voie. J'étais avec deux amis, je lui ai dit : bien sûr, pas de problème. Il arrive, très beau cet idiot, et voyant que je n'étais pas seule, il a voulu repartir, mais je lui ai dit : mon coco, tu es capable de m'envoyer des photos de ton sexe, alors maintenant tu dis bonjour à mes potes. Je n'avais pas spécialement envie de le rencontrer, mais c'était rigolo de jouer à l'arroseur arrosé.

Photographe de mode, Édouard, 45 ans, a pratiqué Tinder jusqu'à l'overdose :

> J'ai arrêté de compter au bout de six mois, quand j'ai atteint cent filles. Très vite, on comprend comment obtenir un rendez-vous, et là c'est gagné. Quand j'en faisais sept dans la semaine, j'appelais ça le grand chelem. Il y a un côté rigolo au début, mais rapidement ça devient déprimant. Je venais de me séparer, j'avais peur d'être seul le soir et donc il fallait coûte que coûte que je trouve une fille avec qui passer la nuit. Je me suis rendu compte que j'étais devenu addict. J'ai même un ami qui est parti en Afrique pendant un mois pour se désintoxiquer. C'est comme une drogue, facile de commencer, très difficile d'arrêter.

On aurait tort de reléguer ce récit au registre de l'anecdote. Ce que l'on retrouve ici, accéléré par les nouvelles technologies, c'est la bonne vieille figure de don juan, que l'on admire en même temps qu'il fait pitié. L'insatisfaction amoureuse est vieille comme le monde. Les réseaux sociaux feraient-ils de nous tous des don juan malheureux ? Il est vrai que les possibilités infinies qu'offre Internet nous projettent dans une terrible indécision. Et cette réalité ne touche pas seulement les séducteurs en ligne. Sans les fréquenter, tout le monde a maintenant dans un coin de sa tête la possibilité des sites de rencontres, et c'est notre imaginaire érotique qui en est transformé. Le couple a longtemps reposé sur un certain fatalisme conjugal. Maintenant quand ça ne va pas, on a l'intuition de pouvoir rencontrer quelqu'un en trois clics. Cela contribue à plonger le couple dans une zone de turbulences incroyable.

Mais la rébellion s'organise. Sur son compte Instagram « Amours solitaires », Morgane Ortin recense les plus jolis textos d'amour. Ce qui n'était au début qu'un jeu est devenu un véritable phénomène. Elle reçoit plus de trois cents propositions par jour. Ironie de l'histoire, *AdopteUnMec.com* lui a proposé un partenariat :

> Ils étaient provoc au début des années 2000 avec leur imagerie de mec dans un caddie, mais aujourd'hui que ce cynisme est devenu la norme, ils ont besoin de se distinguer en revenant au romantisme.

Peut-on éprouver un vrai coup de cœur sur un site de rencontres ? Samantha, 53 ans, en est persuadée :

> J'avais déjà connu plein de filles quand je suis tombée sur son profil. Elle avait posté une photo d'une île en Grèce que j'adore, son prénom m'a tout de suite plu et elle a un vrai métier, elle est infirmière. Je l'ai rencontrée et ça a tout de suite fonctionné. Nous nous sommes installées avec sa fille une semaine sur deux et un chat à plein temps.

Après tout, le profil sur Internet n'est guère différent de la réputation qui précède le duc de Nemours à la cour du roi et permet à la princesse de Clèves de le reconnaître dès qu'elle le voit. Tomber amoureux, c'est toujours construire du sens avec quelques signes.

Le plus étonnant est peut-être que l'idéal du couple résiste si bien à la révolution numérique. On lit un peu partout que la nouvelle peur amoureuse n'est plus de se prendre un « vent », mais de s'engager. Et si c'était l'inverse ? Si l'offre potentiellement infinie des réseaux sociaux accentuait le besoin de se mettre à l'abri de cette compétition féroce ? Pour Anna, 30 ans :

> J'ai des copains qui quittent une soirée en disant « j'ai un Tinder ». Ce qui me frappe, c'est que ce sont les mêmes qui, deux ans plus tard, se marient et font des enfants. C'est comme s'ils baisaient pour le reste de leur vie tout en refusant le risque de la rencontre. Je trouve ça aussi conservateur qu'un mariage arrangé. D'ailleurs, c'est une invention américaine, le pays du puritanisme.

La crise sanitaire traversée en 2020 a redistribué les cartes, augmentant de manière considérable les connexions aux sites de rencontres. La Covid-19 a fait encore plus de dégâts chez les célibataires que chez les couples enfermés avec des enfants déscolarisés et des tensions latentes qui se sont bien souvent accentuées.

> Avant le premier confinement, j'étais content de profiter de ma liberté et des possibilités infinies des trois sites sur lesquels je suis inscrit. Je multipliais les conquêtes. Mais la solitude ressentie lors de la pandémie a été un long tunnel où j'ai eu tout le temps nécessaire pour réfléchir à mes souhaits pour l'avenir. Dès que l'on a été libérés, j'étais calmé et vacciné, c'est le cas de le dire. Quelques semaines plus tard, j'ai rencontré Pauline, dans la vraie vie. (Alexandre, 31 ans)

Autre nouveauté 2025, l'émergence de l'intelligence artificielle (IA) sur toutes ces applications. Il ne s'agit pas de séduire à votre place, mais de vous faciliter la tâche. Les algorithmes peuvent presque tout faire : débusquer les faux comptes, identifier ceux qui ont le plus de compatibilité avec vous, vous proposez des gens vers lesquels vous ne seriez pas allés spontanément ou encore choisir votre photo de profil. Après le match vient le temps de la rencontre. Si les restaurants ont toujours la cote, les expériences en plein air, sportives ou culturelles émergent très largement.

Les rencontres sans algorithmes existent-elles encore ? Ces derniers mois, la déprime digitale, le besoin de retour au réel semblent redéfinir les règles du jeu de la rencontre amoureuse. Se parler en chair et en os, sans smartphone. Hugo, 27 ans, se décrit comme un homme romantique :

> J'en ai eu ras-le-bol de scroller sans fin sur des profils comme on enchaîne les réels sur les réseaux sociaux. C'était devenu obsessionnel mais surtout déprimant.

En arrive-t-on à une saturation, un dégoût de cette pratique numérique ? Bénédicte, 29 ans, confesse avoir eu l'impression de se vendre comme un produit de grande surface :

> Je suis victime d'une fatigue digitale. Marre des discussions interminables sans aboutissement, des gens qui vous suppriment en un clic, des rendez-vous sordides à oublier. Je suis écœurée par le comportement de certaines personnes. Entre les soi-disant célibataires avec femme et enfants et ceux qui jurent vouloir une relation sérieuse alors qu'ils vous ghostent dès la première nuit passée ensemble…

Grandes gagnantes de ce retour à la vraie vie, les agences matrimoniales que l'on donnait pour morte à l'arrivée des sites de rencontres. Elles ne sont pas les seules à profiter de cette déprime digitale. Les événements en présentiel se multiplient, réhabilitant le temps de la découverte en face-à-face. Après la quantité de partenaires potentiels promise par les sites, le pari semble miser désormais sur la qualité et l'humanité. Loin des artifices. Génération ultra-connectée et si seule derrière son écran.

Les mystères de l'amour et du couple

> Voix off: L'amour est partout, imprévisible, inexplicable, insurmontable. Il frappe quand il veut et souvent.
> *Love actually*, film réalisé par Richard Curtis, 2003

De génération en génération, la comédie *feel good* de 2003 n'a jamais cessé de faire fondre les cœurs. Il faut dire que ce film à sketchs, patchwork coloré de variations sur l'amour, brasse suffisamment large pour fédérer : une dizaine de personnages et de situations, de l'épouse trompée au petit garçon amoureux pour la première fois, un casting haut de gamme (Hugh Grant, Andrew Lincoln, Emma Thompson, Liam Neeson, Keira Knightley…). Dans *Love actually*, le coup de foudre est la règle. À peine David, le Premier ministre anglais (Hugh Grant), aperçoit-il sa secrétaire Natalie (Martine McCutcheon) que son cœur s'emballe. Jamie (Colin Firth), écrivain trompé par sa compagne, croise le regard d'Aurelia (Lucia Moniz), sa nouvelle femme de ménage portugaise, et bim, papillons dans le ventre. L'alchimie, ici, est instantanée et purement physique. Jamie et Aurelia ne parlent pas la même langue ? Qu'à cela ne tienne, il ne leur faudra que quelques jours de cohabitation, entre mime et discussion en espéranto, pour savoir qu'ils sont faits l'un pour l'autre.

De nombreuses études universitaires[1] affirment qu'il faut entre 9 secondes et 4 minutes pour savoir si on aime bien quelqu'un. Mais entre ce moment précis et le moment où l'on forme un couple, on distingue trois phases de l'amour. Tout

---

1. Étude sur le speed-dating réalisée par Robert Kurzban et Jason Weeden à l'université de Pennsylvanie en 2005. Étude de Janine Willis et Alexander Todorov sur le *Thin-slicing* et les premières impressions très rapides, 2006.

d'abord, l'envie. L'autre nous attire sexuellement. Ensuite, l'attraction. On tombe amoureux, mais on a toujours très envie de l'autre, c'est une phase passionnelle. Enfin, l'attachement. C'est à ce moment précis que l'on commence à parler d'engagement. Dit comme cela, ça a l'air très simple. En pratique, les lignes sont parfois bien plus floues.

Éric Smadja[1] nous rappelle que le couple est une réalité vivante et composite, comportant trois secteurs. Le premier, socioculturel, associe deux partenaires qui entretiennent une collaboration et une coopération économique, assurant ensemble les moyens d'existence du couple afin de lui permettre de vivre. Le deuxième, corporel-sexuel, rassemble deux personnes sexuées qui ont des échanges physiques, affectifs et érotiques. Le troisième est psychique, constitutif de deux personnes qui deviennent un « nous ».

Nous pouvons nous accorder à dire que le couple commence lorsqu'il y a un attachement et un minimum de projection. Isabelle Robert-Bobée[2] note que sont enregistrés comme couples ceux qui se déclarent comme tels. C'est donc à nous de le décider. Faut-il se voir plus de trois fois par semaine ? Se parler tous les jours ? Vivre ensemble ? Se dire je t'aime ? Rencontrer les familles respectives, les amis ? Coucher ensemble veut-il dire que l'on est en couple ? Les actes sexuels sont-ils déterminants ? Faut-il s'engager à signer un contrat ? Faut-il mettre en scène son couple sur les réseaux sociaux ? Changer son statut Facebook, s'afficher comme pris ? Cyber-acter notre relation en se désinscrivant des sites de rencontres ?

1. Éric Smadja, *Le couple et son histoire*, Paris, PUF, 2011.
2. Cheffe de la division des études sociales de l'Insee.

Je m'estime en couple lorsque le lien qui me lie à cette personne va au-delà du sexe ou de l'amitié. Lorsque l'on décide ensemble d'être exclusifs et que l'on ne va plus voir ailleurs. (Odile, 45 ans)

Un couple, c'est un contrat de confiance. Selon moi, il se constitue et devient sérieux lorsque l'on enlève le préservatif. On a fait les tests nécessaires. (Léo, 23 ans)

Lorsque l'on aborde la question de l'argent. Chacun fait comme il veut, mais l'important pour moi, c'est que ce soit dit et qu'on soit tombés d'accord, pour que personne ne soit lésé. Être au clair sur les questions d'argent est essentiel à la constitution d'un couple. C'est une conversation qu'il faudra de toute façon avoir tôt ou tard. (Caroline, 30 ans)

Dans une interview accordée au *Monde* en 2017, la chanteuse Jane Birkin racontait sa première nuit historique avec Serge Gainsbourg. Celle où elle est tombée amoureuse, découvrant derrière l'arrogance du personnage un homme drôle, charmant, prévenant. À l'hôtel Hilton, le réceptionniste a demandé à Serge s'il voulait la même chambre que d'habitude. Jane a pris peur. Mais en arrivant dans la chambre, le temps qu'elle passe à la salle de bains, Serge s'était endormi. Elle est sortie, a acheté au drugstore le disque sur lequel ils avaient dansé toute la soirée, lui a déposé entre les doigts de pied et elle est repartie. Elle précise alors « j'étais au petit bonheur ». Au petit bonheur. Sur un petit nuage. Avec des papillons dans le ventre. Des étoiles dans les yeux. Quelle que soit la métaphore appelée à la rescousse pour décrire l'indescriptible, on n'oublie pas ce moment magique où l'on tombe amoureux. Même des années après subsiste l'écho de cette sensation unique d'insoutenable légèreté. L'intensité de ce vertige reste gravée jusque dans ses détails infinis. On se souvient de l'intensité d'un regard, d'une bouche pulpeuse, d'un parfum, d'un chemisier laissant apercevoir un morceau de peau… Ce sont des trésors précieux.

C'est le genre d'histoire qu'on aime raconter. Nombreuses sont les soirées entre amis où l'on se pose cette question : « Vous vous souvenez du moment où vous êtes tombés amoureux ? » Regards émus et complices. Évidemment qu'ils s'en souviennent. Mais de quel moment exactement ? Celui où ils ont succombé ou celui où ils en ont pris conscience ?

Love at the first sight. L'amour au premier regard. Soudain et irrésistible. À l'évidence, c'est l'homme, la femme de notre vie. Dès le premier instant, notre cœur s'emballe, notre esprit se met sur pause. Oui, on peut tout quitter sur un coup de tête, pour un coup de foudre, même si on est une grande fille ou un grand garçon raisonnable. L'amour fond sur vous et vous rattrape. Le coup de foudre est quelque chose de si fort, si troublant, si entier, si incandescent qu'il est difficile de lui résister. Il ne répond à aucune logique. C'est une déflagration, une explosion des certitudes. Tomber amoureux instantanément, c'est s'abandonner à quelqu'un qui arrive au bon moment pour souvent vous remettre debout. Tout disjoncte en nous, le bon sens, mais aussi la capacité à suivre le cours normal d'une rencontre : la période de drague, l'attente, le doute. Rien de tel avec le coup de foudre. Il n'est pas rare que l'on consomme le soir même, sans attendre. « Le coup de foudre est un coup de sang, basé sur le regard, l'attirance physique, il est lié au désir sexuel », souligne Jean Claude Bologne[1]. Pour expliquer ce désir immédiat et incontrôlable, on peut évoquer l'idée de fétiches qui appartiennent à nos histoires personnelles. On craque pour des détails inscrits en nous depuis l'enfance. Une passion pour les yeux verts, une

1. Jean Claude Bologne, *Histoire du couple*, Paris, Perrin, 2016.

bouche gourmande, une démarche chaloupée, des muscles saillants, un sourire, un rire qui nous chavire, une voix… l'image de la femme ou de l'homme idéal se construit avec les rêves, les images mentales.

Tout le monde ne peut pas vivre un coup de foudre. Il faut pour cela croire au merveilleux, à la pensée magique. Pour aimer vite et fort, il faut avoir de la fantaisie et une bonne dose de romantisme. Ces amants-là parlent de folie, d'envoûtement, de possession. Vanessa, 50 ans, explique ne pas avoir été en mesure de résister :

> Cela a tout emporté, balayé, en quelques jours, j'avais plié bagage et je partais m'installer chez lui, laissant mon compagnon sous le choc.

> Comment vous expliquer ce que j'ai ressenti pour cette femme alors que j'étais en couple depuis plus de quarante ans ? Elle m'a rendu fou. Fou d'amour. Elle était la beauté et la bonté incarnées. Intelligente, douce. Je suis tombé éperdument amoureux de cette femme. Je tremble rien que d'en parler. (François, 63 ans)

Forcément, cela fait de la casse autour de soi. Grande est l'envie de se séparer, de divorcer, de changer de ville, de pays pour pouvoir s'aimer sans entraves. Complètement insensé ? À y regarder de plus près, le coup de foudre ne fait que révéler ce que l'on attend de la vie. Si on est capable de tout quitter précipitamment, c'est signe que l'on n'est plus en phase avec notre vie actuelle, que la routine nous pèse, que nos envies, besoins ne nous semblent pas assez comblés. Et qu'on ne veut pas laisser passer une occasion qui ressemble à une nouvelle chance. On surévalue le rôle du hasard dans la rencontre. Le coup de foudre n'est plus dans ce cas une simple tocade passagère, mais une façon de magnifier une banale histoire d'amour. La flèche de Cupidon vient combler un manque, pointer l'ennui, la faille dans notre vie d'avant. Un rôle qui ne nous convient plus, des habitudes pesantes, un désir qui s'est éteint depuis belle lurette. Le coup de foudre comme « boosteur ». Autant dire qu'on a parfois tout à gagner à suivre un élan du cœur, autant de promesses de nouveauté et de vitalité retrouvée. Et tant pis si on a tendance à idéaliser l'autre. Il n'est pas chauve, il a un grand front intelligent. Il n'est pas radin, il est économe. Il ne pratique pas le sport à outrance, il entretient son capital santé.

Ce qui fait durer une histoire, malgré les difficultés, la pluie et les factures, c'est son mythe fondateur, le roman du couple, ce qui a permis de faire « boom ». Si ce mythe, ce souvenir, est flou et mou, on n'aura aucun plaisir à se le remémorer en cas de coup dur. Il y a fort à parier que la relation continuera sur la même lancée molle et banale. Mais s'il ressemble à une pêche miraculeuse, on aura l'impression d'avoir mis la main sur un trésor. Et cette énergie, cette force viendront combler un début d'histoire qui a brûlé les étapes (drague, attente, doute...) laissant une existence derrière et des ex déchirés.

> Ma rencontre avec l'homme que j'aime n'a pas été préméditée. La foudre a frappé à un moment de ma vie où tout allait bien. Célibataire assumée, je n'avais pas en tête de rencontrer quelqu'un. Comédien, nous nous sommes croisés lors d'une soirée. Le temps semblait suspendu, mon cœur s'est mis à battre la chamade. Tout en lui m'a bouleversée. Notre discussion a immédiatement été fluide, nos points communs évidents. Lorsqu'il a chaussé ses lunettes, j'ai su. J'ai su que c'était lui. Notre rencontre n'était pas un hasard, nous devions nous rencontrer à ce moment de nos vies. Pour le meilleur et sans aucun doute pour l'avenir. (Francesca, 53 ans)

Pourquoi certaines personnes nous attirent plus que d'autres ? Plusieurs pistes sont à explorer.

Bernard Sablonnière[1] rappelle que de manière purement biologique, dopamine et testostérone se chargent de booster le désir et le passage à l'acte. Mais ce qui fait la différence entre un plan d'un soir et une relation, c'est l'ocytocine, l'hormone de l'attachement. C'est dans les six premiers mois d'une relation que son taux est le plus élevé. Il est donc question de biologie ou de chimie du coup de foudre. Notre cerveau libère un cocktail d'hormones et de neurotransmetteurs lorsqu'une femme ou un homme nous plaît. Certaines odeurs corporelles peuvent inconsciemment nous attirer vers une personne.

Nos expériences passées, notamment notre relation à nos parents, influencent également nos choix amoureux. Selon la théorie de l'attachement, les personnes ayant obtenu un attachement sécurisant recherchent des relations stables et équilibrées. Celles ayant vécu un attachement anxieux peuvent être attirées par des partenaires distants et/ou inaccessibles.

La similarité ou l'art d'aimer ce qui nous ressemble. Contrairement au mythe des opposés qui s'attirent, nous sommes souvent attirés par des personnes qui partagent nos valeurs, nos centres d'intérêt, notre style de vie, créant un sentiment de familiarité et de connexion.

L'effet miroir ou l'attirance pour ceux qui nous renvoient une image valorisante. Nous tombons plus facilement amoureux de quelqu'un qui nous fait sentir spécial, désiré et compris. Un partenaire qui nous renvoie une image positive de nous-même active notre sentiment de bien-être et renforce l'attachement.

1. Bernard Sablonnière, *La chimie des sentiments*, Paris, Odile Jacob, 2015.

Le bon timing et l'état émotionnel dans lequel nous nous trouvons au moment de la rencontre joue un rôle clé. Nous sommes plus enclins à tomber amoureux lorsque l'on traverse une période de changement, de vulnérabilité ou un besoin d'affection.

Le mystère et la rareté. L'incertitude et le défi rendent une personne plus attirante. Si quelqu'un est inaccessible ou insaisissable, cela active le système de récompense du cerveau et intensifie le désir. Ce qui explique que certaines relations compliquées ou interdites peuvent sembler irrésistibles.

Les projections et les attentes. Souvent, nous tombons amoureux d'une personne qui incarne quelque chose que nous recherchons, un idéal, un manque à combler parfois inconscient. Nous projetons sur l'autre des qualités et des espoirs qui influencent notre perception de l'amour.

L'intuition. Parfois, malgré tous les facteurs psychologiques ou biologiques, l'amour reste un mystère. On ressent une connexion inexplicable, un sentiment d'évidence qui échappe à toute logique. Une forme d'alchimie qui échappe à la raison.

Mais comment transformer son attirance foudroyante en relation pérenne ? On comptabilise quatre étapes essentielles lorsque l'on souhaite transformer son coup de foudre en coup de génie. La première étape est bien celle du coup de foudre, comprenez je suis amoureuse, amoureux. L'autre va petit à petit prendre toute la place dans notre tête, dans notre cœur et dans notre vie. C'est à la fois merveilleux, excitant et redoutable. On est amoureux et, en même temps, on a peur d'être maladroit, de tout gâcher, de tout perdre, d'être rejeté. On ose progressivement, on s'aventure, car l'amour est une bombe qui peut exploser à tout moment. C'est un mélange de craintes, de mystère, de désir, d'enthousiasme, de timidité, de hardiesse, de joie, de peurs, de cache-cache, d'attente, d'espérance folle et d'apprivoisement réciproque.

La deuxième étape est celle de l'idéalisation, le moment où l'on exulte. On est amoureux et tout prend une belle couleur rose. La joie d'être ensemble est décuplée parce qu'elle est partagée et c'est comme une ivresse, une force, une ardeur infinie. Tout est merveilleux, invincible, on ne pense plus qu'à l'autre, on veut tout faire avec l'autre, on se projette à deux dans un avenir sans nuages où tout est possible. C'est une véritable fusion, les autres, le monde n'existe plus. On est dans une totale idéalisation de l'autre. 1+1=1. On lui prête toutes les qualités. Sous le regard de celui qu'on aime, on est transformé, on se sent plus beau, plus fort, on existe pleinement et on donne le meilleur de soi-même. Si délicieuse que soit cette étape, elle ne peut durer toujours.

La troisième étape est celle de la désillusion. C'est le moment où l'on doute. Tôt ou tard, les amoureux seront contraints de revenir sur terre et de voir la réalité en face, en découvrant les imperfections de l'autre, ses limites, ses défauts. C'est une phase de déception. Elle est inévitable. On redescend du sommet de l'amour passion pour entrer dans le tunnel du doute où l'on n'y voit plus très clair.

La quatrième étape est celle de l'adaptation. C'est le moment de décider. La déception de la troisième étape peut devenir la chance du couple, l'occasion de porter sur l'amour un regard plus mature et réaliste. Chacun va prendre conscience que la communication, le conflit lui-même sont des instruments nécessaires pour permettre de s'adapter à l'autre. Nos imperfections vont être génératrices de progrès, nous allons faire des efforts, nous réajuster à l'autre, l'accepter dans sa différence, le respecter. Le couple passe de l'idéalisme au réalisme, du « il ou elle a toutes les qualités » au « il ou elle a des défauts mais je l'aime ». Le couple devient vigilant et actif, capable de communiquer tout en gardant la plus belle des qualités, celle de pouvoir s'émerveiller en se laissant surprendre par l'autre dans ce qu'il a d'unique et formidable. Le couple franchit alors le pont de l'engagement et c'est là qu'il se constitue véritablement car ce qui fait couple, c'est la volonté qu'il a de durer, malgré tout, contre vents et marées.

De toutes les façons, même si cela paraît un tant soit peu pessimiste, rien ne garantit la durée d'un lien, ni la passion, ni la raison. L'amour, c'est du travail. C'est traverser des épreuves ensemble, construire, évoluer. Il est toujours plus difficile de maintenir le train sur les rails que de le faire dérailler.

Une alchimie expliquée par la sociologie

L'amour, une attraction irrésistible entre deux âmes conçues l'une pour l'autre ? L'amour est-il vraiment aveugle ? Les comédies sentimentales devenues cultes mettant en vedette Julia Roberts tendraient à nous prouver effectivement que l'amour triomphe de tout et qu'il est évident que peu importe son statut social, le coup de cœur s'emporte sans vergogne.

> Voix off: Bienvenue à Hollywood! Quel est votre rêve? Tout le monde vient ici, pays des rêves. Certains deviennent réalité, d'autres non. Mais ne cessez jamais de rêver. C'est Hollywood!
> *Pretty Woman*, film réalisé par Garry Marshall, 1990

Pretty Woman dépeint l'histoire d'Edward Lewis (Richard Gere), riche homme d'affaires qui, lors d'un séjour à Los Angeles, fait la rencontre de Vivian Ward (Julia Roberts), une jeune femme lumineuse mais issue d'un milieu défavorisé, qui travaille comme prostituée le long de Sunset Boulevard. Un accord initial pour qu'elle l'accompagne lors de divers événements sociaux se transforme rapidement en une relation complexe et touchante. Au fil de leur semaine ensemble, leurs mondes opposés s'entremêlent, révélant leurs vulnérabilités et leurs rêves cachés. Ce récit charmant est une exploration moderne des thèmes classiques du conte de fées. *Pretty Woman* va bien au-delà d'une simple romance entre deux personnes issues de mondes différents. Le film explore des thèmes profonds tels que la transformation personnelle, le pouvoir de l'amour pour surmonter les barrières sociales et économiques et l'importance de la dignité et du respect pour soi-même. La relation entre Edward et Vivian défie les attentes et pousse chacun à réévaluer ses perceptions et ses priorités, favorisant un message inspirant sur l'importance de trouver et de valoriser sa propre voie dans la vie. Grâce à son mélange habile de légèreté et de sujets sérieux, *Pretty Woman* continue d'influencer et de motiver les spectateurs à croire en la possibilité du changement et en la puissance de l'amour.

> William Thacker (Hugh Grant) s'adressant à Anna Scott (Julia Roberts) : Eh bien… ce fut sympathique. Surréaliste mais sympathique…
> *Coup de foudre à Nothing Hill*, film réalisé par Roger Michell, 1999

William Thacker (Hugh Grant), libraire, vit à Nothing Hill dans une maison de ville à porte rouge. Par un concours de circonstances, il croise la route d'Anna Scott (Julia Roberts), la plus grande star de cinéma du monde alors en déplacement dans la capitale anglaise pour promouvoir son nouveau film. Débute entre eux une romance. Mais une histoire d'amour, un couple, peut-il s'épanouir entre deux personnes aux vies si différentes ?

Pour les sociologues, la réalité est plus prosaïque puisque le *curriculum vitae* détermine la formation du couple. On parle d'homogamie, c'est-à-dire la formation d'un couple à partir de deux conjoints qui appartiennent à des milieux sociaux très proches[1] (même groupe d'âge, mêmes origines familiales et sociales, goûts musicaux et vestimentaires semblables, valeurs et loisirs communs). Les futurs amants continuent de s'élire dans leur milieu socio-économique. Selon l'Observatoire des inégalités, seuls 2,2 % des ouvriers vivent avec une cadre supérieure, alors que 83 % partagent leur vie avec une ouvrière ou une employée, et 29 % des cadres font leur vie ensemble, tandis que seuls 4 % des bac+5 cohabitent avec une femme sans diplôme. « On apprécie de vivre avec une personne qui partage un mode de vie similaire, de mêmes habitudes de loisirs, des centres d'intérêt communs, une même façon de parler », nous rappelle cette étude. Les grandes écoles sont même réputées pour être des agences matrimoniales, 26,5 % des femmes y trouvent leur conjoint, prêtes à former un couple de pouvoir. On peut citer comme exemple Ségolène Royal et François Hollande (vingt ans de vie conjugale tout de même) et tous leurs semblables. Sans parler du show-business où il est très rare de voir un comédien parader avec une femme sans emploi (vraisemblablement une erreur de jeunesse et de casting).

Et si la magie d'un couple relevait plus d'affinités électives que du destin ?

Il va sans dire qu'au début d'une relation, tous les points communs sont valorisés, on s'extasie en cœur : « Ah, toi aussi tu aimes le tennis ? Toi aussi, tu bosses dix heures par jour ? »

---

1. On parle d'« hypergamie » lorsque le conjoint appartient à un milieu social supérieur et d'« hypogamie » lorsque le conjoint appartient à un milieu social inférieur.

On veut que tout converge, et pour cela, on fait beaucoup de compromis, qui deviennent difficiles à tenir sur la durée. Car pour vivre vraiment en harmonie, il faut partager des valeurs communes. Sur la gestion de l'argent d'abord, qui est un critère de compatibilité presque plus important que le sexe car vecteur de ses propres valeurs familiales, mais également sur les rythmes de vie car on finit par se disputer sur les moindres projets, jusqu'à la couleur du prochain canapé. Mais si un couple n'a pas de rythmes communs, il peut s'en accommoder quand l'un des deux accepte de laisser l'autre avoir le dernier mot. Même si, à la longue, celui qui renonce accumule les frustrations. La compatibilité est également sujette au nombre de mètres carrés. Vivre à deux dans un appartement trop petit fait souvent exploser les couples. Et si les rythmes de sommeil sont incompatibles, par exemple une lève-tôt et un couche-tard, chacun finit par s'épuiser mutuellement et le quotidien devient difficile.

Il faut rappeler à juste titre qu'un projet commun permet de maintenir le couple dans une recherche commune. Cela peut être une passion partagée pour la musique de Taylor Swift ou le bricolage. Tout ce qui permet aux engueulades de cesser dès qu'on évoque ce projet, en passant des heures à chercher ensemble les bons outils par exemple. Ce projet ne doit pas tourner autour des enfants car il met en cause des affects profonds, objets de conflits, les enfants étant voués à quitter le nid.

Alice Tétaz, chargée d'études chez Ipsos, confirme que, dans les sondages, la compatibilité reste tournée vers des valeurs traditionnelles. Pour qu'un couple fonctionne, tous plébiscitent d'abord la confiance (35 %), la complicité (31 %), la fidélité (30 %), tandis que le rire (7 %), la passion (5 %) ou l'écoute (10 %) sont loin derrière. La sexualité ne sort qu'en cinquième position : 24 % des hommes contre 15 % des femmes la disent indispensable, ce qui marque une vraie différence de point de vue. Les Français valorisent également l'indépendance : 52 % disent qu'il faut aménager des moments à soi, mais dans les faits, c'est une autonomie relative et stéréotypée. Les femmes déclarent faire du shopping seules (71 %), les hommes du sport (54 %), alors que 73 % ne partent jamais en week-end sans l'autre. Ceux qui se réservent des moments à eux semblent plus heureux en couple : 86 % contre 75 % de ceux qui ne font rien seuls. Chez les 25-34 ans, une génération qui essaie plus de choses telles les rencontres sur les applications de rencontres, on conserve visiblement les mêmes aspirations que les aînés, et les femmes déclarent que la situation idéale reste d'avoir un enfant, un travail et un toit commun avec le conjoint. Les plus satisfaits de leur vie amoureuse sont les 35-44 ans (79 %) juste devant les 25-34 ans (76 %). La compatibilité amoureuse est donc un couple de plus en plus fissionnel, mais en conservant une vision traditionnelle.

L'homogamie reste une composante apparemment inébranlable de l'assortiment conjugal. Pourtant, si nous prenons en considération le mariage intercommunautaire, le transclasse, la différence d'âge…, jamais nous n'avons eu autant d'opportunités de nous unir à des partenaires qui ne nous ressemblent pas. Parfaite illustration, le succès rencontré par le film *Mais qu'est-ce qu'on a fait au bon Dieu ?*, devenant l'une des comédies françaises les plus populaires des dernières années.

> Conversation entre Claude (Christian Clavier) et Marie (Chantal Lauby) :
> Claude : je ne suis pas raciste, hein ! Je déteste tout le monde pareil !
> Marie : Claude, on n'est pas racistes, on est… multiculturels !
> Claude : Les Chinois, les Arabes, les Noirs… tout ça c'est bien, mais tout ça ensemble, ça fait beaucoup.

> Marie : Claude, arrête de dire des bêtises. Il n'y a rien de plus beau que la diversité !
> *Mais qu'est-ce qu'on a fait au Bon Dieu ?*, film réalisé par Philippe de Chauveron, 2014

Ce film met en scène Claude Verneuil (Christian Clavier), un père de famille bien installé dans ses convictions traditionnelles, et Marie (Chantal Lauby), sa femme. Le couple Verneuil, d'origine catholique et plutôt conservateur, se trouve confronté à une situation qui bouleverse complètement leur quotidien : leurs quatre filles sont toutes mariées à des hommes de cultures et de religions différentes. Ce film explore les réactions parfois comiques et souvent maladroites des parents face aux mariages de leurs filles avec un juif, un Arabe, un Asiatique et un Noir. Claude, en particulier, se débat avec ses préjugés et son incapacité à accepter pleinement ces unions multiculturelles, bien qu'il essaie de cacher ses réticences derrière des attitudes diplomatiques. La comédie repose sur les conflits et les quiproquos qui naissent de ces confrontations culturelles et générationnelles. Le film joue sur les stéréotypes, les malentendus et les situations embarrassantes pour offrir une satire sociale faisant rire et réfléchir. L'une des forces du film réside dans sa capacité à traiter de manière légère et humoristique des sujets comme le racisme, l'intolérance et la place des traditions dans notre société. Le succès de cette comédie se base sur un tabou, celui des couples intercommunautaires. Car alors que la passion est censée s'affranchir des conventions sociales, elle franchit difficilement les barrières communautaires, d'argent ou d'âge.

L'homogamie, loi d'airain de la reproduction sociale ?

On rencontre un homme une femme, pile comme on les aime. Cela fait tilt. L'explication sociologique est on ne peut plus simple. Notre œil radiographie, identifie, passe au crible.

En 2006 déjà, Michel Bozon et François Héran[1] démontraient que l'on scrute d'emblée chez l'autre les signes d'appartenance : vêtements, coupe de cheveux, type de chaussures, élocution, vocabulaire… On cherche à valider dans une check-list, souvent inconsciente, le fait que l'autre nous ressemble avec tout un système de correspondances normalisé, intégré. Le hasard n'a donc pas grand-chose à voir avec tout cela. L'habitus plus vraisemblablement. L'habitus[2], notion théorisée par Pierre Bourdieu, est une manière d'être que l'on apprend sans le savoir, en grandissant dans un certain milieu (famille, quartier, école…). Il influence, guide nos comportements de manière automatique, variant selon notre classe sociale, notre histoire personnelle, notre environnement.

Il est bon de rappeler que, jusqu'au XVIIIe siècle, on se mariait pour se faire une place dans la société et avoir des enfants. On ne parlait pas d'amour, mais de devoirs conjugaux. « L'amour était un synonyme de passion érotique. On n'en voulait pas dans le couple, car il n'était ni stable ni fiable. On prenait des maîtresses et des amants pour cela. C'est à la fin du XVIIIe siècle et durant le XIXe que la donne change, avec l'indépendance financière, l'éducation des femmes, des logements permettant plus d'intimité donc plus de sexualité. Cela voulait dire davantage de considération[3]. » C'est l'émergence de ce nouveau sentiment qui a fait le lien entre le couple du XVIIIe siècle et le couple aujourd'hui. Le mariage en France a, semble-t-il, perdu son caractère arrangé par les familles. Au fil

1. Michel Bozon et François Héran, *La formation du couple*, Paris, La Découverte, 2006.
2. Pierre Bourdieu, *Le sens pratique*, Paris, Minuit, 1980.
3. Yves Ferroul, *Le mariage d'amour n'a que 100 ans*, Paris, Odile Jacob, 2015.

des décennies, dans la plupart des milieux sociaux, les mariages arrangés se sont raréfiés et les familles se sont effacées, laissant aux futurs époux le soin de régler cette affaire selon leurs goûts et selon leur cœur. De nos jours, le choix du conjoint est vécu sur le mode de la liberté individuelle. Pourtant, ni ce sentiment de liberté ni l'amour n'ont radicalement changé la manière dont le conjoint est sélectionné. Cela ne signifie pas pour autant que le mariage obéisse aux seules lois de l'amour dénué de correspondance à la concordance économique, sociale et culturelle des milieux des futurs époux. Alors, bien sûr, les contraires peuvent s'attirer. Mais les couples qui durent le plus longtemps, et de façon harmonieuse, sont formés de partenaires qui ont de nombreux points communs. Le dicton « qui se ressemble s'assemble » prévaut. Le principe de l'homogamie apparaît donc comme un gage de réussite et de durabilité d'un couple, car il y a moins de zones de conflits. Les conjoints qui se ressemblent ne passent pas leur temps à s'expliquer, à essayer de comprendre la réalité de l'autre, à s'ajuster, à s'adapter.

Les applications de rencontres en témoignent. Les sites historiques, comme Meetic, généralement généralistes, promettent l'Eldorado des amours transclasses. Mais les mésalliances déroutent et on assiste à une segmentation du marché. Des sites intercommunautaires se sont développés : juifs (Jdream*)*, musulmans (Mektoub), chrétiens (Theotokos). Il existe aussi des sites pour gens « riches » et même des sites par affinité politique, permettant peut-être d'éviter les crises conjugales lors des élections. Cette segmentation du marché de la rencontre est le témoin d'une réalité. Sur les sites comme dans la vraie vie, qui se ressemble s'assemble. On peut matcher avec un boulanger lorsque l'on est banquier d'affaires, mais il n'est pas certain que l'on finisse sa vie avec.

Ainsi, l'attirance réciproque des futurs époux n'obéit pas aux lois du hasard. N'importe qui n'épouse pas n'importe qui. Pour en revenir au coup de foudre, la foudre ne tombe pas au hasard, tout comme l'attirance réciproque éprouvée par deux individus. En France, le sociologue Alain Girard[1] a été le premier à mener une enquête dans ce domaine. Elle montrait de très grandes proximités géographiques, culturelles et sociales entre les partenaires prompts au mariage. Michel Bozon et François Héran ont mis en évidence que le lieu de rencontre des futurs conjoints dépendait largement de leur catégorie sociale. Les deux sociologues regroupent les rencontres autour de trois types de lieux : les lieux ouverts, comme le bal, le café, les fêtes publiques, où se rencontrent principalement les couples de classes populaires ; les lieux réservés, c'est-à-dire des espaces semi-ouverts, tels que les lieux de travail, les associations, les discothèques, où se forment surtout les couples des classes moyennes ; et enfin les lieux privés, cercles limités à la famille et aux amis, où font plutôt connaissance les membres des classes supérieures. Les résultats obtenus lors de cette enquête ont été confirmés par le sociologue Claude Thélot[2]. Déterminisme social quand tu nous tiens… Tout semble programmé pour que les différents milieux sociaux ne soient pas mélangés. Plus on monte dans l'échelle sociale, plus l'endroit est fermé. Les classes modestes se (re)trouvent dans des lieux publics, faciles d'accès, quand les cadres supérieurs vont tomber amoureux lors d'un dîner privé.

1. Alain Girard, *Le choix du conjoint. Une enquête psycho-sociologique en France*, Paris, Armand Colin, 2012.
2. Claude Thélot, *Tel père, tel fils ? Position sociale et origine familiale*, Paris, Dunod, 1982.

Ces chercheurs mettent en avant trois types d'explication à l'homogamie. Tout d'abord, d'un point de vue probabiliste, les individus placés dans des lieux communs (quartiers, écoles, lieux de travail et de loisir), du simple fait de leur appartenance sociale, ont la très forte probabilité de rencontrer des personnes qui ont des caractéristiques similaires aux leurs. Ensuite, d'un point de vue psychoculturel, l'union est encouragée par des habitudes similaires, des valeurs communes, des affinités culturelles, et conditionnées par l'éducation reçue. Enfin, d'un point de vue socio-économique, l'union, fondée ou non sur des sentiments, est déterminée par le désir de préserver ou d'enrichir un patrimoine économique ou social. En ce sens, l'homogamie peut être voulue, par exemple dans les classes sociales les plus favorisées et aisées, ou subie dans les classes populaires. Pour le sociologue Pierre Bourdieu[1], l'homogamie est le produit des stratégies matrimoniales qui s'efforcent, à l'image des autres stratégies de reproduction, de défendre les intérêts sociaux des lignées familiales.

Vous l'aurez compris, le lien amoureux possède un contenu social. Le choix du conjoint s'effectue dans des univers de sociabilité déjà segmentés socialement, où chacun a des chances plus grandes de rencontrer des personnes appartenant à son propre milieu. Ainsi, lorsque nous choisissons un partenaire potentiel, nous mettons en œuvre des procédures de classement socialement différenciées. Ce n'est donc pas forcément un hasard si une fille d'instituteur choisit un instituteur pour partenaire. Cela nous éloigne des contes de fées. Jean-Claude Kaufmann[2] rappelle que « la révélation de l'homogamie s'oppose à la

1. Pierre Bourdieu, *La distinction. Critique sociale du jugement*, Paris, Minuit, 1979.
2. Jean-Claude Kaufmann, *Sociologie du couple*, Paris, PUF, 2003.

représentation dominante selon laquelle les couples sont fondés sur l'amour et rien d'autre. L'idéal amoureux, mis en scène dans les feuilletons et les romans, se veut libre de toute pré-définition du futur conjoint. Les princes doivent pouvoir épouser les bergères (ou Cendrillon) ». Traduction : dans la vraie vie, les princes n'épousent pas de bergères. Tout au plus choisissent-ils une actrice.

Scène 3 : La déclaration

Mia (Emma Stone) qui s'adresse à Sébastian (Ryan Gosling) : Un peu de folie est la clé pour nous donner de nouvelles couleurs à voir. Qui sait où cela nous mènera ?
La La Land, film réalisé par Damien Chazelle, 2017

La La Land est un film profondément romantique, mais d'un romantisme moderne, mélancolique et lucide. Ce n'est pas l'amour parfait, c'est l'amour qui a existé pleinement, mais qui ne dure pas forcément. Il est romantique dans ses élans (la danse sous les étoiles, la musique partagée, les rêves nourris ensemble) et dans sa fin douce-amère. Il célèbre le moment amoureux, l'élévation de deux êtres l'un par l'autre, même si leur chemin les mène ailleurs. On assiste aujourd'hui à la réémergence d'un romantisme cinématographique, faisant état d'émotions brutes.

Le retour du romantisme

Nos grands-parents n'ont jamais reçu un SMS avec « Tu dors ? » jeté comme une bouteille à la mer par un quasi-inconnu aux environs de minuit. Il est vrai qu'ils ne possédaient pas de téléphone portable ni de compte Instagram, X, LinkedIn, ou autre WhatsApp. Au XIXe siècle, l'émoi érotique naissait d'entrapercevoir tout interstice de peau, poignet, nuque, cheville, entre deux bandes de tissu, gants, chapeaux, jupon. Au xxe siècle, on trouvait, en guise de cour assidue, des mots doux rédigés à la main, posés sur un pare-brise de Renault Fuego.

Ces dernières années, la drague vit sa révolution en se virtualisant. Le travail d'approche se fait à la chaîne. Comme les loups-garous, les accros aux échanges épistolaires torrides sortent à la nuit tombée. Que valent ces entrées en matière parfois abruptes avec des personnes que parfois on connaît, un ex ou une ex ou un ami ou une ami en manque d'affection, et parfois pas ? Si nous répondons « non, je ne dors pas », la conversation va-t-elle tendre vers une analyse sociologique de l'art d'être marié(e) dans l'année ou n'est-ce pas un moyen pour l'autre de tester son pouvoir (de séduction), de tester notre malléabilité quand cette personne n'envisage pas de nous faire disparaître (*ghoster*) tout aussi vite, les lumières du jour arrivant ?

Nostalgie des vraies rencontres, quête d'une véritable histoire amoureuse, rêves du coup de cœur… pourquoi en pleine ère des sites de rencontres, nos élans sentimentaux n'ont-ils jamais été si forts ? Peut-on encore être romantique ? Romantisme et féminisme post *#MeToo* sont-ils compatibles ? Comment se réinvente le couple et l'amour sans les mythes à l'eau de rose qui ont bercé les anciennes générations ?

On observe aujourd'hui de nouveaux codes amoureux, une évolution des rapports de séduction entre femmes et hommes après *#MeToo*. Ce phénomène s'inscrit dans un contexte plus large de prise de conscience des inégalités de pouvoir et de comportements abusifs dans les relations intimes et amoureuses. Ce mouvement, qui a émergé en 2017, a évolué pour aborder spécifiquement la question du consentement, des abus de pouvoir et de la manière dont les rapports de séduction et d'intimité sont souvent influencés par des dynamiques inégales.

Dans le cadre des rapports amoureux, le *#MeToo* a poussé la société à repenser ce qui est acceptable dans les interactions entre les sexes, et à mettre en lumière les comportements non consensuels, la manipulation et les violences émotionnelles ou physiques dans les relations. Il a permis à de nombreuses personnes, particulièrement des femmes, de partager leurs expériences personnelles de harcèlement et d'agression sexuelle, mais aussi de discuter plus ouvertement de ce qui définit une relation respectueuse et égalitaire.

Le phénomène a aussi engendré une réflexion sur la manière dont la séduction doit aujourd'hui se baser, sur le respect mutuel et l'authenticité. En ce sens, *#MeToo* a contribué à une redéfinition de la notion de consentement dans les rapports amoureux, en insistant sur l'importance de l'écoute, du respect des limites et du dialogue dans les relations hommes-femmes. Diego, 27 ans, témoigne :

> J'essaie de me détacher des stéréotypes de genre. Plus jeune, j'étais fier d'être l'homme qui incarne la sécurité, la force alors qu'aujourd'hui, même si je me comporte comme un homme, le respect, la sensibilité, l'amitié, l'écoute comptent aussi dans ma manière de vivre une relation de couple.

Les générations Z et Alpha seraient plus romantiques qu'on ne le croit. Pour elles, le romantisme serait dépouillé de ses aspects toxiques en ne se cantonnant plus uniquement à la sphère hétérosexuelle, comme dans la série *Heartstopper* sur Netflix, qui reprend tous les codes de la comédie romantique version queer. Prises de *dating* fatigue et de vertige face à la frénésie de consommation sexuelle, elles reviendraient aux relations dans la vraie vie.

> La vérité, c'est que cette culture du zapping relationnel a fait son temps. Après m'être immergée plusieurs mois durant dans Tinder et avoir enchaîné quelques relations sensuelles sans conséquence, j'ai été écœurée par cette culture d'abattage. J'en avais marre d'avoir le sentiment d'être dans un supermarché. Pour moi, ce sont des rapports angoissants. Je te choisis, je te *like*, on se demande si ça va, et on couche. Rien ne me paraissait naturel dans ce consumérisme effréné de mecs. (Amanda, 34 ans)

Résultat : Amanda s'est résolue sans trop de difficultés à clore son compte du jour au lendemain pour renouer avec l'incertitude des rencontres non programmées :

> En ce moment, je fréquente un homme avec qui je ne suis pas encore officiellement en couple. On se découvre depuis quelques semaines. Nous prenons notre temps, sans précipitation. Nous vivons tous les instants partagés avec beaucoup de sérénité. Je crois qu'il y a un retour aux choses qui nous rassurent, aux relations amoureuses apaisées et saines.

Amanda est loin d'être la seule à ne plus se satisfaire de ces romances dénuées de grâce. Si on en juge par cette étude Ifop de 2023, 30 % des internautes avoueraient être en manque de vraies rencontres. Les jeunes couples, en particulier ceux de moins de 35 ans, naviguent entre individualisation et désir de lien profond. Ils cherchent à concilier accomplissement personnel et engagement amoureux, redéfinissant ainsi les contours du couple moderne.

Après une époque marquée par la culture du *fast love* et des relations numériques parfois très éphémères, le romantisme semble refaire surface, s'inscrivant dans une volonté de réenchanter le quotidien amoureux. On assiste à un contre-mouvement de la culture du désenchantement : après des décennies de cynisme, de valorisation de l'indépendance affective et de désacralisation du couple, on observe chez certaines personnes une volonté de revenir à un amour plus sincère, plus tendre, presque idéalisé.

> Une femme ne trouverait l'amour, le vrai, qu'après avoir embrassé une quinzaine d'hommes, couché avec quatre coups d'un soir, vécu deux longues relations, subi quatre rendez-vous apocalyptiques, avoir été trompée par au minimum un partenaire et eu le cœur brisé au moins deux fois ? Mais quel enfer ! (Pauline, 27 ans)

Fin décembre 2019, l'acteur George Clooney, généralement mutique sur sa vie intime, faisait part avec lyrisme de ses sentiments pour la femme qui partage sa vie depuis plusieurs années, Amal Alamuddin Clooney. « Je sais que je suis avec la personne avec laquelle je suis censé être. » Et de confesser qu'il n'attendait rien d'autre de sa femme si ce n'est d'être Amal. « Il n'y a rien d'autre que je recherche. » Un exemple de séquence fleur bleue qui pourrait prêter à sourire s'il n'illustrait pas une tendance émotionnelle plus profonde : le retour du romantisme. À rebours de la logique consumériste des sites de rencontres, tout se passe en effet comme si la romance, la vraie, revenait peupler notre imaginaire désenchanté à force de rencontres sans lendemain.

Des plateformes comme Instagram ou TikTok remettent en scène des imaginaires romantiques très forts *via* la diffusion de lettres d'amour, de poésie manuscrite, de l'idée de *Slow life*.

> Aujourd'hui, nous sommes dans une monstration du romantisme, on le met en scène, on l'expose sur les réseaux sociaux car il est devenu si précieux qu'il parachève une certaine forme de contre-courant rejetant toute forme de consumérisme affectif. (Valentine, 28 ans)

> À l'heure des sites de rencontres et des réseaux sociaux, la chose la plus romantique de mon mec a été de me proposer une déconnexion numérique. Le plus souvent possible, on éteint les écrans pour partager un moment à deux. (Fanny, 27 ans)

Dans le sillage des discours sur la santé mentale, on assiste à une revalorisation de la vulnérabilité. La parole émotionnelle se libère, on dit « je t'aime » sans filtre, on multiplie les gestes simples et profonds, les petits rituels de soin mutuel. C'est le retour d'une forme de poétisation de l'ordinaire. Le romantisme n'est pas forcément grandiloquent. Il peut trouver vie dans une tasse de chocolat chaud partagée, un silence habité, un effleurement, une caresse, un sourire. Face aux déceptions engendrées par les applications de rencontres ou à la fatigue émotionnelle, le retour au romantisme s'inscrit comme un désir de ralentir, d'investir pleinement le lien.

Eva Illouz[1] analyse comment le capitalisme émotionnel transforme l'amour en marchandise, tout en soulignant la quête d'authenticité et de réalisation de soi à travers la relation amoureuse.

> On est comme en état d'urgence sentimental. À force de vivre dans une société de la déliaison permanente et d'avoir entendu que l'amour faisait mal, qu'il ne serait plus jamais comme avant, on l'envisage désormais comme une utopie qu'on a laissée s'échapper et qu'on aimerait voir revenir. (Fleur, 43 ans)

Après deux vraies relations et quelques flirts numériques sans conséquence, Fleur a longtemps été persuadée que ses vraies relations étaient derrière elle. Elle a fini par se retourner

1. Eva Illouz, *La fin de l'amour. Enquête sur un désarroi contemporain*, Paris, Seuil, 2020.

contre ce fatalisme sentimental qui la faisait envisager avec un profond spleen ses nouvelles rencontres. « Les trentenaires et quadragénaires de 2020 sont la première génération d'enfants pour qui la souffrance affective originelle est le chagrin d'amour », analyse Fabienne Kraemer[1]. « D'où, en réaction à cette frustration insupportable pour eux, la mise en place d'un mouvement d'anesthésie à l'amour qui, aujourd'hui, trouve enfin ses limites au point d'opérer un mouvement inverse. » Ce besoin de romance apparaît comme un moyen d'échapper au cynisme, au désengagement, à la dispersion amoureuse qui caractérisent l'époque, et que notre usage d'Internet encourage.

Il est à noter que plusieurs sites apparus ces dernières années jouent la carte de la rareté, créneau baptisé *slow dating*. C'est le cas de Once, qui propose de vous présenter chaque jour une seule et unique personne. Encore plus radical, 8 puissance 8, qui, après un bref questionnaire censé dessiner les contours de votre personnalité, cherchera pour vous celui ou celle qui doit vous correspondre en tous points. Signe des temps de ce grand retour fracassant du romantisme : la réactivation des petites annonces façon *Libé* dans leur version électronique.

Certains mouvements contemporains, tel le développement personnel, la philosophie de l'amour conscient, la démarche du tantra réhabilitent l'idée d'un amour élevé, presque mystique, premier pas vers une spiritualisation du sentiment amoureux :

> Coutumière des histoires d'amour foireuses, j'ai souvent été la fille désespérée. Je n'y croyais plus. Je pensais être inapte

1. Fabienne Kraemer, *21 clés pour l'amour slow*, 2016, *op. cit.*

> à rencontrer un jour l'homme de ma vie et me mettre en couple. En surfant sur Internet, je suis tombée totalement par hasard sur la vidéo d'une femme qui expliquait comment obtenir de belles relations amoureuses. Je me suis abonnée à son compte. J'ai suivi ses programmes de développement personnel. J'ai appris, compris de nombreuses choses, notamment toutes les erreurs qui étaient les miennes. Sa vision a littéralement changé ma vision. Une révélation. (Clémence, 33 ans)

Autre piste, la réhabilitation de la galanterie. Cette forme d'extrême politesse, cet art de la délicatesse est né dans les salons du XVIIe siècle et semble singulièrement moderne à l'heure du consentement et de la crise des relations de couples. On note toutefois une forme de défiance face au concept même de la galanterie. Une enquête Ifop de 2024 démontre que 38 % des féministes de moins de 35 ans considèrent la galanterie comme sexiste. 29 % admettent qu'elle contribue à renforcer les inégalités de genre (31 % des hommes, 28 % des femmes, dont 47 % de celles ayant le sentiment d'être très féministes). 32 % des hommes de toutes générations considèrent qu'accepter un acte de galanterie est incompatible avec des convictions féministes.

Néanmoins, plus des trois quarts de la population la voit comme une forme de respect et de politesse plus que comme une marque patriarcale. Malgré cette défiance, les actes concrets relevant de la galanterie ordinaire sont toujours accueillis très favorablement. Ainsi, plus de neuf Français sur dix trouvent agréable le fait qu'un homme prête sa veste ou son pull à une femme par mauvais temps, porte les courses dans les escaliers ou dans la rue, lui laisse la banquette dans un restaurant, aide une femme à enfiler son manteau.

L'attente

> Voix off d'Hélène (Laetitia Dosch) : À partir du mois de septembre de l'année dernière, je n'ai rien fait d'autre que d'attendre un homme. Qu'il me téléphone, qu'il vienne chez moi. Je travaillais, j'allais au cinéma, au supermarché, je lisais mais tout ce que je faisais était comme déconnecté de la réalité. J'ai d'ailleurs un souvenir très vague de ma vie à ce moment-là. »
>
> Au restaurant avec une amie :
> L'amie : Pourquoi tu passes ta vie à l'attendre ?
> Hélène : Je ne passe pas ma vie à l'attendre et en même temps qu'est-ce que j'ai à faire d'autre ?
>
> Hélène à son docteur : Sans qu'il le sache, cet homme m'a relié davantage au monde. Il a rythmé ma vie, je mesurais le temps en fonction de lui.
> *Passion simple*, film réalisé par Danielle Arbid, 2021

Vivre une réelle passion a cette capacité à réduire à très peu de choses les données de l'existence. Elle suspend, pour un temps seulement, l'entrelacs de petits problèmes dont est étroitement tissé le quotidien. Elle rebat les cartes de l'accessoire et du nécessaire. *Passion simple* ne s'embarrasse pas de justification, mais vise d'emblée au cœur de ce rapport secret, qui est aussi une aventure des corps au contact. Une femme, Hélène (Laetitia Dosch), fait l'amour avec un homme, Alexandre (Sergei Polunin), et elle en jouit. Elle raconte en voix off ce que fut leur relation adultère pendant plus d'un an. De ce personnage furtif de Russe marié, elle n'a fait qu'attendre les signes, un message, un coup de fil, pour se rendre disponible et coucher avec lui. Le reste du temps, celui où Hélène donne cours, écrit des livres, élève son fils, va voir un film avec une amie, est pour elle entièrement tendu vers le moment putatif des retrouvailles, comme si tout n'en était que l'épiphénomène.

On parle bien ici d'une passion fulgurante et débordante. Récit de l'intime mais universel par les sentiments qu'il transcrit, cette histoire est celle de la banalité du quotidien, traversé par la puissance des sentiments. L'héroïne, amoureuse, narre son désir, vigoureux sentiment qui lui fait perdre toute notion du temps. Comme indéfiniment, les coups de fil se font attendre, le manque incontrôlable et insatiable, troublent celle qui ne semble exister plus que dans le sursis. Elle ne veut pas louper la possible rencontre, la venue de cet homme jusqu'à elle, alors elle se laisse simplement engloutir par cette passion voluptueuse. *Passion simple* s'appuie sur une temporalité mue par une attente qui semble hors de tout repère : un espace-temps unique, dissociant l'âme passionnée de ce qui l'entoure, la plongeant dans une expectative indéfinie.

La passion amoureuse est un état émotionnel intense, souvent tumultueux. Elle se distingue de l'amour calme et de l'attachement par sa force, son urgence et son caractère parfois irrationnel. Elle revêt plusieurs aspects. Une intensité émotionnelle qui permet à la personne amoureuse passionnée de ressentir des émotions fortes et multiples, de l'euphorie, du désir, de la jalousie, du manque qui ne cessent de fluctuer. Une idéalisation à l'extrême qui projette l'autre comme étant un être parfait ou exceptionnel, parfois de manière exagérée. Un obsédant besoin de fusion qui consacre la plupart des pensées vers cette personne. D'un point de vue sociologique, la passion amoureuse n'est pas qu'un simple ressenti personnel. Elle est façonnée par la culture, l'histoire, les normes sociales et les rapports de pouvoir. La sociologie montre que la manière dont on vit et comprend la passion amoureuse dépend des normes culturelles. Par exemple, dans certaines sociétés traditionnelles, l'amour passionnel est vu comme dangereux ou secondaire. Dans les sociétés occidentales moderne, on valorise fortement l'idée d'un amour passionné et libre comme fondement du couple. L'idée que la passion amoureuse est un destin ou une vérité universelle est donc remise en question. C'est une construction culturelle, renforcée par la littérature, le cinéma.

Pour le sociologue Anthony Giddens[1], la passion amoureuse se développe dans un contexte d'individualisme croissant. L'amour devient un moyen de réalisation de soi. On ne cherche plus seulement un partenaire stable, mais quelqu'un qui nous complète, nous transforme, nous fait vibrer. Cela donne lieu à des relations plus instables, ou la quête d'intensité peut entrer en conflit avec la stabilité du couple. La passion amoureuse est aussi traversée par des rapports, des inégalités de genre. Historiquement, on a valorisé chez les femmes l'amour sacrificiel et romantique, à la compassion tandis que les hommes étaient socialisés à davantage de contrôle émotionnel. Cela produit des asymétries dans les attentes et les vécus amoureux, encore visibles aujourd'hui. La sociologue Eva Illouz parle alors de « capital émotionnel » pour désigner les ressources affectives inégalement réparties dans les rapports amoureux[2].

L'attente amoureuse, loin d'être une simple patience passive, est une période de redécouverte de soi et de l'autre, où chaque geste, chaque regard prend une profondeur nouvelle. Elle permet de se reconnecter à ses propres sensations,

1. Anthony Giddens, *La transformation de l'intimité*, Paris, Hachette Littératures, 2006.
2. Eva Illouz, *Les sentiments du capitalisme*, 2006, *op. cit.*

d'apprivoiser ses émotions et d'affiner son désir, sans obsession du résultat immédiat. En prenant le temps de connaître l'autre lentement, savourer les moments partagés sans précipitation, l'attente devient un terreau fertile pour faire naître une complicité sincère et un désir authentique. Le jeu subtil de la lenteur permet de créer une douce tension, un désir qui grandit et se nourrit au fil du temps, loin des pressions de la société qui cherche souvent à tout accélérer. C'est un retour à l'essentiel, une invitation à savourer le processus, à laisser la relation se développer dans sa propre intensité.

Notre époque a presque déconnecté les corps des sentiments, comme si ces derniers étaient devenus obsolètes. Pour les célibataires, la sexualité sans attache est souvent devenue le visage ultime de l'indépendance et l'émancipation, boostée par les applications de rencontre, la banalisation de la pornographie et les séries.

Il semble aujourd'hui que nous assistions à un tournant marqué par une envie de reprendre son temps. Saturé des histoires sans lendemain, on peut changer de prisme. Une forme de lenteur pour préserver le mystère ou la beauté de la rencontre, à l'image de l'attente anxieuse décrite par Rousseau dans *La nouvelle Héloïse*, pour évoquer ce temps précieux qui précède la satisfaction. L'attente peut aussi réinjecter une forme de sacré dans la sexualité, c'est-à-dire redonner de l'unicité à l'acte sexuel, souvent banalisé. Si on exclut le coup de foudre ou une envie sexuelle immédiate, prendre son temps est un formidable moyen de faire monter le désir. On se séduit, on se surprend, permettant ainsi d'établir une véritable connexion émotionnelle. Faire éclore l'amour prend du temps. Sans jugement aucun, attendre peut-être une étape de respect et d'estime de soi autant qu'une marche préventive et protectrice.

> Avant et pendant l'amour, je cherche une alchimie, une connexion. Je veux que l'on se regarde, que l'on communique mais pas forcément avec les mots. Je suis adepte du *slow sex*. (Alexia, 31 ans)

Le *slow sex* est une approche de la sexualité qui privilégie la lenteur, la pleine conscience et l'écoute attentive des sensations corporelles et émotionnelles. Ce concept, popularisé aux États-Unis, s'inspire des pratiques du tantra et de la méditation. Dans cette pratique, l'idée est de ralentir les rapports sexuels, de prendre son temps pour explorer chaque moment et chaque geste, en se concentrant sur les sensations physiques, les émotions et la connexion avec son partenaire. Contrairement à une approche plus axée sur l'acte sexuel rapide ou la recherche d'un but comme l'orgasme, le *slow sex* vise à savourer chaque étape de l'intimité, à créer un espace où les deux partenaires peuvent vraiment se retrouver, se connecter et se découvrir. Les principes clés du *slow sex* incluent la lenteur. On évite les mouvements précipités en prenant le temps d'explorer chaque geste. On est attentifs aux sensations, aux sentiments et aux réponses de l'autre, sans se laisser emporter par des attentes ou des pressions extérieures. On communique en encourageant un dialogue ouvert sur les désirs, les limites et les besoins, on crée une intimité, une connexion émotionnelle forte, souvent par des gestes tendres ou des moments de complicité.

Le *slow sex* cherche à instaurer une sexualité plus consciente, plus respectueuse et plus connectée, en mettant l'accent sur le plaisir à deux plutôt que sur la performance ou l'aboutissement rapide. Imposer un rythme plus lent, se décentrer de la seule sexualité dans une société où celle-ci est scrutée et jugée, peut être un soulagement notable pour les partenaires. Notre société nous demande d'être constamment sexuellement disponibles alors que certaines femmes et certains hommes ont besoin d'être en confiance, ont besoin de se sentir en sécurité. On peut être libérés et avoir besoin de temps avant de partager une intimité érotique et émotionnelle.

Roland Barthes[1] expliquait que « l'identité fatale de l'amoureux n'est rien d'autre que : je suis celui qui attend ». La tension que génère l'attente d'un coup de téléphone, d'un message ou d'un rendez-vous permet de faire l'expérience pure de cet état amoureux enchanteur et douloureux, et de déclarer une forme de sujetion propre aux captifs amoureux. L'angoisse dans laquelle nous plonge l'attente (l'autre ne m'appelle pas, il veut me quitter) est aussi une manière assez sûre de raviver le sentiment pour l'être aimé(e).

Tout le monde dit *je t'aime*

Conversation entre Charlotte (Sandrine Kiberlain) et Simon (Vincent Macaigne) :
Charlotte : On va boire un verre ou deux mais je ressens une envie irrésistible de faire l'amour avec toi.
Simon : Oh là là, ça va vite là...
Charlotte : C'est simple, on ressent une attirance l'un pour l'autre, on se plaît, on ne fait pas de plan sur la comète. On va profiter du temps qu'il nous reste, on va se faire du bien, sans penser au futur.
Simon : Je suis content.
Charlotte : Comment ça, content ? Tu veux dire que tu es bien ?
Simon : Non. Autre chose que bien. Je suis content de vivre ce que je vis là. Même si on ne fait rien, pour moi te voir, c'est déjà sexuel.

1. Roland Barthes, *Fragments d'un discours amoureux*, 1977, *op. cit.*

Chronique d'une liaison passagère, film réalisé par Emmanuel Mouret, 2022

Ce film raconte l'histoire de Charlotte (Sandrine Kiberlain), mère célibataire, et de Simon (Vincent Macaigne), marié et père de trois enfants. Engagés à ne se voir que pour le plaisir et à n'éprouver aucun sentiment amoureux, nous assistons à une histoire d'amour qui ne dit pas son nom, les deux amants s'engagent à ne pas s'engager, à rester légers, sans créer de tensions. Ils sont a priori contre ce qu'impliquerait une histoire d'amour conventionnelle, à savoir des projections, des sentiments trop affirmés. L'amour semble être perçu comme quelque chose de fluide, qui se joue dans des moments éphémères, sans promesse de lendemain. Ce qui contraste avec l'idée plus classique de l'amour durable ou exclusif. Cette mise en lumière d'une forme de relation se construit dans l'espace entre la complicité sexuelle et le refus d'un véritable investissement. Cette quête d'intimité sans attaches, vécue comme une forme de liberté, fait écho à notre société moderne, notamment dans un contexte où les relations deviennent de plus en plus fluides et liquides, au sens formulé par le sociologue Zygmunt Bauman[1]. Ce film questionne la valeur et la sincérité des déclarations d'amour dans un monde où les relations sont de plus en plus fragmentées, superficielles, et où l'engagement à long terme est de moins en moins évident. En cela, il souligne une société où, bien que tout le monde puisse dire « je t'aime », le véritable sens de ces mots et leur portée émotionnelle restent flous et difficiles à saisir.

Le sentiment amoureux peut nous surprendre à n'importe quel moment de la vie, à condition d'être disponibles à la

1. Zygmunt Bauman, *L'amour liquide. De la fragilité des liens entre les hommes*, Paris, Fayard/Pluriel, 2010.

rencontre. Se sentir à nouveau vivant(e) et vibrant(e), quoi de plus jubilatoire. Lorsque les liens d'amitié, de complicité et de partage sont déjà forts, vivre l'intimité ne fait que renforcer le sentiment amoureux. Ressentir à nouveau ce trouble imperceptible, se laisser bouleverser par un regard, capter une infime inflexion de voix qui murmure un désir balbutiant, oser se lancer, s'attacher, déconstruire pour reconstruire un nouveau couple.

À la fin d'une relation, l'amour est ainsi fait que, pour peu qu'on ne lui fasse pas barrage, il a cette capacité à revenir comme la marée, même quand on n'y croyait plus, que l'on s'était persuadé que son tour était passé. Et nous voilà à 50 et 60 ans à faire les idiots par amour comme si on avait 20 ans. Chaque histoire commence comme si c'était la première fois. Avec une intensité telle que les fois précédentes pâlissent, s'effacent devant tant de splendeur. Alors, quel que soit l'âge, on peut aimer comme si on n'avait jamais aimé auparavant, porté par une ardeur adolescente. Soudain, tout peut de nouveau recommencer. Même lorsque notre précédente union a duré quarante ans, les surgissements de l'amour saisissent souvent à l'identique. Le corps, le cœur les reconnaissent immédiatement. Ils adviennent malgré notre volonté. Un regard, magnétique, et tout devient fou. Il faut alors être disposé à se laisser surprendre. Charles Pépin nous rappelle que « rencontrer quelqu'un, c'est se trouver projeté au seuil d'un nouveau monde, happé par l'envie de l'explorer. C'est une invitation au voyage[1] ».

Si on peut aimer à nouveau, on aime aussi différemment et c'est sans doute la meilleure façon pour que cela dure.

1. Charles Pépin, *La rencontre. Une philosophie*, Paris, Allary éditions, 2021.

C'est peut-être aussi l'occasion de revoir de fond en comble son propre fonctionnement. On assiste à de nouveaux codes amoureux ayant pour crédo : liberté, égalité, sensualité. Une enquête menée par *Elle Magazine* et l'Ifop[1] éclaire la manière dont nos comportements se modifient en profondeur et dont se déplace la frontière entre ce qui fut longtemps accepté, acceptable, et ce qui ne l'est plus aujourd'hui. *#MeToo* fait bouger les lignes des deux côtés, féminin comme masculin. Plus de six Françaises sur dix assument de faire le premier pas, 74 % se sentent plus à l'aise pour exprimer leur refus ou leur désaccord et 71 % s'autorisent à évoquer plus clairement leur désir et leurs limites en matière de séduction comme de sexualité. Du côté des hommes, quel que soit leur âge, 35 % des hommes disent que *#MeToo* a changé leur façon de vivre les relations amoureuses. Ils sont 65 % à réfléchir davantage à leur manière d'aborder une personne qui leur plaît, et près de une sur deux à s'inquiéter souvent de faire une remarque ou d'avoir un comportement sexiste. Cela concerne toutes les générations. C'est notamment notable sur la question du consentement, sujet sur lequel femmes et hommes s'accordent. Pour près de quatre personnes sur cinq, il doit être explicite et formulé clairement.

1. « Notre sondage sur les nouveaux codes amoureux, 7 ans après #MeToo », enquête menée en ligne du 2 au 5 août 2024 auprès d'un échantillon de 1004 personnes représentatif de la population résidant en France métropolitaine âgée de 18 ans et plus. *Elle* et Ifop, 29 août 2024.

Acte II

Du désir à la passion : émoi, volupté et (im)possibilité

Scène 1 : Le plaisir charnel

Le sexe dans tous ses états : la volupté à corps partagés

En 2025, la sexualité des Français continue d'évoluer dans un contexte social, culturel et technologique profondément transformé. Alors que les tabous autour de la sexualité se sont largement assouplis ces dernières décennies, les Français, jeunes comme adultes, naviguent désormais dans un environnement où les normes sexuelles sont plus fluides et diversifiées, mais où de nouvelles problématiques émergent.

L'un des aspects les plus marquants de la sexualité contemporaine en France est la déconstruction des modèles traditionnels. Les générations plus jeunes, en particulier les Millénials et la génération Z, remettent en question les rapports classiques entre sexe et amour. Dans un monde où l'identité sexuelle se diversifie, le concept de sexualité est moins lié à la procréation ou au mariage, et plus à la recherche du plaisir individuel, de l'authenticité et du consentement. Les relations plus ouvertes et flexibles deviennent de plus en plus visibles et acceptées, bien que parfois stigmatisées dans certaines sphères sociales.

Le sexe connecté est également un phénomène en croissance. En 2025, les technologies numériques ont profondément modifié la manière dont les Français abordent la sexualité.

Les applications de rencontres, comme Tinder, ou Badoo, sont toujours populaires, mais de nouvelles plateformes sont apparues, plus spécialisées et axées sur des pratiques ou des communautés spécifiques. Parallèlement, la réalité virtuelle et les sex-toys connectés connaissent une popularité croissante, permettant une nouvelle forme de sexualité à distance ou virtuelle.

Lors d'entretiens menés auprès de dizaines de personnes de tous niveaux sociaux, nous nous apercevons que la parole des femmes, mais également des hommes s'est libérée. Tous les sujets ont pu être abordés, du premier rapport sexuel au nombre de partenaires, des pratiques sexuelles, de la fréquence des rapports, du désir, de la masturbation, du plaisir, des violences sous toutes leurs formes, de la question du consentement.

Le désir et la santé sexuelle occupent une place importante dans la vie des Français qui semblent être de plus en plus ouverts à la discussion sur la sexualité, qu'il s'agisse des troubles sexuels comme la dysfonction érectile ou des préoccupations liées à la contraception et aux maladies sexuellement transmissibles (MST). Le VIH, bien que mieux pris en charge aujourd'hui grâce à des traitements antirétroviraux plus accessibles, reste un enjeu de santé publique, notamment chez les jeunes adultes. Les campagnes de prévention et d'information demeurent toujours cruciales.

Enfin, la question de la pression liée à la performance sexuelle reste une réalité dans la société française, exacerbée par l'omniprésence des médias et des normes de beauté souvent irréalistes. Le culte du corps et des performances sexuelles idéalisées peut parfois mener à des frustrations et à des souffrances psychologiques, en particulier chez les jeunes hommes et femmes confrontés à des attentes sociales élevées.

En somme, la sexualité des Français en 2025 se caractérise par une plus grande liberté et diversité des pratiques, mais aussi par des défis nouveaux, entre une quête d'autonomie sexuelle, une volonté de responsabilité sociale et une prise de conscience croissante des enjeux de santé et de respect. L'équilibre entre liberté individuelle et respect des autres demeure au cœur des préoccupations sociétales, tandis que les enjeux de consentement, de santé et d'inclusivité occupent une place de plus en plus centrale dans les débats publics.

Une enquête conjointe de l'Institut national de la santé et de la recherche médicale (Inserm) et de l'Agence nationale de recherches sur le sida (ANRS) parue fin 2024 nous donne des chiffres précis. On note que l'âge moyen du premier rapport sexuel des filles comme des garçons tourne autour de 17-18 ans, précisément 18,2 pour les femmes, 17,7 pour les hommes. L'enquête souligne cependant que les filles s'initient le plus souvent (près de 50 %) avec un partenaire plus âgé et que leur principale motivation pour passer à l'acte est l'amour ou la tendresse (pour plus de 50 % d'entre elles). Côté garçon, c'est plutôt le désir qui les guide dans leur initiation à la sexualité (pour 47 % d'entre eux).

Le nombre moyen de partenaires sexuels au cours d'une vie pour les femmes est de 8 contre 17 pour les hommes. En revanche, la fréquence des rapports a diminué.

Le rapport aux sites de rencontres a beaucoup évolué dans les pratiques des hommes comme des femmes. En 2006, 2,7 % des femmes et 4,6 % des hommes expliquaient avoir eu recours à des sites pour rencontrer un partenaire sexuel. En 2016, elles sont 9,3 % à rapporter ce type d'expérience contre 14,6 % d'hommes. En 2023, selon une enquête citée sur Reddit, 17,9 % des femmes et 23,7 % des hommes ont rencontré un ou une partenaire sexuelle par le biais d'un site ou d'une application.

Passé 50 ans, les femmes ont significativement moins de rapports sexuels que les hommes. Les écarts entre les femmes et les hommes s'accroissent au fil de l'âge et sont beaucoup plus marqués chez les personnes qui ne vivent pas en couple.

De plus en plus de femmes et d'hommes déclarent avoir expérimenté d'autres pratiques que les rapports vaginaux, comme la masturbation, le sexe oral (cunnilingus 86,9 %, fellation 84,4 % hommes, femmes), les sex-toys, la pénétration anale (hommes, femmes 38,9 %).

> J'ai connu quelques relations amoureuses dans ma vie mais je n'avais encore jamais expérimenté ce que cet homme m'a permis d'explorer. Il a pris sexuellement soin de moi comme personne auparavant. À l'écoute, doux, mais puissant, il a fait de mon plaisir une priorité. Je n'avais jamais atteint un tel seuil de jouissance avant lui. (Line, 52 ans)

72,9 % des femmes et 92,6 % des hommes se sont déjà masturbés. Un chiffre qui a quasiment doublé chez les femmes en trente ans (42,4 %). Le nombre de personnes non exclusivement hétérosexuelles a également augmenté, en particulier chez les femmes. En 2023, pour la première fois, elles ont plus d'expériences avec des personnes de même sexe que les hommes.

À la lecture de cette enquête, on découvre que les Françaises sont les championnes d'Europe de la fellation et de la sodomie (devant l'Italie, l'Espagne, l'Allemagne, les Pays-Bas et le Royaume-Uni), avec respectivement 75 % des femmes d'au moins 18 ans pratiquant régulièrement la fellation et 21 %

la sodomie. Globalement, les femmes sont de plus en plus nombreuses à élargir leur sexualité. 22 % des femmes ont déjà introduit un doigt dans l'anus de leur partenaire. C'est encore loin des hommes, puisque la réciproque est vraie pour 52 % d'entre eux.

Cependant, cette ouverture accrue à la diversité des pratiques sexuelles s'accompagne de préoccupations. La question du consentement est au cœur des débats, notamment après les mouvements *#MeToo* et *Time's Up*. La prise de conscience croissante des violences sexuelles, du harcèlement et des inégalités de genre continue de faire évoluer les mentalités, avec une attention particulière portée à l'éducation sexuelle. En 2025, celle-ci est plus globale et inclusive, cherchant à aborder des sujets tels que l'identité de genre, l'orientation sexuelle, les violences sexuelles, ainsi que la santé sexuelle dans son ensemble, bien au-delà de la simple notion de reproduction. Les chiffres des viols et violences sont alarmants. En 2024, 29,8 % des femmes et 8,7 % des hommes relatent avoir subi un rapport forcé ou une tentative de rapport forcé, contre 15,9 % et 4,6 % en 2006.

En 2024, le procès des viols de Mazan a créé une onde de choc, traversant toute la société, sept ans après le début de *#MeToo* et les mises en cause régulières de personnalités. Les hommes se sont peu exprimés sur le sujet. Un sondage *Elle*/OpinionWay[1] nous donne un éclairage précieux. Soulignons d'emblée les 200 signataires de la « feuille de route contre la domination masculine » parue le 21 septembre 2024 dans *Libération* ou le *#NotAllMen*. Qu'en est-il du positionnement des hommes en 2025 ? Sur le papier, 67 %, toutes générations

1. Sondage publié en ligne par *Elle Magazine*, « Les hommes et le consentement, où en sont-ils aujourd'hui ? », le 3 octobre 2024.

confondues, se révèlent favorables à une loi sur le consentement, aux côtés des féministes. L'intention est là, mais ce fameux consentement n'est pas une notion très claire pour eux : 64 % trouvent parfois difficile de savoir si leur partenaire consent ou non à une relation sexuelle, 57 % interprètent comme un feu vert pour une relation sexuelle le fait qu'on ne dise pas explicitement « non ». 50 % considère qu'une femme leur dit « non » d'abord pour « ne pas apparaître légère », mais que cela ne signifie pas forcément qu'elle n'a pas envie de coucher. 60 % des 25-34 ans imaginent qu'une femme qui dit « oui » pour coucher est de ce fait partante pour n'importe quel acte sexuel.

64 % des hommes de cette même tranche d'âge comprennent qu'un homme puisse être excité par une femme qui lui résiste. Le sondage nous apprend que les résultats ne varient pas autant que l'on pourrait l'imaginer entre les générations, même si les jeunes semblent légèrement plus en pointe sur la prise de conscience sociétale, tout en étant un peu plus en retard dans leurs comportements intimes. À 76 %, les hommes estiment que, depuis *#MeToo*, « il est devenu difficile de savoir comment se comporter avec les femmes ». 68 % pensent que la société est devenue trop moralisatrice sur les rapports hommes-femmes. 63 % affirment pourtant porter davantage attention au consentement de leur partenaire lors de rapports sexuels. 61 % pensent qu'il est aujourd'hui mal vu d'être un homme viril en France. 57 % déclarent être plus respectueux de leur partenaire.

Les enquêtes convergent également vers une dissolution plus rapide du couple. On s'aime et on se sépare plus rapidement. Un nombre important de gens jeunes se séparent très vite avec des enfants en bas âge. Notre époque semble marquer la fin du couple jusqu'à la mort, du couple indissoluble.

Faire couple aujourd'hui, c'est être dans une tentative pour surprendre l'autre, lui faire découvrir des choses, partager de la nouveauté. Pas simple de lutter contre l'usure du désir au quotidien. On constate également moins de culpabilité autour des doubles vies, des aventures et du polyamour.

Amours clandestins

> Conversation entre Sarah (Kate Winslet) et Brad (Patrick Wilson) :
> Brad : Quand j'ai levé les yeux et que je t'ai vue, c'était trop « waouh ». Je ne veux plus rentrer chez moi. Pour la première fois de ma vie, j'ai l'impression de faire tout ce que je veux. Que tout est possible.
> Sarah : Qu'est-ce qu'on va faire ? Tout ceci n'est pas réel. On va devoir se cacher encore combien de temps ? Tu sembles totalement heureux avec ta femme. Tu as une vie parfaite.
> Brad : D'apparence seulement. Viens. Pars avec moi. Tu as confiance en moi. Il faut le faire. Partons ensemble.
> Sarah : C'est ce que tu penses vraiment ?
> Brad : Oui. Ce n'est pas un adultère. C'est la soif. La soif d'une alternative et le refus d'accepter une vie trop malheureuse.
> Sarah : Je te dis OK. Oui oui oui !
> *Little Children*, film réalisé par Todd Field, 2006

Dans le petit square d'une banlieue pavillonnaire américaine, où des *desperate housewives* font jouer leur progéniture, une relation amoureuse adultère se noue entre Sarah (Kate Winslet) et Brad (Patrick Wilson). Sarah, écrivaine à ses heures, intelligente, sorte de Madame Bovary des temps modernes, s'ennuie à mourir dans son rôle de mère au foyer, et les heures passées avec son mari Richard (Gregg Edelman), cadre d'une grande entreprise de publicité, accro au porno, préférant fantasmer sur les photos d'une pin-up du Net plutôt que de s'occuper de sa femme et de sa fille. Brad, marié lui aussi, n'est pas plus heureux en ménage, sa magnifique femme Kathy (Jennifer Connelly) se consacrant pleinement à la réalisation de ses documentaires. Sarah et Brad vont commencer à tisser des liens, en se rendant compte de la similitude de leur mariage. Enfin, le film pose plusieurs questions d'ordre socio-philosophique, parfois en y apportant sa propre réponse, parfois en laissant le spectateur se faire une opinion personnelle. Sarah et Brad sont malheureux. Mais peuvent-ils être heureux ensemble ? Se pose alors la question des choix de vies et des conséquences de ces choix. Sommes-nous tous réellement capables de les prendre et de les assumer ? À quel point nos choix déterminent les personnes que nous sommes ? On ne peut pas changer le passé. Mais l'avenir, c'est une autre histoire. Et ça doit bien commencer quelque part.

Dans un couple, l'infidélité est la première cause de rupture ou de divorce[1], surtout quand on a promis le contraire. Dans la grande enquête menée par les sociologues Nathalie Bajos et Michel Bozon[2] sur la sexualité des Français, on apprend qu'au moment d'une séparation conjugale, 46 % des femmes savent ou pensent que leur conjoint avait une autre relation. Selon une enquête de l'Ifop parue en 2016, 49 % des hommes admettent avoir déjà été infidèles contre 33 % des femmes. Petit retour en arrière. 1975, c'est la date à laquelle l'infidélité a été dépénalisée. Auparavant, le mari infidèle risquait une amende, mais seulement si l'adultère avait été commis au domicile conjugal. L'épouse infidèle encourait quant à elle une peine d'emprisonnement de trois mois à deux ans.

1. Enquête Insee, 2017.
2. Nathalie Bajos et Michel Bozon (dir.), *Enquête sur la sexualité en France. Pratiques, genre et santé*, Paris, La Découverte, 2008.

> Monologue de Noah (Dominic West) :
> Je suis marié à une femme parfaite ! j'ai une vie parfaite. J'en ai vraiment marre ! Je me sens comme un imposteur… Je veux me tromper. Je n'ai jamais fait d'erreur de toute ma vie. Une personne ne peut pas vivre comme ça.
> *The affair*, série créée par Sarah Treem et Hagai Levi, 2014

The affair explore les conséquences de la relation extraconjugale entre Noah Solloway (Dominic West) et Alison Lockhart (Ruth Wilson) après leur rencontre dans les Hamptons, sur la côte est des États-Unis. Le chaos commence donc au début de l'été dans un restaurant de Montauk, où Noah, enseignant new-yorkais, et sa femme Helen (Maura Tierney) s'arrêtent lors de leurs vacances. Lui se rêve grand écrivain, elle est fille de très bonne famille. Ils vont rendre visite à ses parents à elle, ont quatre enfants, et une vie a priori idyllique. Sauf qu'ils croisent la route d'Alison, une serveuse qui traîne un traumatisme (la perte d'un enfant) qui a ébranlé son mariage avec Cole (Joshua Jackson). Le destin de Noah bascule dès le premier regard. La nuit de son arrivée, il la retrouve par hasard sur la plage et accepte de la raccompagner chez elle. Le coup de cœur est instantané. Ce qui va profondément remuer deux couples, quatre personnes et plusieurs existences. Un quelque chose qui, comme une pierre sur l'eau, va ricocher au-delà de toute raison, et provoquer de profondes secousses. Commence alors une relation adultérine qui détruira leurs mariages respectifs et aura des conséquences pour chacun des membres de leurs familles. En tout état de cause, il n'y a pas de trahison qui ne fasse pas souffrir et ne remette pas en question nos mécanismes profonds. Ils réveillent et révèlent des personnalités insoupçonnées. On s'offense et se blesse à la hauteur de notre passé.

L'infidélité, souvent réduite à sa dimension sexuelle, existe sous de nombreuses formes de tromperie, parfois tout aussi, voire plus douloureuses pour la personne trompée. L'infidélité touche à la rupture du contrat implicite entre deux partenaires. L'infidélité émotionnelle implique un attachement affectif à une tierce personne, des confidences intimes, des échanges profonds, une complicité durable. Elle passe parfois par l'idéalisation de l'autre, revêtant l'image d'une âme sœur non consommée. L'écrivaine Amanda Sthers[1] donne son point de vue dans son ouvrage consacré à l'infidélité. « Je préfère mille fois que l'homme que j'aime couche avec une femme et ne s'en soucie plus, plutôt que d'être obsédé par l'idée d'une femme qu'il ne touchera jamais. C'est dans le fantasme d'un autre corps que réside le germe de l'infidélité. Car c'est un duel perdu. Alors qu'un homme qui a trompé sa femme revient le plus souvent à la maison, un homme qui rêve d'une autre n'est jamais vraiment là. » L'infidélité émotionnelle peut être perçue comme plus menaçante qu'une infidélité sexuelle ponctuelle, car elle touche au cœur du lien amoureux, à savoir l'exclusivité des émotions. La double vie affective ou conjugale implique d'entretenir deux foyers parallèles, ou deux relations amoureuses longues et secrètes, sans nécessairement entretenir de sexualité active avec les deux partenaires. Cette forme de tromperie est souvent motivée par le besoin d'équilibre entre deux univers incompatibles (traditionnel et passionnel, stabilité et aventure) et repose sur un cloisonnement psychologique fort. Plus récente, la tromperie numérique, virtuelle, comprend des échanges intimes ou ambigus par messagerie, réseaux sociaux, des relations en ligne prolongées sans rencontre physique, ou encore une addiction aux plateformes de type OnlyFans, perçue par certains partenaires comme une

1. Amanda Sthers, *De l'infidélité*, Paris, Plon, 2018.

trahison affective. L'énergie, le temps et l'intimité partagés ailleurs créent le sentiment de trahison. L'infidélité intellectuelle ou existentielle désigne les cas où l'un des partenaires partage sa vision du monde, ses projets, ses rêves profonds avec quelqu'un d'autre plutôt qu'avec sa/son conjoint(e). Tromper, ce n'est pas toujours aller ailleurs. C'est aussi parfois mentir dans la relation elle-même, telle que cacher une partie de sa vie (endettement, secret de famille), se montrer sous un faux jour (valeurs, passé, intentions). Toutes ces formes de tromperie montrent que l'infidélité n'est pas réductible au sexe. Elle touche au contrat implicite entre deux individus, contrat qui peut varier selon les cultures, les classes sociales, les histoires de chacun. Dans un monde où les individus cherchent plus d'intimité, de reconnaissance, de communication, les frontières de l'infidélité deviennent plus floues, tout aussi émotionnelles que charnelles.

Dans la série *Docteur Foster* de Mike Bartlett, Gemma Foster (Suranne Jones) a tout pour être heureuse. Médecin généraliste réputée de la petite ville de Parminster, elle est mariée à Simon (Bertie Carvel), un promoteur immobilier, avec lequel elle a élevé leur fils Tom, aujourd'hui adolescent. La simple découverte d'un cheveu blond accroché à l'écharpe de son mari remet brutalement en cause la vision idyllique de son union et de sa vie familiale. Simon la tromperait-il ? Un scénario d'une confondante banalité, mais qui tranche avec la subtilité de son traitement et la complexité du tumulte intérieur de son héroïne. La deuxième saison offre une situation encore plus tendue. Après avoir démasqué son mari volage, Gemma Foster s'est reconstruite grâce à son fils et à son travail. Mais l'ex-banni revient et tente de se racheter pour récupérer l'enfant. Pour Gemma, l'heure de la revanche a sonné. La série passe d'un sinueux suspense chabrolien à un jeu de massacre frontal qui évoque de nouvelles influences. « Rien n'est plus dangereux qu'une femme blessée » entend-on en voix off. On ne peut pas mieux dire lorsque l'on regarde la série. Dans nos sociétés modernes, chacun se venge comme il peut. Certaines rayent des voitures de luxe avec leurs trousseaux de clés. D'autres couchent avec le meilleur ami de l'infidèle. Les divorces coûteux sont aussi un moyen pour certaines d'exorciser leur peine. Salir une réputation peut parfois suffire.

> Conversation entre Alexandra (Glenn Close) et Dan (Mickael Douglas) :
> Alexandra : Je n'aime pas ça…
> Dan : Quoi ?
> Alexandra : Ta façon de t'enfuir après m'avoir fait l'amour.
> Dan : Maintenant ou demain, je dois partir.
> Alexandra : Je refuse d'être ignorée Dan !
> *Liaison fatale*, film réalisé par Adrian Lyne, 1987

Ceux qui ont vu le film *Liaison fatale* d'Adrian Lyne, il y a presque quarante ans, se souviennent sans aucun doute de Dan Gallagher (Michael Douglas), avocat heureux en ménage, qui ne résiste pourtant pas au charme d'Alexandra Forrest (Glenn Close), l'une de ses clientes. Après un week-end en compagnie de la jeune femme, Dan réalise qu'il commet une erreur et met un terme à leur aventure passagère. Mais Alex ne l'entend pas de cette oreille. L'histoire d'une folle à lier qui harcèle un homme marié et qui tue le lapin de sa fille de 4 ans pour le faire bouillir en cocotte a de quoi refroidir la libido. Quand la bonne épouse soulève le couvercle de la marmite, elle découvre une fourrure blanche marbrée de sang, et elle hurle, en chœur avec le public, même si tout le monde se doutait de ce qui allait arriver. « Bouilleuse de lapin » est restée une façon très évocatrice de qualifier une femme dangereuse et prédatrice, à l'état mental aussi retors que sa chevelure permanentée.

Ne la croyez pas quand elle affirme ne vouloir passer qu'une nuit de plaisir. Ce vagin denté mettra votre vie en lambeaux et ne vaut absolument pas les cinq minutes de sexe torride passées sur l'évier de la cuisine.

Liaison fatale, nommé pour six Oscars, dont celui du meilleur film, a engrangé plus de 150 millions de dollars de recettes. On serait tenté de croire que ce mélodrame autour des dangers du papillonnage serait sérieusement daté. Pas du tout, illustrant parfaitement notre malaise puritain face au désir sexuel. Bien plus que la flopée de films du même genre qu'il a engendrée, *Liaison fatale* reste une excellente illustration de notre persistance à vouloir faire porter toute la faute sur la femme dévergondée dès lors que la fidélité conjugale est menacée. Le film, sorti un an après une enquête controversée de *Newsweek* intitulée « La crise du mariage », selon laquelle les femmes célibataires de plus de 40 ans avaient statistiquement plus de chances de mourir dans un attentat terroriste que de passer devant l'autel (le personnage de Glenn Close a 36 ans), a de quoi interroger.

Croire à la fidélité serait devenu une forme de croyance obsolète. Comme le précise Marcela Iacub[1], « dans un monde où l'on nous exhorte à être sexuellement heureux, où il y a des invitations, des sollicitations permanentes, comment peut-on devenir des ascètes ? On confond trop souvent sexe et sentiment. Aujourd'hui encore, on nage dans l'idéologie de la pute et de la femme honnête. Le sexe ne doit pas être subordonné à l'amour ». Avec les sites et applications dédiés à l'aventure extraconjugale, les tentations n'ont jamais été aussi grandes.

1. Marcela Iacub, *La fin du couple*, Paris, Stock, 2016.

> Celui qui trompe une fois trompera à nouveau. S'il n'a pas pu quitter sa femme la première fois, il le fera la seconde. Tout n'est une question de temps et de bonne rencontre. (Stéphanie, 58 ans)

« 55 ans en moyenne, citadine ou rurale, mariée depuis plus de vingt ans et mère de deux enfants ». Ceci n'est pas l'annonce d'une offre d'emploi ni un profil LinkedIn, mais le portrait-robot de la femme infidèle contemporaine, publié par le site de rencontres extraconjugales Gleeden. L'enquête menée à partir d'un brassage des données du million de femmes françaises inscrites sur la plateforme apporte quelques éléments cocasses et inattendus à ce descriptif: « de signe gémeaux, 1,60 mètre avec rondeurs, personnalité peu ambitieuse, sans profession, dépendante financièrement d'un homme, brune ». Gleeden a interrogé de manière plus approfondie des centaines de clientes sur leurs motivations. Classiques au fond: réveiller une libido en berne, prouver qu'elles peuvent encore séduire ou plaire, ou bien encore avoir le besoin de se sentir exister en tant que femme. La plupart pratiquent une infidélité invisible, afin de préserver leur union. Quelques moments volés, quelques extras dans une vie devenue trop ordinaire. Des motivations assez proches *in fine* de celles de leurs homologues masculins. Et un goût pour l'aventure très hexagonal. « L'amour à la française, s'il fallait le définir, ce ne serait pas la galanterie, mais plutôt l'infidélité », rebondit Maïa Mazaurette, célèbre chroniqueuse de la vie amoureuse dans *M*, le magazine du *Monde*.

C'est pour exploiter ce marché prometteur que les frères Teddy et Ravy Truchot, aujourd'hui installés à Miami, comme toute l'équipe de la start-up qui se diversifie désormais dans les sex-toys, ont créé Gleeden en 2009. Ils se sont rendu compte qu'il y avait un marché propice pour cela. Dix ans plus tard, l'entreprise dit avoir plus de 5 millions de membres dans le monde, dont la moitié en France. Aujourd'hui, elle affiche un ratio élevé d'utilisatrices, avec 40 % de femmes contre 60 % d'hommes.

Chez les femmes, en tout cas, le goût pour l'infidélité progresse. En 2001 déjà, d'après une enquête de l'Ifop, un quart d'entre elles, en couple, déclaraient « avoir eu un rapport sexuel avec une autre personne que leur conjoint », contre 39 % pour les hommes. En 2016, elles étaient 33 %. Et 16 % d'entre elles vivaient une relation extraconjugale au moment même de la réalisation de l'étude. D'année en année, l'Ifop a pris l'habitude de nous livrer une photographie complète de l'infidélité en France. Parmi les statistiques, des chiffres surprenants. On y découvre, par exemple, que 41 % des femmes protestantes déclarent avoir été infidèles au moins une fois dans leur vie. À titre de comparaison, seulement 29 % des catholiques pratiquantes ayant répondu à cette étude ont été infidèles au moins une fois. Y a-t-il plus de femmes infidèles à droite qu'à gauche ? Grâce à l'Ifop, nous pouvons apprendre qu'une majeure partie d'entre elles votent aux extrêmes : Front de gauche, Front national (FN), aujourd'hui Rassemblement national (RN) ou encore Nouveau Parti anticapitaliste (NPA). Alors que seulement 30 % des femmes écologistes s'adonnent à la tromperie. L'un des chiffres les plus bas. Autre statistique marquante : près d'une femme sur deux résidant en Occitanie a déjà eu un rapport sexuel avec une autre personne que son partenaire au cours de sa vie. Différentes études, menées en 2014 et 2016, montrent également un certain nombre de tendances et d'évolutions. Durant cette période, le nombre de personnes, hommes et femmes confondus, déclarant avoir été infidèles a augmenté. Alors que les femmes étaient 31 % à avoir trompé en 2014, elles sont 33 % en 2016. Mais elles restent moins hardies que leurs homologues masculins, qui étaient 45 % à se déclarer infidèles en 2014, contre 49 % en 2016. Toujours d'après l'Ifop, les candidates à l'adultère vivent en majorité dans l'agglomération parisienne, ou dans des villes de plus de 100 000 habitants. Serait-on plus volage dans les grandes villes que dans les villages ? Voire plus à Paris que dans les autres grandes villes ? Cette fracture entre grandes villes et zones rurales pourrait avoir plusieurs explications. Tout d'abord le nombre de possibilités de rencontres plus élevé dans les grandes villes. La grande liberté « d'action » qu'offre l'anonymat d'une métropole y est pour beaucoup, confirme dans l'étude François Kraus, directeur du pôle politique de l'Ifop.

Plus le statut social est construit, explique l'étude Ifop, moins on est sensible au regard porté sur un éventuel écart. « Les individus ayant acquis une certaine respectabilité sociale par leur réussite professionnelle sont moins sensibles aux effets de réputation que pourrait avoir ce genre d'écart de conduite, précise François Klaus. Les milieux professionnels impliquant une forte mobilité ou des rencontres fréquentes favorisent un renouvellement plus élevé des partenaires que lorsque le milieu professionnel présente peu de possibilités de rencontres, par exemple les ouvriers à la chaîne. » Cela pourrait donc expliquer le nombre majoritaire de citadins provenant de catégories socioprofessionnelles supérieures inscrits sur le site de rencontres extraconjugales.

Toujours selon l'Ifop, 63 % des Français mariés ou en couple pensent qu'on peut aimer son conjoint tout en étant infidèle. Pour les autres, il s'agit de couple ou de mariage de convenance, de relation de façade. Certaines personnes restent ensemble sans amour profond, pour les apparences sociales, les enfants, ou par peur du changement. Les enjeux économiques jouent un rôle majeur dans de nombreuses séparations, notamment en ce qui concerne le logement, le patrimoine ou le niveau de vie.

> Cela fait un certain temps que mon compagnon et moi n'avons plus aucune intimité. La sexualité a été reléguée au second plan. Nous nous connaissons depuis si longtemps… Nous avons construit un patrimoine ensemble. J'ai parfaitement conscience qu'il ne me désire plus. On me conseille souvent de partir. Mais je ne veux pas tout perdre. Je vis dans le luxe. Et le pire, c'est que je sais qu'il n'est plus heureux avec moi depuis longtemps… (Corinne, 60 ans)

Ce sont des couples où l'amour s'est effacé, mais où l'attachement sécuritaire ou la peur de la perte prédominent.

En tout cas, les différentes études sur l'infidélité montrent qu'au fil des décennies, une proportion croissante de personnes en couple ne limite plus leur sexualité à leur sphère conjugale. À condition d'en avoir les moyens. « Avec tous les éléments attachés au couple comme l'argent, le foyer, ou encore le cercle d'amis, le risque de perdre son conjoint ou de vouloir s'éloigner fait peser des craintes bien concrètes sur la personne trahie, explique Maïa Mazaurette. Tout le monde n'a pas la liberté de se séparer ou de payer son loyer sans aide. »

Une forme de culpabilité peut également être un frein aux séparations nettes. Une personne peut se définir comme honnête, loyale, aimante. Tromper son partenaire entre en contradiction directe avec cette identité. Cela crée une dissonance cognitive : si j'aime, je ne trahis pas. Si je trahis, c'est que je n'aime plus. La culpabilité vient de cette incohérence entre les actes et les valeurs. Même si l'acte d'infidélité reste secret, beaucoup imaginent la douleur que cela causerait à l'autre s'il le découvrait. Pour ceux qui associent amour à bienveillance, risquer de blesser l'autre volontairement est incompatible avec l'amour. La fidélité peut être vécue comme un pilier moral ou spirituel. La trahison de cet engagement entraîne automatiquement un sentiment de faute morale.

> J'ai trompé ma compagne il y a quelques années. Ce n'était pas une relation d'un soir, non. C'était une vraie histoire d'amour. Cela s'est terminé tragiquement. Je suis resté auprès de ma compagne à qui je donne des gages encore tous les jours. Je paye tout cela très cher encore aujourd'hui. Malgré tout, j'ai eu un véritable coup de cœur pour une autre femme récemment. Cela faisait un moment que je n'avais pas ressenti un tel désir, une telle envie. Elle est belle, intelligente, douce. Elle est parfaite. Je suis fou d'elle. Cela me dévore. (François, 60 ans)

Les hommes ont toujours joui d'une liberté sexuelle, mais de nos jours, on s'autorise davantage, on prend des permissions et on peut établir des contrats de couple différents. À condition d'être discret : un Français sur trois déclare qu'il pourrait avoir une relation extraconjugale s'il est certain que personne ne soit un jour au courant. Et ils sont presque aussi nombreux à faire croire qu'ils sont célibataires sur les sites de rencontres.

De là à ce que l'infidélité soit socialement acceptée, il y a encore un pas qu'il ne faudrait pas allègrement franchir. Les êtres humains ont pour règle implicite la confiance. Si l'adultère a toujours existé, l'afficher et l'assumer est une chose plus nouvelle et, par conséquent, plus difficilement acceptée. Depuis 2015, les Associations familiales catholiques de France (AFC) traquent Gleeden pour incitation à l'infidélité. Selon cette confédération, le site violerait l'article 212 du Code civil, qui précise que les époux se doivent mutuellement « respect, fidélité, secours, assistance ».

Sans jugement aucun, il apparaît qu'il faut bien choisir sa formule de couple et communiquer sur le fait qu'une formule, ça évolue. Il y a des gens qui préfèrent l'échangisme, le candaulisme, la monogamie radicale. Une majorité d'entre nous préfère une infidélité invisible, trompe-moi tant que je ne l'apprends jamais, pour conserver son couple en tant que partenariat.

Quoi qu'il en soit des lois et des châtiments de ces institutions pénales, religieuses ou civiles, il est une notion commune à tous. L'adultère est quasiment systématiquement vécu par celui qui est trompé comme une injure. Et si les intentions de celui qui trompe ne sont pas toujours mauvaises, la plus grande des punitions est peut-être plus morale, plus intime et plus douloureuse, c'est celle d'avoir fait du mal à quelqu'un que l'on aime ou que l'on a aimé. Même un peu.

> J'ai trompé ma femme mais je ne me considère pas comme une mauvaise personne. Je me sentais vide, enfermé, éteint. Et Cathy est arrivée dans ma vie. Une bénédiction. Je ne me suis jamais senti aussi vivant. Après mûre réflexion, je vais bientôt annoncer à ma femme notre séparation. (Paul, 55 ans)

Chercher à revivre, à ressentir, à se reconnecter à soi. Ne pas chercher une autre personne, chercher une autre version de soi, celle qui ose, qui se sent vivante. Il semble que lorsque l'on trompe sa /son partenaire, ce n'est pas un hasard, on le fait pour une vraie raison. Ai-je vraiment envie de continuer de vivre ou de subir cette relation ou est-ce que j'ai juste peur de tout remettre en question ? D'échanges en échanges, de rendez-vous en rendez-vous, cet amant, cette maîtresse nous fait du bien. On s'attache, les sentiments s'en mêlent. On entre dans une dimension amoureuse et plus spécifiquement sexuelle. La relation évolue en une véritable histoire d'amour. Se pose alors la question de remettre en question son couple et sa vie familiale. La naissance de ces nouveaux sentiments amoureux est l'opportunité de repenser son rapport au couple quitte à remettre en cause sa relation avec sa/son conjoint(e). Un état des lieux qui peut permettre de replacer l'amour, les envies, les besoins au cœur de sa vie. Contre la sécurité et le confort, il faut parfois réinventer le risque de l'aventure amoureuse.

Du polyamour au couple non sexuel

Léa, 25 ans, aime Arthur, 28 ans, et vit avec lui. Mais Léa aime aussi Jean, 23 ans, tandis qu'Arthur passe parfois le week-end avec Estelle, 30 ans. Estelle, elle, vient en parallèle de craquer sur Benjamin, 29 ans, et Jean revoit parfois Mina, 26 ans, sa meilleure amie-amante. Inventant une nouvelle manière d'aimer, ils créent un réseau sentimental original, bien éloigné de la vision classique du couple rimant avec exclusivité sexuelle. Lorsqu'on les écoute, ils réfutent tout militantisme.

> Rien n'est volontaire. J'aime Arthur, c'est mon mec, mais ce serait dingue de refouler mes désirs. J'ai plusieurs amis, pourquoi ne pourrais-je pas avoir plusieurs amoureux ? (Léa)

Entre triomphe de l'individu, lutte contre l'érosion du désir, tentative d'aménagement de la « passion toujours », curiosité des corps, ces aventuriers de l'amour défrichent des territoires vierges. Le polyamour se définit par le fait d'aimer plusieurs personnes à la fois dans la plus grande transparence.

> Le polyamour, c'est le droit de ne pas avoir à choisir entre plusieurs amours. (Fanny, 25 ans)

S'il paraît moderne, ce concept n'est pas neuf. Dès les années 1920, l'URSS balbutiante découvrait l'amour camaraderie opposé à la famille monogame capitaliste. Durant les décennies suivantes, les polyamoureux se font rares, hormis quelques pionniers, tels Jean-Paul Sartre et Simone de Beauvoir, avant les années 1970 qui verront éclore des communautés prônant l'amour libre. Après trois décennies de frilosité impactées par le sida, le chômage et les crises, la fin des années 2010 voit réapparaître la (re)tentation du polyamour. Certains vivent à trois (en trouple), allant jusqu'à élever des enfants ensemble. D'autres inventent un équilibre, parfois précaire, à quatre, en « quatrouple ». Les plus audacieux s'essaient à cinq, six ou sept… Ces nouvelles géométries sentimentales font même l'objet d'une série polyromantique, *You Me Her*, sur Netflix, explorant les tribulations amoureuses d'un jeune couple et d'une *escort girl*. Mais comment y vient-on ?

Pour Joséphine, 26 ans, cela a toujours été une évidence :

> Je ne me vois pas tout promettre à une seule personne. La vie est longue. Et je n'ai pas envie de me réveiller un matin sans avoir le sentiment d'avoir exploré tout le champ des possibles.

La gestion du désir est l'une des grandes questions du couple, d'autant que jamais nous n'avons eu autant de temps à vivre ensemble. « Or, ce désir s'étiole immanquablement, et la vie à deux est frustrante par essence », analyse Fabienne Kraemer[1]. En répondant aux envies à court terme, le polyamour peut permettre de passer un cap. Pour éviter la rupture amoureuse, certains aménagent ainsi le contrat initial.

1. Fabienne Kraemer, *21 clés pour l'amour slow*, 2016, *op. cit.*

« Avec le polyamour, on pourrait rompre la litanie mariage-divorce-mariage-divorce nourrie par le dépit, l'adultère et le mensonge[1]. »

Face à une société globalement réticente, les polyamoureux détiennent peut-être la martingale d'une vie de couple épanouie au long cours. Malgré un cadre, nécessaire à la vie ou aux relations à plusieurs, le polyamour aurait pour vertu de libérer l'homme comme la femme. Plus qu'une transformation des rapports sociaux, peut-être est-ce cela la véritable magie du polyamour ; *via* le sexe, une véritable évolution des rapports de cœur.

Éric Smadja[2] va plus loin, affirmant que « nos sociétés favorisent l'individualisme croissant, la mobilité, la centralité de la sexualité, l'accomplissement personnel, contribuant à rendre les couples instables, fragiles, polymorphes et exigeants. Les attentes à l'égard du partenaire devenant énormes, on est tenté de chercher hors de notre couple ce qui nous manque en termes de satisfaction, de désirs et de besoins psychiques protecteurs. Ce qui correspond à une difficulté à renoncer à la toute-puissance de nos désirs, toujours bien vivante en chacun des adultes ». Un point de vue que ne partagent pas forcément ces couples :

> Le polyamour n'est pas une solution de facilité. Cela demande de l'introspection, de l'honnêteté, de la lucidité, de la communication. (Jonathan, 39 ans, polyamoureux depuis dix ans)

1. Magali Croset-Calisto, *Fragments d'un discours polyamoureux*, Paris, Michalon, 2017.
2. Éric Smadja, *Le couple et son histoire*, Paris, PUF, 2011.

Respect semble être le mot-clé des polyamoureux. Respect des autres, de leurs besoins, de leurs envies et de leurs sentiments.

> On peut dire que les libertins s'interdisent de tomber amoureux des personnes avec lesquelles ils couchent, tandis que les polyamoureux s'interdisent de coucher avec les personnes pour lesquelles ils ne ressentent pas de sentiments forts. (Audren Le Rioual, mari trompé devenu polyamoureux, auteur du blog « Les fesses de la crémière »)

Contrairement à ce que peuvent laisser entendre les images de corps emmêlés, polyamour ne rime pas avec partouze :

> Le polyamour, ce n'est ni de l'échangisme ni du libertinage. Après vingt ans de vie commune, je me suis lancé par amour pour ma femme, qui s'ennuyait dans notre couple. On a tâtonné, on a défini un cahier des charges en s'inspirant des informations de polyamour.info, on participe à des cafés poly, on synchronise nos agendas avec l'appli The poly Life. (Fabrice, 45 ans)

Anna, 29 ans, a trois amoureux. Un compagnon depuis sept ans dont elle partage la vie. Un autre avec qui elle échange de longues lettres depuis presque deux ans et qu'elle retrouve tous les deux mois :

> Il vit à 400 kilomètres de chez moi et il a lui-même une compagne. Je connais mon troisième amoureux depuis quatre ans, nous n'avons jamais eu de relation charnelle. Je suis heureuse ainsi. Ces trois relations n'ont pas la même place dans ma vie. Je les aime de trois façons différentes. Le polyamour, c'est avoir le luxe d'écrire son propre contrat.

Un mode d'emploi réinventé à chaque relation, qu'il faut mettre en œuvre dans une société oscillant entre incompréhension et rejet. Il paraît important de poser un cadre, de sonder les désirs et les besoins, mais aussi les limites de chacun. Reste à aborder la question de la jalousie.

> J'avais beau savoir qu'Arnaud m'aimait, l'imaginer dans les bras d'une autre m'horrifiait alors que c'était moi qui l'y avais poussé. (Annie, 35 ans)

> Après avoir trompé Sophie, nous avons souhaité repartir sur de nouvelles bases. On a opté pour un contrat polyamoureux. Reste que, lorsqu'elle a craqué pour Luc, j'ai viré jaloux pathologique, en dépit de mes bonnes intentions et de sa transparence. (Renaud, 44 ans)

Catherine Millet, libertine revendiquée, en sait quelque chose. Cette auteure, décrite un temps comme une femme-machine dénuée de sentiments, interdite d'émotions, a abordé dans son ouvrage[1] la forme la plus douloureuse du pâtir amoureux, la jalousie. Et ce n'est pas la seule. Emma, 33 ans, a pris conscience très tôt qu'elle tombait souvent amoureuse de plusieurs personnes à la fois. Bisexuelle, l'évidence a été de vivre le polyamour. Or, lorsqu'elle constate que sa partenaire est fortement attirée par une autre femme, elle remet tout en question :

> J'ai ressenti un vertige terrible. Je me suis comparée à cette fille sublime, incroyable et j'ai eu peur qu'elle devienne la préférée et que je sois délaissée. Je devenais jalouse.

Jérôme, 34 ans, explique qu'il n'a pas toujours été serein :

> Expérimenter autre chose que la norme implique la gestion de toutes sortes de tracas, de réflexions personnelles, de négociations. Vivre le polyamour, c'est aussi gérer des crises, des affects, des insécurités.

1. Catherine Millet, *Jour de souffrance*, Paris, Flammarion, 2008.

Le modèle du polyamour peut donc apparaître enjolivé par les médias ou la presse, fantasmé voire idéalisé ces dernières années. Si des podcasts (amoursplurielles.com), des sites (polyamour.info; polyamour.be) et des livres lui sont consacrés, le polyamour demeure un phénomène relativement marginal. Il n'existe pas d'étude nationale française récente fournissant une estimation précise du pourcentage de personnes pratiquant le polyamour en 2025. Cependant, une enquête de 2021[1] suggère que cette pratique concerne environ 2 à 5 % de la population adulte en France. Une étude sociologique menée entre 2020 et 2022 a observé des groupes de discussion appelés « cafés poly », où des personnes polyamoureuses se réunissent pour échanger. Bien que cette recherche ne fournisse pas de données quantitatives, elle met en lumière l'existence et l'organisation de communautés polyamoureuses dans le pays. Ce n'est pas parce que les amours plurielles peuvent être perçues comme une option égalitaire et désirable, ou que les comportements amoureux peuvent s'éloigner des normes traditionnelles, que ce modèle s'est largement répandu. En réalité, le modèle du couple monogame, durable, cohabitant et parfois reproductif, demeure l'accomplissement privilégié pour la majorité des Français. Le polyamour est souvent vécu dans la discrétion la plus totale, restant ainsi stigmatisé. Trop souvent, on le confond avec le libertinage, ce qui nuit à sa reconnaissance. En réalité, il est bien plus mal perçu que l'adultère, car il remet en cause les fondements du couple et de la famille traditionnelle, notamment l'idée d'une relation exclusive et stable entre deux personnes. Cette remise en question des structures familiales établies fait du polyamour un sujet délicat et souvent mal compris dans une société qui valorise encore majoritairement la monogamie.

1. « Les pratiques sexuelles des français », enquête Ifop, 2021.

Cela peut paraître paradoxal. Car le polyamour n'a rien de libre. C'est un système contraignant qui nécessite une analyse folle des rapports. Or l'emballement amoureux est, par essence, opposé au polyamour. Il balaie tout sur son passage et n'a que faire d'un cadre contrôlé.

> Conversation entre Miranda Hobbes (Cynthia Nixon) et Carrie Bradshaw (Sarah Jessica Parker) :
> Miranda : À propos de trucs morts… j'ai essayé de raviver ma vie sexuelle avec Steve l'autre jour… J'ai vraiment essayé. Et malheureusement, le patient était non réactif.
> Carrie : Donc, pas de pouls ?
> Miranda : Absence totale de pouls. Deux morts qui essayaient de s'envoyer en l'air. Le sexe zombi.
> *And just like that*, épisode 7, saison 1, série réalisée par Michael Patrick King, 2021

A *contrario*, on retrouve les couples non sexuels. Parents, amis, couples cohabitants devenus de simples colocataires mais plus amants… S'aimer sans faire l'amour. Devenir abstinent. En 2009, aux États-Unis, l'institut General Social Survey estimait que 15 à 20 % des couples mariés n'avaient plus de vie sexuelle commune. Un chiffre difficile à vérifier pour la France tant le sujet est tabou. Selon la sociologue américaine Pepper Schwartz[1], à l'initiative d'une enquête auprès de 100 000 personnes pour identifier les comportements de couples heureux, un couple est considéré comme *no sex* s'il n'a pas eu de rapports sexuels depuis six mois à un an.

Mais quelque chose d'autre que l'amour charnel lie ces couples. Les *no sex* traduisent une recomposition de l'intimité, stipulant que l'on peut être épanouis sans sexualité,

1. Enquête mondiale menée par Pepper Schwartz, en collaboration avec Philip Blumstein, publiée en 1983.

et construire des formes de proximité basées sur d'autres registres : l'émotion, la tendresse, la complicité. Cela interroge notre conception traditionnelle du couple, de l'amour et de la normalité. Alors à partir de quand se considère-t-on comme un couple ? La première fois que l'on fait l'amour ? Que l'on se dit « je t'aime » ? Que l'on part en vacances ensemble ? Que l'on fait appartement commun ? Que l'on trie les chaussettes de l'autre ? Qu'on le présente officiellement à la famille et aux amis ?

Jusqu'au début des années 1970, le mariage constituait un rite de passage et la sexualité était sacrée. De nos jours, on peut multiplier les partenaires d'un soir ou se sentir en couple sans habiter ensemble. D'où la définition de l'Insee : « Est en couple celui ou celle qui déclare être en couple. » Chacun est désormais en droit de choisir la manière dont il souhaite s'associer à l'autre. On se sentirait donc en couple dès lors que l'on tisse quelque chose à deux, ce quelque chose pouvant varier fortement d'un couple à l'autre.

Bénédicte, 47 ans, nous raconte :

> Adrien était étudiant en médecine quand nous nous sommes rencontrés. Après sa spécialité en rhumatologie, il s'est mis à son compte. Nous rêvions d'une grande famille et nous en avions les moyens. Très naturellement, enceinte, j'ai laissé tomber mon emploi d'infirmière pour devenir femme de médecin. Adrien devait développer son réseau de connaissances et je me suis lancée avec plaisir dans ce job. Trois fois par semaine, j'organisais des dîners avec les notables du coin, les pharmaciens, les généralistes. Je l'ai aidé à aménager son cabinet. Adrien n'a confiance qu'en moi. Notre petite entreprise fonctionne à plein régime. Depuis dix ans, on fait chambre à part. Une fois par an, on couche ensemble, presque par accident, au retour d'un dîner un peu arrosé…

le lendemain, nous en sommes presque gênés. S'il n'y a plus vraiment de désir entre nous, nous avons toujours la même admiration l'un pour l'autre. C'est un sacré ciment.

Mon compagnon et moi ne faisons plus l'amour depuis des années. Sommes-nous toujours un couple? Je m'interroge souvent. Alors je préfère parler de relation. J'estime ce mot plus ouvert, enclin à induire l'idée d'un partage ne se réduisant pas à la sexualité. (Justine, 60 ans)

Cela a commencé doucement. Après la naissance de notre deuxième enfant, on était épuisés. Puis les années ont passé et on s'est enfermés dans une routine. On s'aime, on se respecte, on partage des choses mais la sexualité a disparu. Au début, j'en souffrais. Je me disais que c'était un problème, que ça voulait dire qu'on était plus un vrai couple. J'ai essayé d'en parler mais lui ne ressentait pas ce manque. Il me disait qu'il était bien comme ça, qu'il ne voyait pas pourquoi forcer quelque chose qui n'était plus naturel. Alors, j'ai lâché prise. Aujourd'hui, je ne dirais pas qu'on est malheureux. On a une belle vie ensemble. C'est juste que le sexe ne fait plus partie de notre lien. (Claire, 42 ans)

Une forte complicité intellectuelle, des engagements communs ou des projets peuvent donner envie à deux personnes de faire route commune. Ce lien se distingue de l'amitié par la volonté de le vivre dans le quotidien, de se projeter ensemble dans le futur. Ce contrat conscient et tacite permet d'expliquer rationnellement la relation. Il n'y a pas d'un côté les vrais et les faux couples, selon les critères définis par la société, mais des relations plus ou moins vivantes et transformatrices. Mathieu, 44 ans, nous partage son histoire:

Quand j'ai rencontré Béatrice, en terminale, notre complicité a été immédiate. Le bac en poche, on a emménagé en colocation, près de nos facs. On était bien ensemble, on n'avait pas besoin de plus. Cette situation bancale me convenait. J'avais toujours été attiré par les hommes, sans oser me l'avouer, même si je fantasmais en cachette. Et mon secret me pesait. Au bout d'un an, je me suis confié à Béatrice, qui m'a rassuré. Elle le savait depuis le début. J'étais soulagé. Avec elle, je pouvais enfin être moi. Puis je suis sorti avec un garçon. Ce fut le drame. Béatrice était folle de jalousie. Pour la première fois, nous avons dû parler de nos sentiments l'un envers l'autre. Pour moi, c'était une immense tendresse. Nous avons décidé de nous quitter. J'en ai beaucoup souffert, j'étais donc forcément amoureux ! Quelques semaines plus tard, on s'est revus et j'ai cherché à l'embrasser. Elle s'est laissée faire et nous ne nous sommes plus jamais quittés. Nous avons pu fonder la famille dont nous rêvions. Mais intimement, c'est compliqué. Mon désir est ailleurs. À 19 h 30, je suis toujours à la maison, quoi qu'il arrive. Je ne manquerais pour rien au monde le dîner en famille et l'histoire du soir. Je m'arrange pour disparaître quand tout le monde dort. Malgré ma culpabilité, je suis toujours heureux de rentrer et de retrouver Béatrice. Tu partiras quand les enfants seront grands, me dit-elle. Je nie farouchement à chaque fois. Elle ne me reproche rien, c'est comme un marché entre nous. Elle est mon amie, la mère de mes enfants mais pas mon âme sœur.

Charlotte et Henri, la quarantaine, vivent une belle histoire depuis quinze ans. « Avec des hauts et des bas et sans relations sexuelles », confie Charlotte.

Mais nous sommes tous les deux convaincus que les épreuves renforcent un couple. Et puis, nous partageons tant de choses. Deux enfants de 7 et 12 ans, mais aussi des valeurs, un réseau d'amis, des passions communes. En revanche, sur le plan intime… Depuis la naissance d'Émeline, et sous l'effet d'une usure naturelle, on a moins fait l'amour. D'abord une fois par semaine, puis par mois… Sexuellement, on s'éloignait, à mesure que nous trouvions ailleurs des motifs de rapprochement : l'harmonie familiale, et cette tendresse qui nous fait nous endormir avec délice chaque soir dans les bras de l'autre.

Écartons d'emblée l'abstinence temporaire et stratégique. « Il arrive qu'un des partenaires fasse la grève du sexe. Suite à un conflit, le sexe devient une mesure de rétorsion[1]. » 51 % des femmes seraient ainsi prêtes à faire ceinture pour une meilleure parité ménagère, selon un sondage Opinion Way réalisé en 2011. Robert Neuburger se souvient : « J'ai connu un patient qui boycottait le sexe avec sa femme depuis vingt ans, mais ne savait plus pour quelle raison. »

De nombreuses causes, parfois combinées, peuvent être à l'origine d'une abstinence sexuelle. La routine ou la fatigue quotidienne, tels que la surcharge mentale, la parentalité, le travail. La santé physique ou mentale, des douleurs, une dépression, des troubles hormonaux. Des conflits non résolus ou une perte d'intimité émotionnelle. Une inadéquation des désirs, lorsque l'un des deux partenaires perd ou n'a jamais eu une libido équivalente. L'usage de la pornographie ou de la sexualité virtuelle qui détourne de l'échange réel. Le vieillissement ou le changement de priorités.

Les conséquences sont nombreuses. Une souffrance psychologique chez un ou les deux partenaires. Des infidélités ou la recherche d'une sexualité en dehors du couple. Une révision du contrat conjugal initial, amenant des relations libres, une abstinence totale et acceptée, une séparation.

Le *no sex* dans le couple interroge le modèle dominant du couple romantico-sexuel, où amour et sexualité doivent

1. Robert Neuburger, *Le couple. Le désirable et le périlleux*, Paris, Payot, 2014.

coïncider parfaitement et durablement. Or, dans la réalité, les trajectoires intimes sont hétérogènes. La sexualité peut évoluer, diminuer ou changer de forme sans que cela signifie nécessairement la fin de l'amour.

Scène 2 : L'amour impossible

Conversation entre Pierre (Daniel Auteuil) et Chloé (Florence Loiret) :
Pierre : J'ai aimé une femme. Je ne te parle pas de ma femme, Suzanne. J'ai aimé une autre femme. Elle s'appelait Mathilde. J'aimais le son de sa voix, son esprit, son rire, son regard sur le monde, ce fatalisme des gens qui se sont beaucoup promenés. J'aimais sa curiosité, sa discrétion, sa cambrure, sa poitrine ferme et parfaitement dessinée, ses silences, sa douceur et... tout le reste. Tout... tout. Je ne savais pas qu'on pouvait aimer comme ça. Je croyais que je n'étais pas fait pour ça... aimer. Je travaillais 15 heures par jour, je pensais que c'était cela la vie. Je venais juste de découvrir que la vie était beaucoup plus gaie quand on est heureux. Il m'avait fallu quarante-deux ans pour le découvrir. J'ai pourtant perdu l'amour de ma vie et je suis resté avec une femme que j'ai définitivement abîmée.
Chloé : Je ne comprends pas... Pourquoi vous n'êtes pas parti avec elle ? C'est quoi son secret à Suzanne pour vous avoir gardé...
Pierre : On ne se met pas à ne plus aimer quelqu'un, on se met à aimer quelqu'un d'autre... peut-être aussi parce qu'il y a la place. Mais j'ai toujours eu peur, peur que Mathilde me quitte, alors j'ai préféré m'accommoder, c'était moins risqué. Je suis comme Suzanne en fait. Je ne voulais pas perdre la maison toute neuve au bord de la mer. C'est terrible. Rien de m'a pourtant été épargné... les arrangements, les années de fausses conversations, de fausse tendresse, à faire semblant

pour rester coûte que coûte, à n'importe quel prix. Il faut que tu vives, merde ! Regarde-moi Chloé… je ne m'en sors pas. Ça fait vingt ans et je ne m'en sors pas. Il n'y a pas une journée où je ne pense pas à elle. Je me réveille tous les jours avec elle. Mais je l'ai échappé belle, j'ai tout gardé, la maison, le quartier, le boucher… et pourtant je suis mort, Chloé. Et Suzanne aussi. On est morts, tu comprends ?
Je l'aimais, film réalisé par Zabou Breitman, 2009

Parce que sa belle-fille Chloé (Florence Loiret), quittée par son mari et père de ses deux filles, est malheureuse, Pierre Dippel (Daniel Auteuil), 65 ans, décide de l'emmener à la campagne. Parce qu'elle ne se nourrit plus, il décide de faire la cuisine. Parce qu'elle n'arrête pas de pleurer, il va chercher du bon vin à la cave. Et malgré tout ça, elle continue de gémir, il décide d'aller se coucher. Et puis finalement, il revient. Pour la première fois, il parle. De lui. De sa vie. Ou plutôt de ce qu'il n'a pas vécu. Cette histoire est la confession d'un homme dans son salon. Cela n'a l'air de rien et pourtant, tout est dit. Tout est là. En une nuit, Pierre va partager avec Chloé ce grand secret qui le hante depuis vingt ans, celui qui le mit face à lui-même, à ses contradictions et à ses choix, à son rôle d'homme et à ses manques. Le secret de cet amour pour Mathilde, pour lequel il n'a pas tout abandonné, choisissant une route plus sûre et plus connue. En une nuit, nous saurons tout de la vie d'un homme qui n'osa pas. Une nuit tourmentée, à revivre ce que l'on a loupé. Le menu des regrets avec un Daniel Auteuil résigné. C'est une remise en question pour Chloé que cette confidence d'une nuit va délivrer. Aucun détail n'est oublié. Pierre se souvient de chaque instant comme un rêve obsédant, mais la douleur est restée. Je suis mort… dit-il… mais Suzanne aussi. Suzanne et Pierre, un couple modèle. La résignation et la peur les ont cloués au sol, la peur de se casser la gueule, comme si l'essentiel était la sécurité et le confort. Pierre ouvre les yeux de Chloé puis s'endort d'épuisement, il a confié l'histoire de sa vie comme pour sauver Chloé du naufrage.

Vous faites encore lit commun, vous célébrez mécaniquement vos anniversaires et les fêtes de famille mais vos doigts ne s'effleurent plus depuis des mois ou des années. Vous êtes devenus un couple zombie, en proie à une forme de torture lente, d'inévitable agonie. Un de ces couples qui continuent par habitude alors que tout est déjà mort. Votre couple respire encore, mais son cœur a cessé de battre. Ces unions fonctionnent comme des morts-vivants, ni assez vivantes pour procurer du bonheur, ni assez mortes pour cesser d'exister.

Pris au piège par les habitudes, la peur du changement ou l'espoir illusoire d'une résurrection, ce type de couple vit une situation de mort émotionnelle. Reconnaître une relation zombie revient à admettre que l'amour s'est transformé en une sorte de *cosplay* conjugal. Les journées passées ensemble suivent un scénario immuable. On se réveille en évitant le contact visuel, les discussions se limitent à l'organisation pratique incluant souvent les enfants, les soirées passées côte à côte sur le canapé sont retardées, évitées. Les projets sont creux, ce sont des coquilles vides, des simulacres de vie commune destinées à maintenir les apparences ou l'illusion :

> Nous parlions d'agrandir la maison alors qu'il ne me touchait déjà plus depuis longtemps. (Corinne, 60 ans)

Le fait d'avoir intériorisé l'idée qu'être en couple est une norme sociale incontournable rend les choses complexes. Dans une société qui continue à célébrer les histoires longue durée sans s'interroger sur leur qualité, rompre devient d'autant plus difficile :

> J'avais davantage peur des regards compatissants à mes dîners de famille que de mon propre malheur. J'avais parfaitement conscience que mon compagnon n'éprouvait plus rien pour moi, si ce n'est de la tendresse, et encore… (Natacha, 55 ans)

L'illusion de l'investissement perdu joue également un rôle majeur. Plus on a consacré d'années, d'énergie et de ressources à une relation, plus il devient difficile d'admettre son échec :

> Après trente-cinq ans de relation, deux enfants et un crédit abyssal, comment partir ? Mes parents ont tenu cinquante ans dans le mépris le plus absolu. Mon père me disait souvent : « C'est pas facile la vie de couple. » Alors j'ai joué le jeu jusqu'à me rendre malade. (Anna, 57 ans)

Contrairement aux séparations franches ou explosives, les relations zombies maintiennent une façade de normalité.

> Ma priorité a été de protéger mes enfants. Je ne supportais plus ma femme mais je voulais les préserver. Alors je suis resté dans cette relation qui ne me convenait plus depuis une éternité. À l'âge de 28 ans, mon fils m'a avoué avoir souffert d'avoir grandi dans une maison sans amour. Il savait que nous ne nous aimions plus sa mère et moi. J'ai eu un choc lorsqu'il m'a dit que cela lui avait donné une vision complètement faussée du couple. Il peine d'ailleurs à se stabiliser avec quelqu'un… Il aurait préféré que nous nous séparions. Je n'étais pas heureux et cela rendait malheureux mon fils… Je n'ai compris que bien trop tard que les enfants apprennent en observant les parents. Ma femme et moi menions une coexistence polie mais c'était en fait une prison de convenance. (François, 62 ans)

Ces couples fantomatiques, ces relations mortes en vie artificielle volent également ce qui ne pourra jamais être récupéré, le temps, laissant parfois passer des opportunités de bonheur. Le plus tragique survient lorsque la relation explose malgré tout de manière plus violente qu'une rupture assumée lorsqu'il le fallait.

> Nous sommes restés ensemble vingt-cinq ans avant que tout ne s'effondre lors d'une dispute atroce. Je regrette de ne pas avoir eu le courage de partir plus tôt. (Karine, 56 ans)

Lorsque la flamme est éteinte depuis trop longtemps, une séparation assumée au lieu d'une vie entière à jouer la comédie peut devenir l'ultime acte d'amour pour l'un comme pour l'autre.

> Pour être passée par là, je sais que l'on ne meurt pas d'une rupture, même à un âge avancé. On meurt à petit feu en restant dans une relation qui ne nous fait plus vivre. Le véritable courage amoureux ne consiste pas à tenir à tout prix, mais à savoir quand lâcher prise pour se redonner une chance de revivre vraiment. (Paula, 59 ans)

Le malheur des mal-aimés

> Conversation entre Mathilde (Vanessa Paradis) et François (Bruno Cremer):
> Mathilde: J'ai peur tout à coup. Peur que tu ne sois plus là. Je n'arrive plus à penser à autre chose qu'à toi. Je tourne en rond. Tout le monde m'est indifférent. Mon père, ma mère et même mes frères. Je n'arrive plus à me passer de toi… Flanque ta femme à la porte!
> François: Ce n'est pas possible.
> Mathilde: Alors quitte-la! On vivra chez moi. Ce n'est pas grand mais on pourra déménager si tu veux.
> François: Ce n'est pas possible. Tu as 17 ans.
> Mathilde: Et alors?
> François: Dans dix ans, je serai déjà un vieillard.

Mathilde : C'est quand tu parles comme ça que tu l'es. De toute façon, tu en connais beaucoup des couples qui durent très longtemps ? Regarde autour de toi. C'est toi que j'aime. Que tu sois âgé, gros, maigre, malade, vieillissant, tout cela ne changera rien. C'est profond en moi. De toute façon, où on sera dans dix ans ? Morts si ça se trouve. Toi ou moi. Je t'aime comme jamais je n'ai aimé. C'est toi qui as fait de moi une femme. Mais… Tu ne vois pas que je te supplie… ?
François : Et on vivra de quoi ? D'amour et d'eau fraîche ?
Mathilde : Ça serait romantique.
François : Jamais personne n'acceptera qu'un professeur de mon âge aille avec une de ces élèves. Sans compter que tu as 17 ans…
Mathilde : Mais demande ton changement dans une autre ville ! S'il le faut, pour les autres, je ferai semblant d'être ta fille ou je me cacherai. Pour que personne ne me voit, je resterai cachée comme une recluse. J'ai plus d'orgueil, j'ai plus rien, pourvu que je reste avec toi.
François : Ça ne durerait pas deux mois.
Mathilde : Rappelle-toi. Un jour, tu m'as dit que personne ne pouvait savoir ce que la vie pouvait lui réserver, que le manque de confiance, que le désespoir étaient des marques d'orgueil. Tu m'as dit qu'il fallait rester vierge devant la providence alors les autres peuvent penser ce qu'ils veulent. Nous, on est différents. Il nous faut notre voie à nous. Aie confiance en moi et en la vie.
François : Je n'ai pas le droit de te prendre ta vie.
Mathilde : Ça veut dire que tu n'as pas le courage de quitter ta femme pour partager ta vie avec moi. On va faire l'amour une dernière fois, après il ne restera rien…
Noce blanche, film réalisé par Jean-Claude Brisseau, 1989

Noce blanche, histoire d'amour intense et troublante, raconte l'histoire d'un professeur de philosophie de 50 ans, François Hainaut (Bruno Cremer) guetté par l'ennui et la solitude d'une cage dorée malgré sa réussite professionnelle et sentimentale, qui tombe amoureux d'une jeune lycéenne, Mathilde Tessier (Vanessa Paradis), en situation d'échec scolaire en raison d'une existence désordonnée et d'un mystérieux passé. Convaincu d'avoir rencontré chez cette jeune femme un être exceptionnellement supérieur, frappé d'une lucidité et d'un désenchantement total, il ne peut résister à la fascination qu'exerce sur lui Mathilde qui partage plus d'un trait commun avec Simone Weil à laquelle il a déjà consacré un ouvrage. Ce livre que Mathilde s'empresse d'acheter servira de passeur entre les amants de la réprobation, et la jeune fille y trouve à nourrir sa propension au sacrifice et à l'abnégation qui masquent un gouffre d'amour impossible à combler. Et tout l'amour que lui prodiguera François, le pédagogue, l'amant, ne parviendra qu'à retarder la mort de Mathilde. François vivra de son côté une aventure où il perdra tout, respectabilité, femme et illusions, mais à laquelle il survivra. L'amour dans *Noce blanche* est fascinant dans sa complexité et sa profondeur émotionnelle, mais il est aussi porté par des tensions éthiques et psychologiques qui le rendent à la fois dérangeant et captivant. Ce n'est pas une histoire d'amour classique ou idéalisée, mais plutôt une réflexion sur les désirs humains, le poids des attentes sociales et la fragilité des relations interdites. Le film touche donc à une forme d'amour plus sombre et moins conventionnelle, mais d'une puissance émotionnelle indéniable.

L'amour peut faire mal. Le mal d'amour, et plus précisément le déséquilibre d'un amour non réciproque est l'une des expériences humaines les plus douloureuses, et sans doute la plus universelle qui soit.

Aimer à fond, à 100 %, c'est s'abandonner, c'est investir profondément ses émotions, son temps, ses pensées dans une autre personne. On projette des rêves, on s'attache à l'idée d'un « nous », on nourrit une attente de réciprocité, parfois de fusion. C'est un don total de soi. Cela peut être magnifique quand c'est partagé, mais quand ce n'est pas le cas, cela devient une source de souffrance aiguë, car tout ce que l'on donne semble se perdre dans le vide.

> Je suis tombé amoureux. Elle m'a dit qu'elle ne voulait rien de sérieux, qu'on pouvait rester amis. J'ai fait semblant que ça allait, mais j'étais vidé. (Nicolas, 35 ans)

> Je lui ai tout donné. Je l'aimais de toutes mes forces. Il me disait qu'il n'était pas prêt. Il m'appelait quand il se sentait seul, mais jamais pour construire quelque chose. J'ai mis du temps à comprendre ou plutôt accepter que je n'étais pas la femme qu'il attendait. Ce fut une période sombre de ma vie. (Julie, 28 ans)

Sociologiquement, nous vivons dans une culture où l'amour est censé rendre heureux, guérir, compléter. Quand on aime sans retour, on est à la fois hors de la norme, un couple ne s'est pas formé, et dans un état de vulnérabilité intime extrême. Cela peut engendrer une perte de l'estime de soi (qu'est-ce qui ne va pas chez moi ?), une rumination obsessionnelle (relire les messages, analyser chaque mot), une mise en retrait sociale (isolement, dépression). Ce mal n'est pas seulement sentimental. Il touche l'image de soi, la confiance, l'équilibre émotionnel. Et surtout, il est sans recours immédiat, on ne peut pas forcer quelqu'un à aimer. Roland Barthes[1] décrit l'état amoureux non réciproque comme une attente sans fin, une scène intérieure douloureuse où l'on vit dans le manque. Simone de Beauvoir[2] critique le fait que, dans l'amour, les femmes ont historiquement été poussées à se fondre dans l'autre, à trop aimer, au point de s'y perdre.

1. Roland Barthes, *Fragments d'un discours amoureux*, 1977, *op. cit.*
2. Simone de Beauvoir, *Le deuxième sexe*, Paris, Gallimard, 1949.

Dans les sociétés modernes occidentales, l'amour romantique est élevé au rang d'idéal personnel. Il est censé donner sens à la vie, apporter le bonheur, combler le manque. On apprend par la littérature, le cinéma, les réseaux sociaux qu'un amour authentique est forcément réciproque, exclusif, passionné. Cette norme sociale crée une pression invisible. Si tu aimes et que tu n'es pas aimé en retour, c'est toi qui ne sembles pas assez aimable. Le mal d'amour devient stigmatisé, silencieux, presque honteux.

On assiste à une asymétrie du désir dans les structures sociales. Les sociologues Eva Illouz et Anthony Giddens ont montré que, dans l'amour moderne, les relations sont devenues plus fragiles, plus individualistes et marquées par l'incertitude. L'amour se joue dans un marché où les individus sont plus autonomes, mais aussi plus comparés, choisis, ou écartés, souvent via des interfaces numériques. La disponibilité sexuelle et affective n'est pas distribuée également. Certains ont beaucoup de choix, d'autres très peu. Les rapports de pouvoir liés au genre, à l'âge, à la classe sociale ou à l'apparence physique influencent profondément les dynamiques amoureuses. Dans ce contexte, aimer sans retour n'est pas qu'un échec émotionnel. C'est aussi une conséquence structurelle d'un modèle de l'amour basé sur la sélection, l'optimisation et la compétition.

Eva Illouz[1] parle d'un capital émotionnel. Certaines personnes sont socialement mieux armées pour séduire, être aimées ou rebondir après une rupture. Aimer à 100 % quelqu'un qui ne vous aime pas, c'est aussi subir un déséquilibre de capital affectif. Celui qui aime sans retour est en position de dépendance émotionnelle, perd du pouvoir relationnel, est exposé à

1. Eva Illouz, *Les sentiments du capitalisme*, 2006, *op. cit.*

la vulnérabilité sociale, possédant moins de valeur sur le « marché de l'amour ».

Le mal d'amour apparaît comme un phénomène socialement encadré. La société ne laisse pas les individus seuls face au mal d'amour. Elle propose des rituels de consolation (films, chansons, réseaux sociaux), des marchés thérapeutiques (coachs amoureux, psychologues), des stratégies de résilience sociales (reculer, tourner la page, valoriser son amour-propre). Mais ces réponses sont souvent individualisantes. Elles occultent les causes sociales et incitent à gérer sa douleur comme une défaillance personnelle, au lieu de voir dans le mal d'amour un reflet des inégalités émotionnelles et relationnelles propres à notre époque.

Aimer sans retour n'est pas seulement un drame personnel. C'est aussi un phénomène socialement construit, façonné par des normes culturelles, des rapports de pouvoir et un capitalisme affectif qui transforme l'amour en un bien rare, instable et souvent asymétrique.

L'amour toxique

> Conversation entre Georgio (Vincent Cassel) et Tony (Emmanuelle Bercot) :
> Georgio : Tony, je t'aime, je veux cet enfant. Mais 24h sur 24 avec toi, je ne peux pas. Donc, j'ai trouvé ce petit appart juste là… Genre trois immeubles plus loin. Dans le même pâté de maisons. Tu n'as même pas besoin de traverser la rue. Un petit meublé. J'emmène trois affaires, des slips, une brosse à dents pour quand je n'ai pas le temps de repasser ici… Je serai avec toi mais quand j'ai besoin d'être seul, quand je vois qu'on s'engueule, quand on commence à se bouffer le nez…

> Tony : Tu pars quand ?
> Georgio : Je crois que le proprio me file les clés en début de semaine prochaine. Tu verras, ça sera mieux, pour moi, pour toi, pour le bébé surtout. On ne va vivre que des bons moments ensemble. On sera contents de se voir. On va recommencer à rire. On a perdu tout ça ! »
> Tony : Mais on ne construit rien. On se détruit.
> Georgio : Tu as bien vu que j'étais un mec avec des potes et des bouteilles, tu m'as vu, tu m'as calculé quand même !
> *Mon roi*, film réalisé par Maïwenn, 2015

Tony (Emmanuelle Bercot), avocate, vient d'être admise dans un centre de rééducation sportif après une chute de ski. Lors d'un entretien avec la psychologue de l'établissement, la jeune femme accepte l'idée que sa blessure au genou, qui nécessitera une longue et difficile prise en charge, est probablement liée à l'état dans lequel elle se trouve. Tony se remémore alors les dernières années. Elle se souvient d'abord de sa rencontre, au cours d'une soirée, avec Georgio (Vincent Cassel), un restaurateur séduisant et impulsif. Conquise par ce personnage hors norme, elle constate peu à peu qu'il peut se montrer aussi égoïste que manipulateur. *Mon roi* traite de la relation tumultueuse entre ces deux individus, explorant les dynamiques complexes de l'amour, du pouvoir et de la manipulation dans une relation de couple. Il propose une réflexion poignante sur la manière dont les rapports de pouvoir et les attentes sociales façonnent les relations amoureuses. Il met en lumière la tension entre l'indépendance personnelle et la soumission dans les relations amoureuses. L'un des éléments centraux du film est la relation abusive entre Tony et Georgio. À travers cette dynamique, la réalisatrice explore les rapports de domination pouvant exister dans un couple. Georgio, véritable *black cat* avec son charisme et sa capacité à manipuler, prend souvent le dessus, et Tony, gentille *golden retriever*, malgré ses capacités et sa force, semble constamment piégée dans cette relation. On assiste également à la manière dont les femmes peuvent être socialisées à accepter des comportements destructeurs sous prétexte d'amour. Le personnage de Tony, bien qu'intelligent et compétent dans sa carrière, se trouve paradoxalement dominé dans sa vie amoureuse. Cela renvoie à la notion sociologique de l'intériorisation des rôles de genre. Même lorsque les femmes sont émancipées dans d'autres sphères de leur vie (professionnelle, par exemple), elles peuvent être socialement conditionnées à accepter une forme de soumission dans les relations amoureuses. Maïwenn interroge également la manière dont les normes sociales influencent les émotions et la manière dont les individus vivent l'amour. Le film montre que les personnages sont pris dans un tourbillon d'émotions contradictoires, où l'amour et la souffrance semblent intimement liés. Sociologiquement, cela peut être vu comme un reflet des attentes sociales qui conditionnent la façon dont les relations amoureuses sont vécues. L'intensité émotionnelle, la passion et la dépendance affective sont souvent valorisées dans les récits culturels et peuvent rendre les individus plus enclins à tolérer des comportements destructeurs au nom de l'amour. On peut se référer à ces quelques ouvrages, *La Princesse de Clèves* de Madame de La Fayette (1678), *Les liaisons dangereuses* de Pierre Choderlos de Laclos (1782), *La Chartreuse de Parme* de Stendhal (1839), *Anna Karénine* de Léon Tolstoi (1877), *L'écume des jours* de Boris Vian (1947), *L'amant* de Marguerite Duras (1984). Le cycle de la violence est abordé. Tony éprouve une lutte interne, où elle cherche à s'émanciper de Georgio tout en étant constamment attirée par lui. Cela met en évidence la difficulté de sortir d'un tel cycle, surtout quand les émotions sont aussi puissantes. Un autre aspect intéressant du film est l'isolement social auquel Tony fait face. Bien qu'elle soit entourée d'amis et d'une famille qui la soutiennent, elle semble être seule face à ses propres dilemmes intérieurs. Le film illustre également la façon dont les individus peuvent être coupés des réseaux de soutien, à cause de leurs relations amoureuses toxiques. Cette notion d'individualisme, dans lequel une personne est absorbée par ses propres problèmes, touche à des questions sociétales plus larges, où les individus sont de plus en plus coupés de leurs proches ou de leurs communautés. Enfin, le film aborde aussi l'ambivalence entre plaisir et souffrance dans les relations amoureuses.

L'amour toxique est un sujet complexe qui touche à des dynamiques relationnelles où la passion, la dépendance et les comportements destructeurs se mêlent. On assiste à une relation où les interactions entre les deux partenaires deviennent néfastes pour l'un ou les deux personnes impliquées. Cela se caractérise par des comportements manipulateurs, abusifs ou contrôlants qui détruisent le bien-être émotionnel, psychologique et parfois physique de la personne. Dans une relation toxique, les émotions sont souvent exacerbées, créant des cycles d'extase et de souffrance, mais le contrôle, la domination et le manque de respect sont sous-jacents.

Au théâtre des relations toxiques, les rôles sont bien rodés, les masques soigneusement ajustés. Le rideau s'ouvre toujours sur une promesse : l'amour, la passion, la fusion.

Le manipulateur[1] entre en scène le premier. Il parle doucement, avec des mots qui caressent et des silences qui enferment. Il ne frappe pas, il suggère, insinue, retourne le décor

1. Afin de faciliter la lecture de ce qui suit, nous faisons le choix de nous exprimer au masculin. Tout est bien entendu transposable au féminin.

à sa façon. Souhaitant obtenir des faveurs, il tisse l'intrigue à coups de demi-vérités.

Le narcissique fait irruption dans la lumière, réclame le premier rôle, les applaudissements, le centre de tout. Il te choisit comme spectatrice dévouée de son propre génie, jusqu'à t'effacer des coulisses de ta propre vie. Il peut te rabaisser pour se sentir supérieur, souvent en utilisant des critiques ou en diminuant les réussites des autres. Quand on cesse de le faire briller, il quitte la scène. Sans préavis.

Le contrôlant s'installe plus lentement, fixe les règles. Il déplace les murs du décor, réécrit les répliques, corrige. Il décide des actions quotidiennes de l'autre, comme ce qu'elle porte, avec qui elle sort, ou comment elle passe son temps. Isolant sa partenaire de ses amis et de sa famille ; il ne supporte pas que l'autre soit approchée. Ce n'est pas une prison, dit-il. C'est une protection. C'est de l'amour. Mais chaque jour, tu joues un peu moins librement.

Puis arrive l'égocentrique. Il se concentre uniquement sur lui-même, sans prendre en compte les besoins ou les désirs de l'autre. Cela se manifeste par de l'indifférence aux besoins de l'autre. Il ne t'écoute pas vraiment, mais il attend que tu l'écoutes. Il n'y a pas de dialogue. Juste sa version, ses envies, son monde. Tu n'existes que par contraste.

L'infidèle chronique est un personnage insaisissable, ayant tendance à trahir sa partenaire de manière répétée, soit par des relations extraconjugales, soit par des mensonges constants. Il cache ses actions et ment sur ses déplacements, ses relations et ses interactions avec d'autres. Il manipule sa partenaire. Pris en flagrant délit, il utilise des excuses, des mensonges ou des manipulations pour faire en sorte que la personne se sente responsable de son comportement. Il dit qu'il t'aime, mais regarde ailleurs. Toujours ailleurs. Et toi, tu attends qu'il revienne jouer sa scène, oubliant qu'il ne reste jamais jusqu'au dernier acte.

L'irresponsable, lui, improvise. Il oublie ses répliques, ses promesses, ses engagements. Il promet de venir, mais oublie l'heure. Il dit qu'il fera mieux, mais recommence. Il est charmant, attachant parfois, mais il laisse toujours les dégâts derrière lui. Et c'est toi qui dois réparer le décor.

Le distant ne joue pas vraiment. Il est là sans y être. Ses yeux sont ailleurs, ses gestes mécaniques. Il ne blesse pas, il ne détruit pas, il est absence.

Le violent utilise la violence physique, émotionnelle ou verbale pour dominer leur partenaire. Cela inclut la violence physique (agressions, coups, gestes menaçants), l'abus verbal (insultes, humiliations, menaces). Il fait trembler la scène entière, fait peur.

Manipulation émotionnelle, culpabilisation, comportements abusifs sont des caractéristiques de relation toxique. Une jalousie excessive et contrôlante en fait également partie. L'un des partenaires contrôle l'autre en étant excessivement jaloux, en surveillant ses actions ou en isolant au maximum de ces capacités la personne de ses ami(e)s ou de toute autre activité. La liberté individuelle est restreinte. Les reproches les plus fréquents mettent en avant un manque de présence au sein du couple.

Des cycles de réconciliation et de rupture se succèdent. Après une période de conflit intense ou de violence, il peut y avoir une phase dite de lune de miel où l'un des partenaires s'excuse, promet de changer, ou offre des gestes affectueux. Cela fait croire à l'autre que tout peut être réparé, mais le cycle de toxicité recommence invariablement.

La toxicité d'une relation peut être alimentée par plusieurs facteurs, à la fois individuels et sociaux. La dépendance affective, les traumatismes passés ou des modèles culturels et sociaux comme les médias, les films, les romans, et parfois les normes culturelles, qui glorifient les relations passionnées, tumultueuses et intenses, sans montrer leurs côtés destructeurs. Cela peut amener certaines personnes à croire que la passion doit nécessairement s'accompagner de conflits intenses ou de souffrances.

Les effets d'une relation toxique peuvent être dévastateurs pour la santé mentale et physique de la personne. Cela peut mener à une baisse ou perte d'estime de soi, de dévalorisation qui affectent profondément la confiance en soi. La personne peut commencer à croire qu'elle ne mérite pas mieux, qu'elle est incapable de trouver une relation saine. Des troubles psychologiques, tels que l'anxiété, la dépression, l'insomnie, les troubles alimentaires ou des troubles de l'humeur peuvent en découler. Les relations toxiques peuvent amener une personne à se couper de ses amis et de sa famille, créant un isolement social, ce qui rend encore plus difficile de quitter la relation ou d'obtenir de l'aide. Des effets physiques sur le corps, tels que des douleurs chroniques, une fatigue extrême, ou même des problèmes cardiaques, peuvent se manifester.

Les relations toxiques ne relèvent pas uniquement de comportements individuels ou pathologiques. Elles sont aussi le reflet de structures sociales, de normes affectives déséquilibrées, et de rapports de pouvoir inégalitaires. Elles s'inscrivent dans un contexte où l'amour est souvent idéalisé comme une fusion, une souffrance noble, ou une passion dévorante, renforçant l'idée que la douleur est une preuve d'intensité. Dans ce cadre, certaines relations deviennent toxiques non pas par accident, mais parce qu'elles reproduisent des schémas sociaux internalisés tels que la domination masculine, la dépendance affective féminine, la romantisation du contrôle ou de la jalousie, l'individualisme émotionnel. Les inégalités de genre, de classe ou d'expérience émotionnelle structurent les rôles amoureux et les rendent parfois asymétriques et destructeurs. Les relations toxiques sont donc à penser non seulement en termes de psychologie interpersonnelle, mais aussi comme produits de nos cadres culturels, de nos attentes amoureuses et des tensions entre désir d'autonomie et besoin de reconnaissance. Comprendre cela, c'est ouvrir la voie à une éducation affective plus juste, à des formes de relations plus égalitaires et à une remise en question des récits d'amour qui tolèrent, voire valorisent, la souffrance.

Destin brisé

Conversation entre Elsa (Sophie Marceau) et une amie :
Elsa : Moi parfois, j'ai très très envie de me blottir dans les bras d'un homme qui sent l'orange amère. Moi, je me suis battue pour avoir une vie merveilleuse, et franchement, je l'ai. Mes ami(e)s, mes enfants, mon travail. Mais c'est triste parfois de ne pas pouvoir le partager avec un homme qu'on aime et qui vous aime.
L'amie : Mais pourquoi tu ne lui envoies pas un petit texto genre…
Elsa : Genre ? Trouve la phrase qui ne veut ni dire je vais foutre ta vie en l'air ni je suis une publicité mensongère. Genre je te jure, ta vie sera bien mieux avec moi.
L'amie : Mais pourquoi tu es négative comme ça ? Pourquoi ce serait forcément une publicité mensongère ?
Elsa : Je n'ai pas envie d'être la maîtresse de quelqu'un. Je trouve cela dégradant. De toute façon, je n'ai pas son numéro de téléphone alors…

Conversation entre Pierre (François Cluzet) et un ami :
L'ami : Tu sais que si ça t'arrive maintenant cette histoire, ce n'est pas un hasard !

Pierre : Oh si, c'est un hasard ! Je suis très heureux dans ma vie. Tu sais que j'ai eu une vie avant. J'en ai baisé des kilomètres. Aujourd'hui, je n'ai plus envie de ça.
L'ami : Tu peux dire des trucs pour te rassurer mais si tu l'as rencontré maintenant cette fille, c'est pas du tout un hasard. Cette fille, elle t'a bouleversée. L'autre soir, je ne t'avais jamais vu comme ça. Tu étais tellement vivant !
Pierre : Il faut que je fasse quoi ? Que je quitte ma famille en leur annonçant que je suis amoureux, que j'ai à nouveau le frisson en faisant l'amour ? Tu crois vraiment que je suis capable de faire ça ?
L'ami : Fais gaffe quand même ! Celui qui roule des pelles à cette fille, il ne va plus te lâcher ! Et rien ne prouve qu'il a tort.

Conversation entre Elsa et Pierre :
Pierre : Je pense à toi toute la journée.
Elsa : Moi aussi, je pense à toi.
Pierre : J'ai 15 ans.
Elsa : Lol.
Pierre : J'efface ton numéro. En fait, c'est impossible car il est gravé dans ma mémoire. Je ne sais pas ce qui me fait le plus peur. Si c'est de te revoir ou de ne plus jamais te revoir. Je nous préfère l'éternité. Pour qu'une histoire ne s'arrête jamais, il ne faut pas qu'elle commence.
Une rencontre, film réalisé par Lisa Azuelos, 2014

Ce film raconte l'histoire d'Elsa (Sophie Marceau), une écrivaine qui, après avoir vécu plusieurs déceptions sentimentales, s'apprête à entamer une nouvelle aventure avec Pierre (François Cluzet). Marié et père de famille, ils se rencontrent lors d'une soirée organisée en l'honneur de la sortie du nouveau livre d'Elsa. Ce dernier est un homme emprisonné par les obligations de sa vie familiale et professionnelle. Alors que les deux personnages se découvrent et se rapprochent, la tension naît de l'alchimie évidente qui se crée entre eux. Une rencontre qui, de simple flirt, se transforme en quelque chose de plus profond, mais aussi de plus compliqué, car chacun d'eux doit faire face à ses propres choix de vie et aux réalités de leurs existences respectives. Le film met en lumière l'intensité des sentiments et des décisions qui se jouent au moment où l'on croit que la vie a déjà tracé son chemin. Elsa et Pierre sont déjà ancrés dans des vies et des responsabilités, ce qui rend leur relation d'autant plus complexe. Le film aborde des sujets tels que la tentation, le couple, l'infidélité, mais aussi la quête d'une nouvelle passion ou d'un renouveau sentimental. La question du choix est omniprésente. Elsa et Pierre se confrontent à des dilemmes intérieurs, entre le désir de vivre une aventure passionnée et la nécessité de faire face aux conséquences de leurs actes, soulevant ainsi des questions sur la loyauté et le devoir. Ce film est un joli reflet de la manière dont les relations amoureuses évoluent avec l'âge. L'envie d'aimer est toujours là, mais les conséquences de cet amour deviennent plus lourdes à porter. Ce film réussit à capturer l'ambivalence des sentiments, l'attirance et le conflit intérieur, ainsi que les réalités des choix que l'on doit faire lorsqu'on est pris entre le passé et l'avenir. Si la rencontre entre les deux protagonistes semble tout d'abord être un simple jeu de séduction, elle s'impose peu à peu comme une véritable réflexion sur le désir, les regrets et la possibilité de recommencer. Un film qui prouve que l'amour, à tout âge, reste un mystère complexe et fascinant.

> Je vis une histoire d'amour forte avec un homme qui me touche au cœur et à l'âme. Il y a cette magie, ce lien, cette évidence entre nous. C'est quelque chose d'intense et de vrai, de précieux et de rare. Ce n'est pas un simple flirt ou des moments volés, c'est une rencontre authentique. Ce n'est pas une passion éphémère mais une rencontre qui chamboule nos deux existences. Mais cet homme est aussi profondément enraciné dans une autre vie. Une vie construite sur des décennies, avec des enfants adultes, des engagements et toutes les

> couches de loyauté, d'histoires, de dépendances et de compromis qui vont avec. Il est pris dans une vie où tout est imbriqué, émotionnellement, matériellement, socialement. Il a vécu toute sa vie dans un cadre et même s'il est malheureux, ce cadre l'enveloppe, le protège peut-être, le retient sûrement. Il parle d'elle comme de sa famille et pas comme de sa femme. Il ne la voit plus comme une partenaire amoureuse mais comme une structure de sa vie. Une habitude, un socle, une responsabilité. Ce qui ne veut pas dire qu'il est heureux, même si cela ne veut pas forcément dire qu'il est prêt à tout bouleverser non plus. Surtout à 60 ans et des poussières. Alors il pense, il cogite, se pose mille questions à la minute. (Léonie, 53 ans)

L'amour fou vécu hors du cadre conjugal est à la fois une expérience intime bouleversante et un phénomène profondément sociologique. C'est le choc entre le désir individuel et les contraintes sociales, entre l'authenticité du sentiment et la fidélité à un cadre établi. Lorsque deux personnes vivent ce qu'elles perçoivent comme l'amour de leur vie, mais qu'elles sont engagées ailleurs, cela crée un conflit existentiel fort. D'un côté, l'amour fou, l'évidence, le feu intérieur, le sentiment de complétude absolue. De l'autre, le poids de l'engagement, les responsabilités, la loyauté envers une relation déjà construite, souvent avec des enfants, une histoire, une forme de stabilité. Ce type d'amour, parce qu'il est impossible ou risqué, est souvent vécu avec une intensité rare. La transgression, la rareté, le fantasme de ce qui aurait pu être, tout cela alimente la passion.

On assiste à une tension où se conjugue à la fois la stabilité, le couple, le foyer, la sécurité et l'authenticité émotionnelle, souvent associée à la passion imprévisible. Dans les sociétés individualistes, l'amour est devenu un projet de réalisation personnelle. Donc, lorsqu'une nouvelle relation amoureuse semble nous révéler à nous-mêmes, elle met en crise l'ancien cadre conjugal, perçu non plus comme un refuge, mais parfois comme un enfermement. Surgit alors parfois le poids des choix et des renoncements. Quand on rencontre l'amour fou au mauvais moment, deux options douloureuses s'ouvrent. Choisir la passion, avec le risque de tout perdre : sécurité, famille, réputation, stabilité ou rester fidèle à l'engagement, en acceptant de renoncer à ce qui nous fait vibrer au plus profond de nous-même. Ce dilemme apparaît d'autant plus cruel que le langage social et moral nous pousse souvent à condamner le désir hors du cadre, alors même que ce désir peut être sincère, profond, bouleversant. Cette situation engendre souvent une souffrance silencieuse, impossible à nommer, car elle touche à la trahison, à la culpabilité, à la honte. Mais elle révèle aussi une vérité intime. On peut aimer sincèrement deux personnes à la fois, mais pas de la même manière. Et parfois, la personne qu'on aime le plus n'est pas celle avec qui on peut construire une vie. L'amour fou vécu hors du couple n'est pas seulement une passion illégitime. C'est une crise du modèle amoureux et conjugal traditionnel. Il révèle à quel point nos vies affectives sont traversées par des normes, des devoirs, des attentes mais aussi par des élans incontrôlables qui nous confrontent à nous-mêmes. Choisir, c'est alors souvent sacrifier une part de soi, quelle que soit la voie prise.

> Voix off (Meryl Streep) : Pendant un moment, je n'ai plus su où j'étais. Et pendant une seconde fugitive, j'ai pensé qu'il ne voulait pas vraiment de moi. Qu'il était facile de partir. En voyant Robert Kindkaid (Clint Eastwood) s'éloigner au volant de son véhicule, j'ai réalisé à quel point je l'aimais, à quel point j'avais terriblement sous-estimé mes sentiments. Cela ne me semblait pas possible mais c'était vrai, je commençais à comprendre ce qu'il avait déjà compris. Les mots

étaient en moi. J'ai eu tort, Robert, j'ai eu tort de rester mais je ne peux pas partir. Laisse-moi te redire pourquoi je ne peux pas partir... redis-moi pourquoi je devrais partir... ce genre de certitude ne peut arriver qu'une fois dans une vie.
Sur la route de Madison, film réalisé par Clint Eastwood, 1995

Comment ne pas clore ce paragraphe par cette histoire d'amour présente dans les inconscients collectifs, cette histoire d'un amour fulgurant, de celui qui bouleverse une vie entière en quelques jours. Dans les années 1960, Francesca (Meryl Streep), femme discrète qui vit dans une ferme de l'Iowa, rencontre Robert (Clint Eastwood), un photographe de passage. Quatre jours d'intensité, de regards brûlants, de silences pleins. Quatre jours où tout bascule. Elle découvre ce qu'elle n'osait même plus rêver, être vue, désirée, vivante. Une histoire d'amour éclair mais immense. Une parenthèse inattendue, belle et brûlante. Et puis vient le retour du mari et des enfants. Le film se termine sur l'une des plus belles scènes du cinéma romantique. Dans un *truck* rouge, Francesca est assise à côté de son mari. Il pleut des larmes, des sanglots, une pluie d'émotions. Devant eux, au carrefour, Robert attend sous la pluie. Il ne bouge pas. Il espère. Francesca le voit, le sent. Son cœur cogne. Elle serre la poignée de la portière, comme on serre un amour qu'on ne veut pas laisser partir. Elle voudrait descendre, le rejoindre, tout quitter. Son quotidien terne, un mari qui la regarde en tablier, des enfants absorbés par eux-mêmes. Le feu passe au vert. Robert reste là. Il l'attend encore. Elle tremble. Elle n'ouvrira pas. Elle choisit de rester. De souffrir, plutôt que de faire souffrir. Exemple poignant d'un destin brisé par fidélité et renoncement. Le destin de Francesca est brisé non pas par une injustice extérieure, mais par un choix intérieur douloureux. Elle sacrifie son bonheur personnel au nom de la responsabilité morale et familiale. Ce n'est pas un renoncement par faiblesse, mais par force, par fidélité à une certaine idée du devoir, de la loyauté, de l'amour maternel. Ce qui est brisé, ce n'est pas seulement une histoire d'amour. C'est la possibilité d'une autre vie, plus libre, plus vraie. On comprend que le destin peut se jouer en quelques instants, dans un carrefour, un regard, une poignée de porte qu'on ne tourne pas. Pour autant, son cœur ne cessera jamais de battre pour lui, à chaque seconde, pour toujours.

Dans nos sociétés contemporaines, le destin brisé est souvent associé à l'idée d'un potentiel inaccompli, une vie qui aurait pu être, mais qui ne l'a pas été, à cause d'un choix, d'un sacrifice ou d'une contrainte. Dans de nombreux cas, il porte le poids des normes et des rôles sociaux, s'expliquant par des tensions entre aspirations personnelles et attentes sociales. Les femmes, en particulier, ont longtemps vu leurs désirs amoureux, professionnels, créatifs, subordonnés à leur rôle d'épouse, de mère, de gardienne de l'ordre familial. Les classes populaires ont souvent moins de marge de manœuvre pour suivre une passion, une vocation, un amour impossible, car les contraintes économiques les obligent à des choix de stabilité et de survie. Ce que l'on appelle parfois choix est en réalité une adaptation à un cadre contraint, où on opte pour la sécurité ou le devoir, au prix du désir.

L'amour passionné est vu comme un espace où l'individu espère se révéler pleinement, vivre l'authenticité, la liberté, la vérité de soi. Mais cet idéal est souvent incompatible avec les exigences sociales comme le mariage, les enfants, la réputation, le statut. Alors, quand l'amour vient trop tard ou hors cadre, il devient un facteur de crise existentielle, un miroir de ce que la personne aurait pu devenir. Ce destin brisé n'est donc pas seulement une tragédie personnelle. Il est le produit silencieux des rapports sociaux, des normes et des inégalités qui façonnent nos parcours de vie. C'est un symbole puissant de la tension entre liberté intérieure et ordre social. Il révèle que, dans l'amour et les choix de vie, ce n'est pas toujours la vérité de soi qui l'emporte, mais souvent les cadres que la société impose.

Scène 3 : L'amour absolu

Le courage de tout quitter

Conversation entre Miranda (Cynthia Nixon) et Carrie (Sarah Jessica Parker) :
Miranda : Je demande le divorce ce soir.
Carrie : Tu vas pulvériser ton monde.
Miranda : Bien sûr que non. Je vais dire à Steve quelque chose que l'on sait déjà.
Carrie : À savoir ?
Miranda : Qu'on est au point mort. Notre couple n'a pas d'avenir. Je veux en sortir.
Carrie : Tu vas lui parler de ta nouvelle relation ?
Miranda : Je ne crois pas. Même sans cette nouvelle relation, j'aurais fini par faire ce choix. Et bien sûr, je veux être avec Che. C'est quelque chose que je dois faire.

Conversation entre Miranda (Cynthia Nixon) et Che (Sara Ramirez) :
Che : Je t'ai vu repartir discrètement de ma conférence… c'était quoi cette sortie ?
Miranda : Je ne voulais pas que mon fils me voit avec toi…
Che : Il n'est pas au courant ?
Miranda : Non.
Che : Il ne sait pas que tu es un couple libre ? Tu es bien un couple libre, non ?
Miranda : Seulement avec toi.

Che : Tu déconnes ?
Miranda : Je n'ai jamais prétendu le contraire.
Che : Tu n'as jamais dit le contraire. Sortir de mon lit pour retrouver ton mari… c'est être un couple libre.
Miranda : On aurait dû en discuter avant…
Che : Tu crois ?!! Sur scène, mon discours est celui de la vérité. Je dis aux gens de ne pas se cacher. Et je vois celle avec qui je fais l'amour depuis quelques semaines partir en douce…
Miranda : On passe de bons moments ensemble. Je ne voulais pas les gâcher avec…
Che : … Avec la vérité ? Pourquoi tu fais cela si tu n'es pas disponible ? Ce n'est pas correct.
Miranda : C'est nouveau pour moi. C'est arrivé si vite. Je ne m'y attendais pas. Je suis mariée depuis des lustres. C'est compliqué.
Che : Sûrement pour toi. Mais pas pour moi. Moi, je sais très bien qui je suis. Je ne me cache pas. Je ne veux pas briser ton mariage.
Miranda : Il est déjà brisé…
Che : Miranda, fais le point sur ta vie et reviens-moi.
And just like that, saison 1, épisode 8, série réalisée par Michael Patrick King, 2021

Faire le point sur sa vie… Cette phrase soulève plusieurs enjeux sociologiques, notamment autour des dynamiques relationnelles, des normes sociales et des attentes individuelles vis-à-vis de l'amour, du couple et de soi-même. Dans notre société, l'individualisme est devenu un phénomène central. L'idée de faire le point sur sa vie avant de prendre une décision importante, comme changer de partenaire, renvoie à cette quête de soi-même et de ses besoins personnels. La personne qui propose cette réflexion peut chercher à garantir que l'individu concerné agit dans une logique de réalisation personnelle, plutôt que dans une dynamique dictée uniquement par des émotions immédiates ou par des attentes extérieures. L'individualisation des parcours de vie a pour corollaire l'importance de la construction personnelle. Faire le point sur sa vie implique souvent une introspection sur ses désirs, ses aspirations, ses échecs et ses réussites. Cela peut être vu comme un moyen de garantir qu'une relation amoureuse est vécue de manière réfléchie, en lien avec une volonté de croissance personnelle.

La pression sociale exercée autour des relations amoureuses et de la fidélité joue également un rôle dans cette demande. Dans de nombreuses cultures, l'engagement dans une relation est perçu comme un pacte sérieux, souvent durable. Ainsi, faire le point avant de quitter une personne pour une autre pourrait refléter une norme implicite, celle de ne pas agir impulsivement ou de façon égoïste. Cela pourrait aussi signifier que l'on reconnaît l'importance de comprendre ses propres désirs et objectifs avant de faire du mal à l'autre ou à soi-même. Cette demande peut également signaler une forme de responsabilité envers l'autre partenaire. Au lieu de partir brusquement, il s'agit de suggérer un processus de réflexion interne, ce qui est souvent perçu comme un moyen de protéger l'autre personne de l'inconnu et du sentiment de rejet.

Demander à quelqu'un de faire le point pourrait également indiquer une certaine forme d'éthique dans la gestion des relations. Ce processus de réflexion, où l'individu est invité à prendre du recul avant de s'engager dans une nouvelle relation, suppose une prise en compte des émotions des personnes impliquées. Cela relève d'un désir d'éviter les ruptures conflictuelles, d'agir avec précaution et de minimiser les souffrances émotionnelles. Il y a aussi ici une question de sincérité. L'idée que la personne qui quitte l'autre pour un(e) autre doit être totalement consciente de ses motivations et des conséquences de ses choix. La pression sociale de faire les choses proprement, en prenant le temps de comprendre pourquoi on part et ce que cela signifie, devient un aspect central de l'éthique contemporaine des relations.

La notion de faire le point s'inscrit aussi dans un contexte de transformation des conceptions traditionnelles de la monogamie et des rapports amoureux. Le changement de partenaire, autrefois souvent perçu comme un échec, peut être aujourd'hui davantage vu comme une nécessité de réajuster sa vie sentimentale à ses besoins et aspirations. Dans ce contexte, cette démarche d'introspection avant un changement de partenaire peut être une tentative de s'assurer que l'on agit en toute conscience, dans un monde où les relations peuvent être plus fluides et moins normées. L'invitation à faire le point sur sa vie avant de quitter une personne pour un/une autre est donc un acte qui repose sur plusieurs logiques sociales et personnelles. Il s'agit à la fois d'une démarche d'introspection individuelle, d'un respect des normes relationnelles et sociales et d'une tentative d'équilibrer les émotions et la réflexion.

Le modèle traditionnel de l'amour et du couple, souvent basé sur l'idée de l'engagement à vie, a été remis en question au fil des décennies. Dans les sociétés modernes, les attentes vis-à-vis du couple ont évolué. L'idée de fonder une famille et de tenir bon par fidélité à une relation est de plus en plus remplacée par des conceptions où l'individu est au centre de ses choix relationnels. Aujourd'hui, l'amour n'est plus seulement perçu comme une forme de stabilité, mais aussi comme une quête d'épanouissement personnel, voire de réalisation de soi. Les individus sont ainsi de plus en plus enclins à chercher une satisfaction totale dans une relation. Si cette satisfaction n'est plus ressentie dans une relation longue, certains peuvent alors estimer que tomber amoureux de quelqu'un d'autre et quitter leur partenaire devient une évolution naturelle de cette quête de soi.

L'émergence du consumérisme émotionnel, lié à l'influence des médias et des réseaux sociaux, a profondément modifié la perception de l'amour. Dans une société où l'immédiateté et la gratification instantanée sont valorisées, l'idée de l'amour éternel ou du sacrifice pour l'autre est parfois perçue comme un fardeau ou une illusion. La recherche du meilleur partenaire devient une sorte de quête pour l'idéalisation de soi, renforcée par l'idée de l'amour comme performance. Cette logique peut inciter à partir dès que l'on perçoit une meilleure opportunité, une nouvelle personne, une nouvelle relation, un nouvel amour, ou un manque dans la relation actuelle.

Décider de tout quitter pour une nouvelle relation soulève des questions profondes sur l'amour, la fidélité, les désirs et les attentes individuelles au sein d'une relation à long terme. Lorsque quelqu'un tombe amoureux d'une autre personne, malgré des années passées dans une relation stable, il est souvent confronté à un conflit moral. D'un côté, il y a la loyauté envers son partenaire, les promesses faites, l'histoire commune et, de l'autre, l'appel du désir amoureux pour quelqu'un d'autre, qui peut sembler comme une aventure nouvelle, une redécouverte de soi-même ou une réponse à des besoins affectifs jusque-là non satisfaits. Le courage de tout quitter dans ce cas n'est pas seulement une question de choisir une autre personne, mais également de se confronter à soi-même et à la peur du jugement et de l'inconnu. Dans le cas d'une relation longue, les individus peuvent avoir l'impression de s'être perdus dans une certaine routine, une certaine image de ce qu'ils sont dans le couple. Les engagements à long terme sont parfois vus comme des entraves à la liberté individuelle. Le couple, dans ce contexte, peut devenir une structure oppressante, surtout si l'on ressent le besoin de se libérer de rôles prédéfinis ou de considérations sociales.

L'émergence de sentiments pour une autre personne peut être perçue comme une forme de réveil. Le courage de tout quitter dans ce contexte devient un acte de libération de soi, une recherche de vérité intérieure où l'individu choisit de rompre avec une situation confortable, mais insatisfaisante pour embrasser un désir plus authentique. Le courage de tout quitter n'est pas une démarche à prendre à la légère, car elle peut avoir des répercussions émotionnelles profondes sur le partenaire quitté. La rupture peut être vécue comme une trahison, mais elle peut aussi permettre, à terme, un renouveau pour les deux partenaires, surtout si elle s'accompagne d'une recherche de sens ou d'une réévaluation de ce qu'on attend d'une relation. La société valorise souvent l'idée de stabilité et de fidélité, ce qui rend l'idée de tout quitter pour quelqu'un d'autre encore plus complexe, car elle peut être perçue comme un acte d'égoïsme.

Un autre élément essentiel est la durée de la relation initiale. Les relations longues comportent des engagements forts, souvent construits sur des années de vie commune, de projets partagés et parfois d'enfants ou de biens matériels. Le courage de tout quitter dans ce cadre dépasse l'aspect émotionnel. C'est aussi un choix pragmatique qui implique de remettre en question des éléments concrets et des investissements passés. Cela peut être vu comme un acte d'ouverture à l'inconnu, mais aussi comme une forme de reconstruction après des années de confort relationnel, voire un acte radical de liberté. Un engagement est-il forcé par le temps et les circonstances, ou doit-il être constamment choisi et renouvelé ? Dans cette vision, le courage de tout quitter devient un moyen de réclamer sa propre liberté, de sortir des contraintes imposées par des rôles sociaux, des attentes et des habitudes pour suivre un chemin plus personnel et authentique. Il y a toutefois des facteurs économiques et sociaux qui influencent la possibilité de quitter un partenaire. Dans une relation où un des partenaires dépend financièrement de l'autre, le courage de tout quitter devient plus complexe, en raison des répercussions matérielles que cela entraînera. Les inégalités économiques et de pouvoir influencent donc fortement la décision de partir ou de devoir rester.

Derrière ce choix se cache souvent une profonde peur du vide, car quitter un partenaire pour une autre personne peut entraîner un bouleversement complet de la vie quotidienne, des repères affectifs. Cependant, c'est aussi un choix qui peut mener à une métamorphose personnelle, où l'on se réinvente à travers la nouvelle relation, dans une nouvelle dynamique de vie. Dans tous les cas, ce genre de situation soulève un dilemme moral majeur : peut-on justifier une rupture si radicale simplement par le désir ? Est-ce un acte d'égoïsme ou un acte profondément humain et authentique ? Le courage de tout quitter, dans ce contexte, est à la fois un acte d'amour absolu et une prise de risque, mais aussi un choix existentiellement lourd, porteur d'ambivalence et de contradictions.

Un philtre d'amour irrésistible

> Conversation entre Diane (Virginie Efira) et Alexandre (Jean Dujardin) :
> Diane : Tu es déjà tombé amoureux de quelqu'un de ta taille ?

Alexandre : Oui, quand j'avais 5 ans, mais elle a continué à grandir après.
Un homme à la hauteur, film réalisé par Laurent Tirard, 2016

Ce film raconte l'histoire de Diane (Virginie Efira), une avocate brillante et indépendante, qui rencontre par hasard un homme, Alexandre (Jean Dujardin), via un échange de téléphones. Dès leur première conversation, Diane est séduite par l'humour et l'esprit de cet homme. Ils se retrouvent dans un restaurant et elle découvre qu'Alexandre est bien plus petit qu'elle ne l'avait imaginé, puisqu'il mesure 1 m 36. Ce décalage physique va créer une tension dans leur relation naissante. Alexandre, bien qu'ayant un charme fou, une intelligence et un esprit affûté, doit faire face aux préjugés liés à sa taille et à son complexe d'infériorité. De son côté, Diane, après avoir d'abord été surprise par sa petite taille, doit remettre en question ses propres critères et attentes en matière d'amour. La pièce maîtresse du film est la manière dont les personnages naviguent entre attraction physique, clichés sociaux et remise en question de leurs propres jugements. Le film aborde des thèmes comme les apparences, les complexes et la manière dont la société valorise certaines caractéristiques physiques au détriment d'autres qualités humaines. À travers une relation qui se développe lentement, mais sûrement, *Un homme à la hauteur* propose une réflexion sur l'acceptation de l'autre, la remise en question des standards de beauté et l'importance des qualités intérieures dans une relation amoureuse. Diane et Alexandre apprennent à se connaître et à dépasser les obstacles, notamment la question de la taille et du regard des autres. Cette histoire de romance décalée invite à reconsidérer nos idées préconçues sur l'amour et les relations humaines.

Nulle envie de parler de morale, mais de faire part d'un constat. L'amour ne se mesure pas qu'à l'apparence physique ou aux critères superficiels, mais à la véritable connexion entre deux personnes. La beauté intérieure, les qualités humaines et l'authenticité dans une relation amoureuse sont des critères fondamentaux pour faire couple. Dans une relation, tout peut faire obstacle, y compris un petit détail. Il parle fort, elle gesticule beaucoup, il ne parle que de lui, elle est trop jalouse… Ce que nous comprenons souvent avec l'expérience, c'est ce qui fait véritablement la valeur d'une femme ou d'un homme, ce sont sa personnalité, son intelligence, son humour, sa gentillesse et sa capacité à nous faire nous sentir bien. L'amour véritable dépasse les apparences. Sans se laisser influencer par les stéréotypes sociaux, on s'aperçoit que ce qui compte vraiment, c'est la capacité à s'accepter et à accepter l'autre sans se limiter par les normes physiques imposées par la société.

Tomber amoureux d'un partenaire qui déroge aux normes sociales, en termes d'âge, d'apparence physique, de statut social, de genre, soulève des enjeux sociologiques majeurs autour de la normativité amoureuse, du regard social et de la pression à la conformité affective. La société établit des représentations dominantes de ce qu'est un couple acceptable ou désirable. Ces normes sont largement véhiculées par les médias, le cinéma, la publicité, mais aussi par les modèles familiaux ou les cercles sociaux. Elles imposent des attentes implicites. En matière d'âge, l'idée qu'un couple devrait être d'âge proche, que les grandes différences sont suspectes ou jugées asymétriques, persiste. De Demi Moore à Brigitte Macron, les « cougars », ces femmes en couple avec des hommes plus jeunes, sont très médiatisées. Pour autant, la différence d'âge au profit de l'homme semble une constante universelle. Cette tendance s'avère stable au fil du temps, même si elle peut différer selon les pays et les époques.

> Conversation entre Shauna (Fanny Ardant) et Pierre (Melvin Poupaud):
> Shauna: Je vais avoir 71 ans…
> Pierre: Tu m'inviteras à ton anniversaire?
> Shauna: Pierre, je n'ai pas fait l'amour depuis si longtemps… et tu ne peux pas bouleverser ta vie pour une femme qui n'a pas d'avenir. Cela ne rime à rien.
> Pierre: C'est trop tard! Regarde-moi! Tu ne vois pas à quel point je suis bouleversé! Tu me bouleverses.
> Shauna: Mais qu'est-ce que tu peux bien trouver à une femme de 70 ans?
> Pierre: J'ai envie de toi.
> *Les jeunes amants*, film réalisé par Carine Tardieu, 2021

Ce film raconte la rencontre puis la relation amoureuse entre Shauna (Fanny Ardant), une architecte de 70 ans, et Pierre (Melvil Poupaud), un médecin de 45 ans. Quinze ans après une première rencontre fugace, ils se revoient par hasard et malgré leur différence d'âge et les contraintes de leurs vies respectives, ils tombent amoureux. Leur relation devient le lieu d'un bouleversement intime profond, mais aussi d'un conflit avec les normes sociales, familiales et personnelles. On assiste à la transgression d'un double tabou, l'âge de la femme, généralement associé à une perte de désirabilité dans l'imaginaire collectif et l'écart d'âge inversé, qui rompt avec la norme patriarcale du couple où l'homme est plus âgé, plus établi. Dans notre société, une femme de 70 ans amoureuse d'un homme de 45 ans est perçue comme une incongruité sociale. Tandis que l'homme mûr avec une jeune compagne reste une figure banalisée, la femme âgée amoureuse reste une figure subversive, parce qu'elle continue d'affirmer son droit au désir, à l'épanouissement, à la passion, là où on l'attend plutôt du côté du retrait, de la discrétion, ou de la sagesse. Shauna est tout le contraire de cette assignation. Elle est brillante, libre, autonome et, surtout, elle refuse l'effacement. Le film la montre non pas comme une femme qui veut rajeunir, mais comme une femme qui veut encore vivre pleinement, à son âge, sans s'excuser. L'amour entre Shauna et Pierre est sincère, mais socialement dissonant. Le regard des autres (notamment la famille de Pierre) incarne cette dissonance. Le couple n'est pas « lisible », il n'est pas légitime. Cela génère de la gêne, du doute, voire un sentiment de honte intériorisée. Ce que Pierre vit, c'est un conflit entre le désir intime et les attentes sociales.

En matière d'apparence physique également, on valorise les corps jeunes, minces, performants, ou esthétiquement codifiés selon les critères dominants. En matière de statut, le capital culturel, économique, la profession semblent conditionner la valeur sociale d'un partenaire.

> Ma vie était ordonnée, rationnelle, bien cadrée. Un bel appartement dans le centre de Paris, une ex avec qui je suis resté dix ans, des amis au profil similaire au mien, des vacances bien organisées et une idée assez précise de ce que je cherchais chez une femme. Cultivée, élégante, sportive, dynamique, dans ma tranche d'âge. Une complice à mon image. Et puis un soir, au détour d'un dîner où je ne connaissais presque personne, je l'ai rencontrée. Héléna. Elle riait fort, portait des vêtements colorés qui n'étaient ni discrets ni à la mode, elle avait douze ans de plus que moi, des rondeurs qu'elle assumait, une manière de parler sans se censurer. Elle ne rentrait dans aucune de mes cases. Ni dans celles que je m'étais fixées, ni dans celles que mes amis ou mes parents auraient validées. Et pourtant, ce soir-là, quelque chose s'est déplacé en moi. Au début, j'ai résisté. Tout en elle me troublait, et tout en moi voulait faire marche arrière. Je pensais que c'était un désir passager, une curiosité.

> Mais ce que je ressentais grandissait, de façon désarmante. Ce n'était pas une passion flamboyante, c'était une évidence lente. Une présence qui m'apaisait. Quand j'ai commencé à parler d'elle autour de moi, les réactions ont été froides, parfois moqueuses : « C'est sérieux, ton truc ? », « Elle a quel âge, déjà ? », « Tu es sûr que tu ne veux pas plutôt quelqu'un avec qui tu peux construire une vraie famille ? » Même ma mère m'a dit : « Elle ne te ressemble pas. » Justement, Héléna ne me ressemblait pas, et c'est ça qui m'a réveillé. Ce que j'ai appris avec elle, c'est à désapprendre ce que je croyais être mes désirs. À faire de la place à ce que la vie m'apportait de plus vivant, de plus inattendu. Il m'a fallu du courage pour la choisir, pour dire aux autres : « Oui, c'est elle. » Pas parce qu'elle correspondait à une image, mais parce qu'elle me rendait vrai. (Thomas, 42 ans)

La société exerce un contrôle social discret, mais puissant sur les choix amoureux, souvent à travers le regard d'autrui, notamment la famille, les amis, les collègues. Ce regard peut générer du jugement, de la moquerie, de l'incompréhension, ou encore des tentatives d'influence ou de dissuasion. Dans ce contexte, l'amour pour un partenaire hors norme peut mettre en tension deux forces contradictoires. D'une part, l'expérience intime et singulière de l'amour basée sur l'affection, le lien, la compatibilité émotionnelle ou intellectuelle. D'autre part, la pression à se conformer à une image valorisée du couple, celle qui est socialement attendue et qui donne du prestige. Cette tension peut générer du doute, de la culpabilité, ou même un refoulement du sentiment amoureux, de peur de perdre l'approbation sociale. Eva Illouz[1] montre que les sociétés contemporaines ont tendance à hiérarchiser les corps et les partenaires potentiels en fonction de critères marchands et symboliques,

1. Eva Illouz, *Pourquoi l'amour fait mal. L'expérience amoureuse dans la modernité*, Paris, Seuil, 2012.

tels que la beauté physique, la jeunesse, la richesse, la réputation. Ce processus, que l'on pourrait appeler le capital amoureux, fait que certains corps ou profils sont plus valorisés que d'autres. Aimer quelqu'un, vouloir faire couple avec un partenaire qui échappe à ces normes revient à subvertir ces mécanismes de classement, à remettre en question la légitimité des critères dominants. Cela peut être vu comme un acte de désobéissance symbolique, voire de résistance politique à l'idéologie de la perfection, de la jeunesse et de la performance.

Tomber amoureux d'une personne qui ne correspond pas aux attentes sociales est un acte fort. Il révèle la manière dont la société classe, encadre et juge les désirs. Mais il témoigne aussi d'un déplacement des normes, de l'émergence d'un amour plus personnel, qui échappe aux logiques de conformité et qui peut bousculer les frontières de ce que l'on croit possible ou légitime dans le lien amoureux.

Les langages de l'amour

> Voix off: Parfois, il s'empêchait si fort de penser à elle, il en avait mal au ventre. Et, plié en deux de tenir ainsi avec les mains son estomac noué, il concevait une sorte de vertige, son corps lui-même se révoltait contre sa volonté.
> *Mademoiselle Chambon*, film réalisé par Stéphane Brizé, 2009

Un maçon, Jean (Vincent Lindon), croise Véronique Chambon (Sandrine Kiberlain), l'institutrice de son fils. Rencontre improbable, entre eux se noue une idylle secrète, inavouée. Pourquoi et comment tombe-t-on amoureux ? Il peut suffire d'un regard timide, d'une sonate de violon, d'un champ de blé pour découvrir des émotions que l'on ne soupçonnait pas… L'histoire d'une douce et forte passion. Lenteur, finesse, tact, sobriété, retenue, sensibilité, pudeur, grâce, silences, non-dits, la palette d'émotions est protéiforme dans ce film délicat et subtil. Sur l'idée qui oppose la solidité des maisons et la fragilité des vies qui les habitent, Stéphane Brizé construit un film qui s'approche au plus près de la vérité des sentiments. Jean, sa femme Anne-Marie (Aure Atika) et leur petit garçon vivent un bonheur ordinaire. Jusqu'à ce qu'un jour, elle soit empêchée d'aller chercher leur fils et que son époux fasse la connaissance de Mademoiselle Chambon. Le problème de Jean est qu'il ne sait parler que de peu de choses. Quand c'est de son métier, il est parfait, et c'est ainsi que Mademoiselle Chambon l'invite à venir expliquer son métier à sa classe et la rencontre a lieu. Pour que Jean lui retourne son sentiment, il faut qu'elle lui demande une preuve d'amour anticipée, en l'occurrence la pose d'une fenêtre. Elle le rétribue d'abord, à sa demande, d'une mélodie jouée au violon. Le violon de Véronique Chambon fascine Jean, c'est le signe extérieur d'une culture, d'une richesse qui lui semble hors d'atteinte. À ce moment, le film de Brizé devrait s'emballer, se laisser aller au tourbillon de la passion. C'est exactement l'inverse qui se produit. Jean et Véronique hésitent, oscillent au bord de l'abîme. L'incapacité de Jean à s'exprimer, et la banalité, l'inanité presque, des échanges verbaux entre les amoureux est à la fois déchirante et comique. Entre l'amour, l'amour fou, le vrai, le grand, et son devoir de père et mari, l'affection qu'il porte aux siens et la force de l'habitude, le choix sera difficile. La fin n'est pas sans rappeler celle de *Sur la route de Madison*, de Clint Eastwood, dont cette histoire d'amour impossible entre deux êtres qui se comprennent au-delà de toutes leurs différences, est une évocation. Brizé filme avec une infinie justesse la rencontre qui bouleverse la vie, entre extase et douleur. Ceux qui l'ont vécu s'y reconnaîtront.

Les cinq langages de l'amour, mis en lumière dans l'ouvrage de Gary Chapman[1], abordent les différentes manières d'exprimer et de recevoir de l'amour. Lorsque deux partenaires ont des langages de l'amour différents, cela peut donner lieu à des incompréhensions et à des frustrations. Connaître le langage de l'amour de son partenaire et lui faire découvrir le sien permet d'exprimer son amour d'une façon adaptée à chacun. Le constat est simple. Nous possédons tous en nous un réservoir d'amour, un réservoir émotionnel qui peut être vide ou plein. Plus notre réservoir est plein, plus nous avons le sentiment d'être aimé, et plus nous serons heureux, serein, confiant. À l'inverse, s'il se vide, nous ressentirons la sensation opposée. C'est la spirale du mal-être, de la mauvaise image de soi, de la perte de confiance. La relation de couple ne peut alors que se détériorer, jusqu'à l'amour au point mort.

Il apparaît que l'un des enjeux importants du couple est de (dé)montrer à notre partenaire qu'il est aimé. Le problème, dans l'expression de l'amour, est de deux natures. Soit nous partons du principe que l'autre sait bien que nous l'aimons, depuis le temps et les années… et donc nous oublions de lui manifester notre amour explicitement par des mots, des gestes, des actions. Soit nous exprimons notre amour, mais dans un langage que l'autre ne comprend pas. Il semble impératif que notre partenaire puisse se sentir aimé. Exprimer notre amour de façon explicite, concrète, visible, sans quoi cela devient incertain, hypothétique (tu me dis que tu m'aimes mais je ne le vois pas, je ne l'entends pas, je ne le sens pas). Nous devons ainsi apprendre à parler le langage d'amour de notre partenaire. Il s'agit des paroles valorisantes, des moments de

1. Gary Chapman, *Les langages de l'amour*, Pontault-Combault, Farel, 1997 [1992].

qualité, des cadeaux, des services rendus, du toucher physique. L'enjeu est de repérer le langage de l'autre et d'apprendre à le parler.

Reprenons.

Les paroles valorisantes concernent l'expression de l'amour à travers des mots positifs, des compliments, des encouragements et des expressions verbales de reconnaissance. Les personnes qui ont ce langage d'amour se sentent aimées lorsqu'on leur dit des mots gentils et qu'on leur montre de l'appréciation par la parole.

Les moments de qualité font référence à l'importance du temps passé ensemble, sans distractions, à vraiment écouter et partager des moments significatifs. Les personnes qui privilégient ce langage d'amour se sentent aimées lorsque l'on leur accorde une attention totale et qu'on partage des moments privilégiés.

Les cadeaux peuvent être un moyen d'exprimer l'amour. Il ne s'agit pas nécessairement de cadeaux matériels coûteux, mais de gestes attentionnés qui montrent que l'on pense à eux. Ces cadeaux symbolisent l'amour et l'affection.

Les services rendus sont un moyen de démontrer l'amour par des actions concrètes.

Le toucher physique se manifeste par l'importance des contacts physiques, tels que les câlins, les baisers, les caresses et la proximité physique. Pour ceux qui ont ce langage, le toucher est un moyen fondamental de se sentir aimé et connecté à l'autre.

La théorie des langages de l'amour repose sur une vision individualiste des relations. Chaque individu aurait des préférences affectives stables, qu'il suffirait d'identifier pour mieux aimer. Cette approche, très influencée par la culture du développement personnel, occulte les rapports sociaux de classe, de genre, de normes culturelles qui façonnent pourtant les formes d'attachement. En cela, elle propose une lecture psychologisante de l'amour, en négligeant les structures sociales qui influencent notre manière d'aimer, de donner et de recevoir.

Cette théorie a été largement reprise dans les sphères éducatives, entrepreneuriales et thérapeutiques, car elle transforme l'amour en langage maîtrisable, donc en compétence. Elle suggère qu'aimer, c'est avant tout bien communiquer, ce qui est séduisant, mais réduit la complexité du lien amoureux à une forme d'efficacité émotionnelle. Les cinq langages de l'amour ne sont pas universels. Ils sont historiquement et culturellement construits. Le toucher est valorisé dans certaines cultures, réprimé dans d'autres, notamment en Corée du Sud. Les cadeaux prennent des sens très différents selon les classes sociales. Ainsi, ce que Chapman présente comme des préférences personnelles peut être lu sociologiquement comme le reflet de normes de genre, de classe, ou d'éducation émotionnelle.

Enfin, la théorie neutralise les enjeux de pouvoir dans le couple. Elle ne prend pas en compte les asymétries économiques, affectives, symboliques. Or bien aimer n'a pas le même sens pour une femme épuisée par la charge mentale et un homme qui valorise les moments de qualité… une fois que tout est fait.

En cela, les langages de l'amour sont utiles pour ouvrir une réflexion, mais insuffisants pour penser les déséquilibres, les oppressions ou les blessures systémiques qui traversent la vie conjugale. Ils offrent une grille simple et séduisante pour penser les incompréhensions affectives. Mais cette simplicité cache une réalité bien plus complexe, dans laquelle les normes sociales, les habitus culturels et les inégalités jouent un rôle central. Pour aimer avec justesse, il faut avoir pleinement conscience des structures qui nous traversent.

Acte III

De l'engagement au mariage : le choix d'une vie

Scène 1 : Toi, moi, deux toits

Les intermittents du couple

Être ensemble… sans vivre ensemble. Le terme adéquat *Living Apart Together* (LAT) désigne une forme de relation amoureuse où les partenaires sont engagés dans une relation durable, mais vivent dans des logements séparés.

> Nous fonctionnons comme n'importe quelle relation amoureuse mais nous avons souhaité ne pas vivre ensemble. Nous nous sentons tout de même parfaitement légitimes en tant que couple. Nous parvenons à maintenir une forte intimité tout en préservant notre indépendance. (Véronique, 48 ans)

Ce phénomène, que nous renommerons « couples non cohabitants » (CNC) n'a cessé de progresser ces dernières années. En France, environ 9 % des adultes en couple vivent en CNC. Ils sont près de 20 % chez les jeunes adultes (18-25 ans)[1]. Dans sa lettre d'information de 2024, l'Institut national des études démographiques (INED) a présenté un point sur le célibat et les couples non cohabitants, soulignant l'évolution de ces configurations depuis le XXe siècle. Il démontre que la cohabitation n'est plus un critère nécessaire pour définir un couple. De plus en plus de personnes revendiquent une

1. Chiffres 2024-2025 fournis par l'INED.

relation stable, engagée, exclusive tout en vivant séparément. Les CNC ne doivent pas être confondus avec les relations occasionnelles ou les débuts de relation. Ces intermittents du couple sont de vrais couples, souvent durables, qui choisissent de ne pas ou de ne plus vivre ensemble.

Plusieurs profils de couples peuvent être identifiés. Les jeunes adultes, souvent précaires ou en transition (études, débuts professionnels). Les adultes post-divorce, qui veulent reconstruire une relation sans reproduire les contraintes de la vie commune. Les seniors, notamment veufs ou divorcés, qui valorisent l'indépendance, la routine personnelle, les enfants issus d'un premier couple. Les femmes, en particulier, expriment plus souvent le souhait de ne pas cohabiter, notamment pour ne pas reproduire une charge mentale ou domestique déséquilibrée. Le choix de vivre séparément peut revêtir plusieurs aspects. Tout d'abord, conjoncturel en lien direct avec le logement, la distance, les enfants, les finances. Ensuite, structurel lorsque chaque partenaire possède un logement ou possède des attaches familiales fortes. Enfin, idéologique avec un refus de la fusion conjugale, une valorisation de l'autonomie, un rejet du modèle traditionnel. Le CNC apparaît comme un compromis entre intimité et liberté, affectivité et autonomie.

> Après deux mariages et des années à gérer une maison, des enfants, des compromis, je n'avais plus envie de vivre à deux au quotidien. Avec Marc, on s'aime profondément, on se voit chaque semaine, on part en vacances ensemble. Mais chacun chez soi, c'est vital. Je veux garder mon rythme, mon espace. Pour une fois, aimer ne rime pas avec sacrifier. (Claire, 62 ans)

> J'ai deux adolescents, il a une fille aussi. On a décidé de ne pas emménager ensemble tant qu'ils sont à la maison. Trop

> de complications. Mais cela ne veut pas dire qu'on n'est pas engagés. On a une routine, des projets, de l'amour. On est un couple, juste pas sous le même toit. (Nadège, 45 ans)

> On vit dans le même quartier, chacun dans son appartement. On dîne ensemble quatre soirs par semaine, on profite de nos congés ensemble. On est un couple à part entière, mais on n'a jamais voulu renoncer à notre liberté. (Paul, 55 ans)

Serge Chaumier[1] observe deux choses. On retrouve plus de CNC chez les cadres supérieurs. Cela s'explique logiquement par le fait qu'il est plus facile de se loger. Plus le niveau d'études est élevé, plus les partenaires sont autonomes. On affirme un territoire séparé, on veut vivre des choses l'un sans l'autre. Dans les milieux plus précaires, on fait généralement des études moins longues, on démarre plus vite dans la vie active, on a moins de moyens, donc on se pose la question du vivre ensemble plus rapidement.

L'exemple fourni par François de Singly est éloquent. Alors qu'il était en train de rédiger son ouvrage *Libres ensemble*[2], il a demandé à ses étudiants de consigner sur un petit carnet ce qu'ils font avec leur conjoint. Le résultat est étonnant. Autant ces jeunes couples se donnent des occasions de rencontre quand ils n'habitent pas ensemble, un dîner au restaurant, un cinéma, une promenade, autant ils partagent peu d'activités dès qu'ils s'installent sous le même toit. Ainsi donc, plus on passe de temps ensemble, moins on a d'activités communes. Pourtant, loin d'être des couples allégés, les couples

1. Serge Chaumier, *L'amour fissionnel. Le nouvel art d'aimer*, Paris, Fayard, 2004.
2. François de Singly, *Libres ensemble. L'individualisme dans la vie commune*, Paris, Armand Colin, 2005.

intermittents sont des hommes et des femmes qui s'engagent. Et « loin du mariage à l'essai, il s'agit bien d'une alternative au mariage[1] », certifie Jean-Claude Kaufmann.

Même si cela paraît simple sur le papier, il faut parvenir à le gérer. Serge Chaumier nous confirme qu'il faut résister aux pressions sociales car un couple non cohabitant ne rassure pas. La société n'aime pas cela. Et puis, avoir deux appartements est un investissement financier important. Choisir de s'aimer, mais de vivre séparément demande une grande maturité du couple. Il faut parler, échanger beaucoup plus. Comme on ne maîtrise pas l'autre, la confiance est indispensable. Ce qui semble d'ailleurs positif, car la relation est basée sur la confiance, et non sur la surveillance. Et le sociologue de rappeler, « dans un couple fissionnel, on partage un certain nombre de choses, on va au cinéma ensemble, on voit des amis… mais on ne partage pas tout. Il y a le terrain partagé où l'on fusionne, et le terrain où chacun garde son espace de vie, ses sorties, ses activités. Le fait de vivre chacun chez soi est une des formes les plus poussées de la fission ».

Qu'en est-il lorsque l'éloignement est imposé par le travail ? Couples « TGV », couples « turbo »… Les qualificatifs ne manquent pas pour parler de ces salariés qui ne vivent pas ensemble, du fait de leurs emplois éloignés. Pas facile de vivre une vie de couple réduite aux seuls week-ends et vacances. Habitués à gérer des emplois du temps compliqués, ces intermittents géographiques échappent *de facto* à la routine.

1. Jean-Claude Kaufmann, *Sociologie du couple*, Paris, PUF, 2003.

> Il est vrai que vivre loin l'un de l'autre au quotidien permet de garder son indépendance, sa liberté, tout en s'investissant à fond dans son job. (Alexandre, 35 ans)

Mutations, délocalisations, chômage poussent parfois à accepter ce nouveau mode de vie. Les jeunes sont les premiers concernés. Une enquête de l'Agence pour l'emploi des cadres (APEC) montre qu'ils n'hésitent plus à faire du chemin pour décrocher un contrat à durée indéterminée dans la branche de leur choix. Une autre analyse, réalisée par le centre d'études et de recherches sur les qualifications (CEREQ), révèle que ces nouveaux nomades sont plutôt bien formés, souvent ingénieurs ou diplômés d'écoles de commerce. Nombre de sociétés alimentent ce phénomène de couples intermittents en proposant une nouvelle forme d'expatriation : *l'eurocommuting*, littéralement « euronavette » ou « navettage ». Il s'agit de missions courtes de trois ou quatre mois dans une ville européenne, située à quelques heures d'avion ou de train, avec un billet de retour payé tous les quinze jours. Selon l'Insee, 12,5 millions de salariés âgés de 15 à 64 ans font le trajet chaque semaine entre deux régions de leur pays, soit environ 6,4 % des 197 millions d'actifs de l'Union européenne.

Voilà trois mois que Hugo travaille à Bordeaux, dans une banque. À 27 ans, ce diplômé de l'École supérieure de commerce de Paris a décidé de s'ouvrir à d'autres horizons. Ras-le-bol de Paris ?

> Non, mais je ressentais le besoin de bouger, sans ralentir pour autant ma carrière. Ma direction m'a proposé ce poste de conseiller fiscal. J'ai tout de suite été emballé. D'autant que j'ai signé un contrat d'un an, renouvelable. Mais il existe un point sensible… ma femme, journaliste dans la presse écrite, a été dans l'obligation de rester à Paris pour son travail.

> Alors, inutile de vous dire que nous connaissons sur le bout des doigts les horaires de TGV. Si un jour, la situation devenait trop difficile à gérer pour elle comme pour moi, alors nous prendrons la décision qui s'impose, c'est-à-dire mon retour sur Paris.

La montée en visibilité des relations CNC remet en question l'un des fondements implicites de la conjugalité occidentale moderne, à savoir la cohabitation comme preuve d'amour. D'un point de vue sociologique, cela révèle une transformation profonde des normes conjugales. La vie de couple n'est plus nécessairement synonyme de projet commun en un seul lieu. Le couple devient un espace négocié, où chacun conserve son territoire physique, symbolique, voire émotionnel. La relation est maintenue tant qu'elle répond aux besoins émotionnels de chacun. Le CNC s'inscrit dans un monde où l'autonomie est une valeur centrale, parfois plus que la stabilité conjugale. Il révèle aussi la complexité croissante des parcours de vie, que ce soit les recompositions conjugales ou familiales, les mobilités, le refus des engagements figés. Enfin, il montre une désinstitutionnalisation du couple. Ce qui fait lien, ce n'est la cohabitation, mais l'engagement affectif librement renouvelé.

Le modèle CNC n'est pas un pis-aller ni un amour à distance temporaire. C'est une forme conjugale à part entière, de plus en plus choisie consciemment, qui réinvente la manière de faire couple à l'ère de l'individualisme affectif. Les couples d'aujourd'hui composent avec des attentes de liberté, de respect de l'espace personnel et d'équilibre entre liens et indépendance.

Le PACS et ses effets sur le mariage traditionnel

L'institution du mariage, à savoir l'union légale d'un homme et d'une femme, a pour principales fonctions d'encadrer les couples, de désigner la descendance légitime avec les conséquences que cela entraîne pour la définition des relations de parenté et la transmission des biens. Tout le monde se souvient des (més)aventures du prince Albert II de Monaco et de ses enfants illégitimes. Depuis des années, on ne cesse de nous répéter que le mariage ne séduit plus, qu'il sert uniquement de cadre social, juridique et moral.

Les couples ont désormais le choix entre ces trois statuts principaux, à savoir l'union libre, qui ne comporte théoriquement ni droits ni devoirs ; le pacte civil de solidarité (PACS), qui impose aux partenaires une aide mutuelle et matérielle, mais qui peut être dissous très simplement ; et le mariage. Autant dire que les parieurs ne donnaient pas cher de la peau de ce dernier.

Il est vrai que le PACS affiche une belle santé. En 2024, l'Insee rappelle que 204 000 PACS ont été conclus, dont 193 434 entre personnes de sexe différent et 10 627 entre personnes de même sexe. Sa hausse est continue depuis le début des années 2000, lui permettant de s'installer durablement sur la carte sentimentale française. Au vu de ce succès, nombre de chercheurs étaient persuadés que ce nouveau statut proposé aux couples s'avérerait rapidement meurtrier pour le mariage, déjà court-circuité par l'union libre, ébranlé par l'explosion des divorces. Mais les pessimistes se sont trompés. Non seulement le PACS n'a pas tué le mariage, mais, contre toute attente, il l'a relancé. Comme en économie, la concurrence a eu du bon et ceux que l'on présentait comme deux rivaux cohabitent en bonne intelligence. La liberté de choisir en a fait un bel objet de désir. Aujourd'hui, le mariage, c'est la dernière grande aventure. Une idée un peu folle mais tellement romanesque.

> Lorsque ma compagne et moi avons commencé à discuter de notre futur, la question de l'union légale est rapidement devenue un sujet central. Le PACS était une option, mais, pour moi, cela ne représentait pas tout à fait la même chose que le mariage. Le mariage, c'est plus qu'un simple contrat. C'est un engagement profond, une reconnaissance symbolique forte de notre relation devant nos familles, nos amis et même la société. C'est un acte qui marque un tournant dans la vie d'un couple, un moment solennel qui va au-delà de l'aspect légal. Je suis conscient que le PACS offre certains avantages pratiques et peut être plus simple dans certains cas. Mais pour moi, le mariage représente un engagement total, un choix réfléchi. Il y a un côté sacré dans cette tradition, un héritage qui traverse les générations. C'était important pour moi de faire ce pas, de m'engager de manière formelle et de montrer à ma partenaire qu'elle occupe une place centrale dans ma vie. Cela peut paraître un peu *old school*, mais j'avais l'impression que le mariage allait au-delà du juridique. Il s'agit d'un acte de reconnaissance, d'un symbole qui, à mes yeux, n'a pas d'équivalent. (Marc, 34 ans)

Les séparations et les divorces par consentement mutuel offrent, paradoxalement, une rassurante porte de sortie permettant de se désengager plus aisément. Se marier, ce n'est plus entrer dans une prison puisqu'on peut s'en échapper sans trop de difficultés. Voilà le nouveau mariage, libre et décomplexé, fondé sur le symbole de l'amour avant tout. Même si nous sommes conscients et lucides face aux probabilités de séparation, nous continuons à y croire. Car le mariage ne crée plus le couple, ne fonde plus la famille, n'inaugure plus la vie sexuelle, ne donne plus l'indispensable ticket d'entrée dans la vie adulte, pas plus qu'il ne procure (ou rarement) la moindre reconnaissance sociale supplémentaire. C'est donc sur le symbole d'un amour intense, différent des aventures et des expériences, qu'il a bâti sa légitimité. Bien entendu, il y a des mariages idiots, des mariages ratés, des mariages risqués et même des mariages de raison, mais il n'y a pas de mariage cynique à durée indéterminée, nous y reviendrons dans ces pages. La décision de convoler en justes noces scande plus que jamais un acte gratuit.

La grande ambiguïté consiste à croire que les relations aujourd'hui sont tellement libres, affranchies de toute dépendance, qu'il n'y a plus besoin de reconfirmation du lien, de réassurance. Le revers de ce malentendu semble être un taux important de ruptures. Et comme le dit le proverbe chinois, « le mariage est comme une ville assiégée : ceux qui sont dehors veulent y entrer, et ceux qui sont dedans veulent en sortir ».

Sex friend, parfait(e) partenaire d'un non-engagement

« Le/la *sex friend*, partenaire idéal(e) ? » titrait le *Elle Magazine* en octobre 2019. Quelque part entre le « plan cul » et l'amour, les amitiés sexuelles redistribuent les cartes du jeu amoureux. D'un côté, on se rencontre, on se séduit, on fait l'amour. Bienvenue dans le récit amoureux qui mène directement au mariage et à la recherche d'une place en crèche. De l'autre côté, on se rencontre, les fluides s'échangent sans sentiments et on rentre chez soi. Bienvenue chez les adeptes du sexe sans lendemain. Entre les deux, il y a une autre catégorie, celle du *sex friend*, ce/cette bon(ne) ami(e) qui nous veut du bien, qui partagera nos nuits, mais jamais nos jours. Après trois ans de mariage, un enfant, Carole, 32 ans, nous parle de

Maxime, son *sex friend*. Une histoire qui semble-t-il lui a mis du baume au cœur, lui servant de refuge entre deux déboires amoureux :

> Je sortais d'une rupture difficile, je n'avais pas envie de me remettre en couple. Maxime est un ami de longue date, on a commencé à coucher ensemble en fixant des règles claires. Pas de jalousie, pas d'exclusivité et l'obligation d'arrêter si l'un d'entre nous s'engageait dans une histoire plus sérieuse. Cette relation est réconfortante, légère, m'évite de perdre confiance en moi.

Les *sex friends* s'inscrivent dans une évolution des relations amoureuses et sexuelles. Avec l'émergence de nouvelles formes de relations, comme les relations non monogames et les relations libres, les *sex friends* offrent une alternative plus flexible, où l'aspect sexuel est dissocié des attentes émotionnelles ou relationnelles traditionnelles. Cette évolution a été facilitée par plusieurs facteurs. La révolution sexuelle des années 1960, qui a libéré la sexualité des cadres moraux stricts ; l'influence de l'individualisme dans les sociétés modernes, où les attentes personnelles et la recherche de liberté individuelle peuvent être plus valorisées que le conformisme aux normes sociales ; l'accessibilité à la contraception et les progrès en matière de santé sexuelle qui ont permis une dissociation entre sexualité et reproduction, rendant ces relations plus socialement acceptables.

L'une des caractéristiques sociologiques de ces relations est la séparation nette entre sexe et amour. Alors qu'auparavant, la sexualité était presque toujours perçue comme liée à l'engagement affectif, la pratique des *sex friends* met en lumière un changement dans la perception de la sexualité comme une activité indépendante, qui ne nécessite pas forcément un engagement amoureux. On assiste à une forme de démocratisation de la sexualité déconnectée de l'amour romantique. En conséquence, cette dynamique remet en cause la norme de la monogamie exclusive et réinterroge les idéaux traditionnels de l'amour, de la fidélité et du couple. Pour certains, cela permet une plus grande liberté et une exploration de soi-même, mais pour d'autres, cela peut aussi mener à une dévalorisation des relations affectives profondes. Avec l'avènement des applications de rencontres (Tinder, Bumble…), qui facilitent les interactions occasionnelles, les relations de type *sex friends* sont devenues plus visibles et accessibles. Ces plateformes permettent de lier des personnes ayant des attentes claires et compatibles en matière de relations sans engagement. Cette nouvelle forme de socialisation permet une meilleure segmentation des attentes relationnelles, ce qui rend la distinction entre amitié, relations sexuelles et engagement plus floue. Les nouvelles technologies modifient également la manière dont les individus conçoivent la sexualité et les relations. Des interactions instantanées et souvent basées sur des critères physiques favorisent des relations plus éphémères et moins engagées.

Jean-Claude Kaufmann[1] rappelle que les amitiés sexuelles naissent d'une époque en proie aux paradoxes amoureux. « Avec le développement des réseaux sociaux et des applications de rencontres, on observe une certaine forme de banalisation de la sexualité. L'air du temps est plutôt cynique, nos aspirations sentimentales ont du mal à s'afficher. »

Ces amitiés sexuelles sont aussi une façon d'inventer des parades à la solitude et aux injections.

---

1. Jean-Claude Kaufmann, *Sex@amour*, Paris, Armand Colin, 2010.

> Je ne suis pas en couple, pas parce que je n'en ai pas envie, mais parce que je ne veux plus me contenter d'un compromis bancal. Je veux quelque chose de vrai, de solide. En attendant, j'ai un *sex friend.* Ce n'est pas l'amour, ce n'est pas le grand frisson, mais c'est une forme de présence. On se connaît bien, il n'y a pas de faux-semblants, pas de jeux. Il m'aide à ne pas me sentir totalement seule, à combler ce vide affectif et physique qui peut peser dans les moments creux. C'est une relation pratique. On ne se promet rien, et c'est peut-être pour ça que ça fonctionne. Bien sûr, je sais que ce n'est pas une solution à long terme. Je ne me voile pas la face. Mais pour l'instant, ça m'équilibre. C'est un entre-deux qui m'évite de me précipiter dans une relation insatisfaisante simplement pour fuir la solitude. Je préfère attendre mieux, même si je ne sais pas encore ce que ça veut dire exactement. (Vanessa, 31 ans)

Le propre du *sex friend*, c'est qu'il échappe au grand modèle de l'amour tout en évitant le scénario de la débauche donjuaniste. Jean-Claude Kaufmann parle d'un romantisme nouveau, de « petits mondes à soi », entre le romantisme noir du XIXe siècle et les pétales de rose des tour-opérateurs. « Il y a dans les amitiés sexuelles une volonté de s'arracher au monde ordinaire. Elles vont au-delà de l'utilitarisme sexuel, on entre dans le monde de l'autre et on en crée un nouveau à deux, sans franchir le pas de l'engagement dans une relation amoureuse. »

Les *sex friends* incarnent une forme de relation qui répond aux aspirations individuelles dans une société où l'indépendance et l'autonomie sont fortement valorisées. L'idée que l'on peut satisfaire ses besoins affectifs et sexuels tout en préservant son indépendance, sans les contraintes d'une relation exclusive ou monogame, correspond à un idéal qui se développe dans des sociétés de plus en plus individualistes. Ce type de relations est également observé dans des contextes homosexuels et féministes, où le sexe peut être exploré sans les contraintes de l'engagement émotionnel.

Du *Paradis* d'Orelsan au *One night stand* de Janis Joplin, la musique célèbre l'amour passion ou les plans d'un soir. Derrière l'écran, rares sont les amitiés sexuelles qui le restent : Adam et Emma dans le film *Sex Friends*, d'Ivan Reitman, Chandler et Monica dans la série *Friends*, Miranda et Steve dans la série *Sex and the city*, tous finissent ensemble. Caroline (29 ans) l'admet sans détour :

> J'ai commencé à développer des sentiments amoureux pour Mourad. Malgré la liberté de cette relation, j'ai ressenti assez vite une sensation d'insécurité, je me demandais s'il était avec une autre, pourquoi il ne me répondait pas, s'il se lassait de moi.

Sociologiquement, il est important de noter les effets que peuvent avoir ces relations sur les attachements émotionnels et les conceptions de l'intimité. Les *sex friends* peuvent offrir une forme de liberté émotionnelle, mais peuvent aussi poser des problèmes en matière de gestion des sentiments et des attentes. Si les deux partenaires sont d'accord sur la nature de la relation, il y a moins de risques de souffrance. Mais si l'un des partenaires développe des sentiments amoureux, cela peut entraîner des tensions et des ruptures dans la dynamique de la relation.

Les relations de type *sex friends* témoignent de l'évolution des normes de couple et de sexualité dans les sociétés modernes, où la recherche de liberté personnelle, d'indépendance et de satisfaction des besoins immédiats semble parfois primer sur les engagements affectifs traditionnels.

Cependant, elles soulèvent aussi des questions importantes sur l'impact de ces relations sur l'intimité, la gestion des émotions et l'avenir des conceptions traditionnelles de l'amour et du lien conjugal.

Scène 2 : La vie de couple

Le pari de la vie à deux

> Conversation entre Miranda (Cynthia Nixon) et Charlotte York Goldenblatt (Kristin David) :
> Charlotte : Ça va avec Steve ?
> Miranda : Toujours pareil. Mais je me demande si nous sommes toujours un couple. Nous n'avons pas eu de sexe depuis des années.
> Charlotte : Des années ? !?
> Miranda : Des années, oui. On n'y pense pas. Le seul truc qui nous enflamme, c'est le dessert au restaurant. On se demande si on est un couple ou des colocataires avec un ado de 17 ans. Sans notre fils, on parlerait de quoi ? Des graines de chia ?
> *And just like that*, saison 1, épisode 3, série réalisée par Michael Patrick King, 2021

Les ponts parisiens croulent sous les serments d'amour éternel. Au sens propre comme au sens figuré. Leurs rambardes s'affaissent sous le poids des cadenas dont la clé, jetée à la Seine, est censée symboliser un amour infini. C'est le dernier avatar en date d'une histoire vieille comme le monde, « ils se marièrent et vécurent heureux longtemps », la phrase sur laquelle s'achèvent traditionnellement les contes de fées. Pourtant, ce n'est pas tant le « longtemps » qui compte que sa proximité avec « heureux ». Des couples qui s'enkystent dans l'ennui ou l'indifférence, il en existe. Ils constituent même de très forts repoussoirs pour les jeunes amoureux : tout mais pas ça ! Alors que des couples heureux qui durent… Qui, s'il les compte dans son entourage, est capable de dépasser les cinq doigts d'une main ? La vie de couple au long cours semble être un pari incertain, à la fois profondément valorisé socialement et de plus en plus difficile à stabiliser durablement. Ce pari, reposant sur une tension entre fantasme et réalité, repose sur un double engagement. Celui de partager l'intimité, le quotidien, les projets, mais aussi celui de concilier deux trajectoires individuelles dans un espace commun. Dans un monde traversé par l'individualisme, la mobilité, la quête de soi, cela devient de plus en plus complexe. L'amour comme base du couple est une norme récente et fragile. Le couple se fonde prioritairement sur l'amour librement choisi, authentique et censé assurer la cohésion du lien. Mais cet idéal de l'amour comme ciment du couple le rend aussi plus vulnérable. S'il n'y a plus d'amour, le couple perd sa raison d'être. Il devient conditionnel, réversible, et donc instable.

Pour que la fusion et la liberté soient compatibles, il faut être suffisamment libre avec soi et en confiance avec le ou la partenaire pour que l'une ne soit pas prise comme une aliénation de l'autre. Tout l'inverse du message délivré par les cadenas qui alourdissent les grilles des ponts parisiens. L'amour durable est un attachement ouvert, une danse à deux, un ajustement permanent. C'est ainsi que Philémon et Baucis, qui redoutaient d'être séparés par la mort, ont été transformés par Zeus, l'un en chêne, symbole de force, l'autre en tilleul, symbole de fidélité. Deux arbres différents, mais côte à côte.

Il est vrai que les chiffres parlent d'eux-mêmes. Un mariage sur deux est rompu avant d'atteindre sa dixième année. Devant le vertige de ces chiffres, les couples au long cours sont vus comme des exceptions. « Nos petits-enfants, trentenaires, nous traitent de dinosaures », s'amuse Marinette, 83 ans et soixante ans de mariage l'année prochaine. Des dinosaures ? Plutôt des licornes ou des phénix, ces animaux imaginaires qui peuplent nos rêves. On ne se lassera d'ailleurs jamais des mots d'André Gorz à sa femme Dorine dans *Lettre à D.* : « Tu vas avoir 82 ans. Tu as rapetissé de six centimètres, tu ne pèses que 45 kg et tu es toujours belle, gracieuse et désirable. Cela fait cinquante-huit ans que nous vivons ensemble et je t'aime plus que jamais. » Quand le philosophe écrit ce texte, Dorine est malade et condamnée. Le couple se suicide un an plus tard.

« L'amour que nous fantasmons, celui qui dure longtemps, voire une vie entière, cet amour-là n'existe pas », résume Denis Moreau[1]. « C'est une illusion, une chimère qui nous claque à la figure. » C'est ce que nous serinent sur tous les tons les magazines, les romans, les chansons, voire la biologie. Poètes, romanciers, cinéastes semblent s'ingénier à accréditer l'idée qu'être amoureux ne peut consister en rien d'autre qu'en l'expérience de la passion, que ce type de sentiment est la seule base valable pour un mariage. Que ce dernier peut et doit rendre permanent un tel état d'excitation. Et qu'il est compréhensible, voire normal, de dissoudre une union qui ne parvient pas ou plus à remplir cette fonction.

Pourquoi rester attaché quand on peut se libérer ? Pourquoi travailler à durer si l'on peut changer de partenaire en un coup de clic ? Dans une société de consommation dont le maître-mot est nouveauté, où l'obsolescence des objets est programmée afin de mieux susciter l'envie de renouvellement, où l'on

1. Denis Moreau, *Pour la vie ? Court traité du mariage et des séparations*, Paris, Seuil, 2014.

jette et rejette ce qui semble daté, où le désir lui-même est soumis aux lois de la performance, le couple ne fait pas exception. Frédéric Beigbeder a, par ailleurs, presque réussi à nous faire croire que le titre de son roman *L'amour dure trois ans* correspond à une réalité.

Pour en revenir à Marinette :

> Mon mari et moi avons continuellement tenu le pari de faire de notre mariage une priorité. Nous n'avons rien lâché. Nous avons compris que les unions qui durent n'arrivent pas par accident, mais demandent 365 jours par an d'attention et de travail constants.

Lorsque les couples durables évoquent un travail en parlant d'amour, n'a-t-on pas brusquement envie de se boucher les oreilles ? Amour et travail, n'est-ce pas un oxymore ? Comme l'est la juxtaposition d'amour et de compromis, autre mot qui fait frémir. Et pourtant, Jean-Claude Kaufmann[1] explique que l'un des marqueurs d'une relation durable réside dans la façon dont les partenaires acceptent de sacrifier leurs propres intérêts et désirs pour ceux de l'autre. Sacrifice. Encore un mot qui, à n'en pas douter, fait fuir les jeunes générations, élevées au bon grain de l'épanouissement personnel. Mais le sacrifice n'a jamais signifié le martyre. Ou uniquement lorsqu'un seul des partenaires se soumet au bon vouloir de l'autre. Comme cette femme qui attend patiemment que son homme rentre du tennis ou de sa séance de sport quotidienne.

> On dit souvent que la vie de couple, c'est des compromis, de l'écoute, du partage. Mais moi, ça fait des années que j'ai l'impression de vivre seule à deux. Mon compagnon est là,

1. Jean-Claude Kaufmann, *Agacements. Les petites guerres du couple*, Paris, Armand Colin, 2007.

physiquement, mais mentalement il est ailleurs. Le sport, ses projets, son développement personnel..., tout tourne autour de lui. Il parle souvent de trouver son équilibre, mais jamais de nous, jamais de ce que ça veut dire d'être un couple. Je me suis tue longtemps, en pensant que c'était une phase, ou que c'était peut-être moi qui en demandais trop. Mais au fond, ce que je voulais, ce n'était pas grand-chose. Juste de la présence, de l'attention, une forme de réciprocité. Pas que tout tourne autour de lui. Aujourd'hui, je me rends compte que je me suis effacée petit à petit, que je me suis adaptée à son rythme, à ses priorités, et qu'en retour, il n'a jamais vraiment cherché à comprendre les miennes. Je vis dans un couple, mais je ne me sens pas en couple. Et cette solitude-là, celle qu'on ressent à côté de quelqu'un qu'on aime encore un peu, elle est plus lourde que celle qu'on connaît quand on est seule pour de bon. (Sophie, 58 ans)

La réalisation personnelle est l'un des ancrages les plus profonds des priorités existentielles. Les partenaires arrivent dans le couple avec une histoire, des attentes, des projets personnels et l'enjeu est de faire coexister ces singularités sans les écraser. C'est ce qu'explique Ulrich Beck[1] dans sa théorie de la famille post-traditionnelle. Les individus veulent aimer sans renoncer à leur autonomie. Le couple devient alors un espace de négociation permanente, dans lequel l'équilibre est précaire, nécessitant un effort constant. Vivre à deux, c'est tenter de ne pas perdre de vue l'autre, tout en poursuivant son propre chemin.

J'ai souvent l'impression de porter toute la maison sur mes épaules. Ce n'est pas qu'il ne fait rien, il s'occupe des enfants de temps en temps, il prépare le dîner certains soirs, mais c'est moi qui pense à tout, tout le temps. Les rendez-vous

1. Ulrick Beck, *La société du risque. Sur la voie d'une autre modernité*, Paris, Flammarion, 1986.

> médicaux, les lessives, les courses, les devoirs, les anniversaires à ne pas oublier, les tensions dans le couple qu'il faut désamorcer. C'est comme si je gérais une entreprise, sauf que personne ne reconnaît vraiment ce travail. La charge mentale, je l'ai découverte dans un article il y a quelques années, et j'ai eu un choc. J'ai mis un mot sur ce que je ressentais depuis longtemps. Ce n'est pas seulement une accumulation de tâches, c'est un état permanent de vigilance, une pression invisible, une forme d'anticipation constante. Parfois, je regarde mon compagnon et je me dis qu'il a pris le luxe de se décharger. Il vit dans notre quotidien, mais sans en être vraiment responsable. C'est comme s'il s'était mis en retrait de la relation, du couple, sans le dire. Il est là, mais il ne porte pas. Et c'est peut-être ça, le plus dur. Ce sentiment d'abandon silencieux, ce vide à côté de moi alors qu'il est là, juste là. Je me bats pour que tout tienne, mais à force de tenir pour deux, je m'efface un peu plus chaque jour. (Marion, 35 ans)

Les inégalités de genre subsistent fortement dans le couple. Les femmes continuent de porter l'essentiel du travail émotionnel[1] et des tâches domestiques, même dans des unions qui se disent égalitaires. Cela alourdit le pari de la vie de couple, surtout pour les femmes, qui doivent souvent gérer à la fois leur émancipation individuelle et le maintien de la relation. Cette asymétrie peut conduire à une lassitude ou à une forme de solitude conjugale.

Enfin, la vie de couple repose sur un fort enjeu de reconnaissance mutuelle ; être vu, compris, aimé pour ce que l'on est. Quand cette reconnaissance fait défaut, un sentiment de solitude peut naître au cœur même de la relation. Le pari du couple, dans ce sens, est aussi celui de la capacité à durer

1. Arlie Hochschild, *Le prix des sentiments. Au cœur du travail émotionnel*, Paris, La Découverte, 2017.

sans se trahir, à évoluer ensemble sans se perdre. Mais dans un contexte où les attentes sont élevées, les risques de frustration, de malentendus ou de désalignement affectif sont omniprésents.

S'engager dans la vie de couple aujourd'hui, c'est faire un pari à la fois intime et social. Celui de concilier désir, amour, autonomie et quotidien. Ce pari s'inscrit dans un monde qui valorise la liberté individuelle, tout en continuant à placer le couple comme horizon de réalisation. Il est donc à la fois chargé d'espoir et traversé d'ambiguïtés. Et c'est peut-être cette tension constante qui en fait une aventure si complexe.

Faire couple, les nouveaux modèles

« Tous les indicateurs, baisse de la conjugalité, nombre de divorces, traitement des violences conjugales démontrent que le couple est une institution en crise, une entité amenée à disparaître », écrit Marcela Iacub[1]. Quant à l'écrivaine Virginie Despentes[2], c'est avec un humour jubilatoire qu'elle pulvérise notre idéalisation de la vie commune : « Si on veut se mettre en couple, l'important c'est d'être réaliste. Une fille mettable, qui fait à bouffer, qui n'a aucune habitude dégoûtante et te supporte tel que tu es, sans chercher à te mettre au pas et te faire aimer les légumes verts, on ne peut pas en demander beaucoup plus à l'amour. » Radical ? Non, lucide lorsque l'on s'aperçoit de l'évolution des parcours conjugaux. Les trajectoires de couples, les formes d'union se sont diversifiées et complexifiées incluant l'union libre, le PACS, le mariage pour tous, les relations non cohabitantes ou les amitiés sexuelles. Le couple n'est pas mort, il semble s'être transformé, soumis à un étrange

1. Marcela Iacub, *La fin du couple*, Paris, Stock, 2016.
2. Virginie Despentes, *Vernon Subutex 2*, Paris, Grasset, 2015.

paradoxe. Alors même qu'il n'a jamais semblé si fragile, il fait l'objet d'une idéalisation croissante. Ses repères traditionnels s'érodent. Les divorces et séparations atteignent un nombre historique, malmenant l'image du couple éternel. Pourtant, l'envie d'y croire demeure. Et fait nouveau, la vie à deux reste la première source de bonheur des Français, devant la famille, la santé ou les enfants. Dans ce moment charnière, le couple se cherche, se réinvente et de nouveaux modèles s'affirment.

En 2008, une équipe de sociologues dirigée par Jean Kellerhals[1] a mené une enquête sur les relations entre conjoints, auprès de 1 500 couples, mariés ou non. Renouvelée à vingt ans d'intervalle, l'étude montre une diversification des modes de vie à deux. On distingue cinq styles relationnels qui définissent la dynamique entre les partenaires, chacun révélant une manière particulière de « faire couple ». Le style association se définit par une répartition équilibrée des rôles et des responsabilités, où chaque partenaire conserve son autonomie tout en participant activement à la construction d'un projet commun. Le style compagnonnage désigne un couple où la fusion est importante. Les partenaires partagent largement leurs activités, leurs cercles sociaux et leurs intérêts, cultivant une grande proximité. Le style parallèle illustre une forme de cohabitation marquée par une distance émotionnelle. Les partenaires vivent en proximité physique, mais sans réelle implication mutuelle ni engagement affectif significatif. Le style bastion se manifeste par un repli sur le couple, conçu comme un espace protégé et exclusif, une forteresse imprenable, souvent en réaction aux pressions ou conflits externes. Dans la continuité, le style cocon révèle une relation

1. Jean Kellerhals, *Mesure et démesure du couple. Cohésion, crises et résilience dans la vie des couples*, Paris, Payot, 2008.

protectrice et enveloppante, où le couple fonctionne comme un refuge affectif privilégié, favorisant une proximité intense et sécurisante.

Depuis les années 1960, le droit français a profondément remodelé le cadre conjugal, en réponse aux mutations sociales, culturelles et symboliques du couple. La première grande étape concerne l'émancipation juridique des femmes dans le mariage. Jusqu'en 1965, les épouses devaient obtenir l'autorisation de leur mari pour travailler ou ouvrir un compte bancaire. La loi du 13 juillet 1965 met fin à cette dépendance légale, marquant le début d'un basculement vers un couple plus égalitaire. Deux ans plus tard, la loi Neuwirth (1967) légalise la contraception, introduisant une liberté nouvelle dans la gestion de la sexualité au sein du couple.

Dans les années 1970, de nouvelles réformes viennent renforcer cette dynamique. En 1970, l'autorité paternelle devient autorité parentale conjointe, reconnaissant l'égalité des deux parents dans l'éducation des enfants. Puis en 1975, la loi Veil sur le divorce introduit le divorce par consentement mutuel, permettant de mettre fin à un mariage sans qu'il y ait nécessairement faute. C'est une avancée majeure dans la reconnaissance de l'autonomie affective. Cette même année, la loi autorise l'interruption volontaire de grossesse (IVG).

Les décennies suivantes voient se succéder plusieurs lois rééquilibrant les droits dans le couple. En 1985, les époux deviennent co-gestionnaires des biens communs et, en 1987, la résidence habituelle de l'enfant en cas de séparation est révisée au profit d'une meilleure prise en compte de l'intérêt de l'enfant.

La fin des années 1990 et les années 2000 marquent une nouvelle phase, centrée sur la reconnaissance de la diversité des formes conjugales. Le PACS, instauré en 1999, offre un statut juridique aux couples non mariés, y compris homosexuels. La loi de 2002 renforce l'autorité parentale conjointe après divorce, tandis que celle de 2004 facilite la procédure de divorce en supprimant l'obligation de recours au juge dans certains cas. En 2006, une réforme majeure du droit de la filiation affirme l'égalité entre enfants légitimes et naturels.

Le XXIe siècle consacre une logique d'inclusion et de modernisation des structures familiales. Le mariage pour tous (loi Taubira, 2013) ouvre le mariage et l'adoption aux couples de même sexe. Puis, entre 2016 et 2021, plusieurs textes modernisent l'organisation familiale : simplification du divorce (2016, 2017), accès à la PMA pour toutes les femmes (2021) et renforcement de la lutte contre les violences intrafamiliales (bracelets anti-rapprochement, téléphone grave danger). En 2021, les lois bioéthiques et de procréation médicale pour autrui (PMA) s'ouvrent aux femmes seules et aux couples de femmes.

Ces lois traduisent une évolution majeure du couple comme institution, de plus en plus perçu comme un espace contractuel, égalitaire et diversifié. On passe d'un couple fondé sur des normes stables (mariage, hétérosexualité, rôles genrés) à un couple pluriel, ajustable et juridiquement encadré dans ses multiples formes. La durée du couple n'est plus motivée par les mêmes impératifs qu'autrefois. Quand on décide de persévérer aujourd'hui, ce n'est plus pour se conformer à la norme, ce n'est plus parce qu'il faut tenir pour tenir, pour faire plaisir à nos parents ou encore pour les enfants, mais parce que le long terme est un chemin de plénitude et de liberté.

La durabilité d'un couple repose sur un ensemble de dynamiques relationnelles et sociales qui favorisent la stabilité tout en respectant l'individualité des partenaires.

Se comporter avec courtoisie constitue une norme interactionnelle essentielle, facilitant un climat de respect mutuel, réduisant les tensions quotidiennes.

L'élaboration de projets communs s'inscrit dans la construction d'un horizon partagé, structurant le couple comme une entité sociale investie d'objectifs collectifs.

L'amitié et la complicité au sein du couple, au-delà de la dimension romantique, renforcent le lien affectif en créant des espaces de soutien et de reconnaissance mutuelle.

Une communication authentique et bienveillante permet d'établir une transparence émotionnelle nécessaire pour la négociation des conflits et la prévention des ruptures.

Par ailleurs, l'instauration de rituels joue un rôle symbolique important, contribuant à la pérennisation des routines relationnelles et à la création d'un cadre sécurisant. Dans un monde où nous n'avons plus de temps pour rien, les crises naissent aussi parce que nous n'avons plus de temps à deux. Il semble essentiel de s'octroyer des moments de couple, un temps hebdomadaire, sans téléphone et sans autre distraction. Le couple doit bénéficier de moments exclusifs et privilégiés.

Faire le deuil de l'idéalisation totale du partenaire ou de la relation est une étape cruciale dans l'acceptation des imperfections inhérentes à toute relation de couple. Par ailleurs, nous avons en nous la mémoire d'une fusion avec un tout, ou l'idée que l'on s'en fait: éternité, perfection, amour passion, amour absolu. Nous sommes, à notre insu, souvent nostalgiques de ce paradis perdu, ce lieu où la plupart de nos besoins et nos désirs étaient satisfaits. Le problème de la nostalgie, c'est que nous projetons du passé sur du futur. Or, nous ne faisons pas de notre passé notre futur. Dans les couples qui durent, chacun a appris à se combler tout seul d'amour. Ils ont des passions propres. Il faut apprivoiser la limite, le deuil du tout.

La préservation de l'autonomie et du respect des espaces personnels souligne l'importance de l'équilibre entre proximité et distance, garantissant que chaque individu puisse continuer à se définir en tant que sujet distinct. Il est illusoire de penser qu'un couple va tenir car il est totalement fusionnel. La fusion est le lien qui existe entre un parent et un enfant. C'est un lien de dépendance. Adulte, nous entrons en relation amoureuse. L'enfant ne peut pas vivre ou survivre sans le parent. Adulte, l'erreur est de croire que nous ne pouvons pas vivre l'un sans l'autre, sans notre moitié. C'est infantilisant. L'autonomie est l'une des clés de la réussite du couple en amour. Être indépendants tout en ayant un engagement profond à l'autre, un amour fort et sincère. Il faut se libérer du lien dépendant pour entrer dans la relation de couple. Le *sleep divorce* ou « divorce du sommeil » en est l'exemple parfait. Ce néo-concept voit son *hashtag* caracoler en tête sur le souverain baromètre sociétal TikTok. En couple, jeune maman et très amoureuse depuis dix ans, l'actrice américaine Cameron Diaz a jeté un pavé dans la chambre à coucher. Dans le podcast *Lipstick on the Rim*, elle a abordé la question de la normalisation des chambres séparées. *Sleep divorcer* n'est pas l'équivalent d'une séparation. Au contraire, cela pourrait bien être le secret de longévité du couple durable. Meilleure humeur, liberté recouvrée de bouquiner comme on veut, regarder YouTube durant des heures, ne pas avoir à partager la couette... En une phrase, faire chambre à part pour mieux se retrouver.

La gestion mature des conflits, ainsi que la capacité à s'adapter aux transformations inévitables des trajectoires individuelles et conjugales participent à la résilience du couple face aux aléas de la vie.

Un autre aspect fondamental est l'intimité physique et affective, qui se manifeste par le toucher, les gestes de tendresse et la sexualité.

Enfin, des valeurs telles que l'admiration mutuelle, la confiance et la loyauté s'inscrivent dans un système normatif qui fonde la stabilité relationnelle, consolidant un engagement réciproque à long terme. Ces éléments, articulés entre interdépendance et autonomie, façonnent une dynamique conjugale durable, en phase avec les évolutions sociales contemporaines.

Lorsque l'on tombe amoureux, on a forcément un idéal de vie, de relation. Et on serait tenté de croire qu'une histoire réussie est une histoire qui correspond en tous points à ce fantasme. C'est une erreur. Car l'autre est là pour bousculer nos projets, nos plans, nos rêves. Il arrive dans notre vie avec son identité, sa complexité, ses échecs, ses rêves. Une histoire qui fonctionne est une histoire qui survit à l'abandon de son idéal. Parce qu'elle se confronte à la réalité, elle aura ses aléas, son chaos, ses imperfections. Mais elle sera vraie. Le deuxième modèle dont il faut également se méfier tiendrait de l'injonction sociale. Pour réussir, une histoire devrait forcément se terminer par un mariage et/ou des enfants, l'achat d'une maison. La tentation est tout aussi forte d'adopter cet idéal. La grande majorité d'entre nous espère trouver en l'amour un refuge en l'autre. Il me semble que l'on fait fausse route. Une histoire d'amour apporte son lot de surprises et d'imprévus. Elle ne peut se construire sans un minimum de prises de risque. Les désaccords, les conflits, les chagrins en font partie.

À nos nombreux amours

Historiquement, le couple normatif reposait sur un modèle hétérosexuel, monogame, marié et orienté vers la procréation. Ce cadre traditionnel, longtemps considéré comme universel, reste présent, mais se voit aujourd'hui largement relativisé par une diversité croissante de configurations relationnelles et identitaires. La montée en visibilité d'identités telles qu'asexuelle (absence d'attirance sexuelle), aromantique (absence d'attirance romantique), polyamoureuse (possibilité d'aimer plusieurs personnes à la fois), queer (identité en marge des normes de genre et de sexualité), platonique (relation intime sans sexualité) traduit un véritable désenclavement du lien conjugal.

Nous assistons à un processus de subjectivation de l'amour, où chacun tente de construire un lien à l'autre qui lui ressemble. Ce qui engendre une liste de mots et de catégories qui permettent d'explorer la diversité des orientations sexuelles, romantiques et affectives.

Désormais, on peut aimer sans sexualité, avoir une sexualité sans amour, cohabiter sans exclusivité, ou encore choisir de ne pas faire couple. L'expérience amoureuse devient une construction individuelle, souple, souvent temporaire et négociée. Cette personnalisation des trajectoires affectives s'accompagne d'une finesse croissante dans les termes que les individus utilisent pour nommer leurs attirances et modes de relation : sapiosexuel (attirance pour l'intelligence), pansexuel (attirance indépendante du genre), demisexuel (attirance sexuelle conditionnée par un lien émotionnel), androsexuel (attirance pour les hommes ou les masculinités), gynesexuel (attirance pour les femmes ou les féminités), autosexuel (préférence pour soi-même comme objet de désir), ou encore skoliosexuel (attirance pour les personnes non binaires). Sur le plan romantique, on voit également émerger des termes comme hétéro ou homoromantique, bi-romantique (attirance romantique pour les deux genres), lithroromantique (attirance romantique qui s'estompe si elle est réciproque), demi-romantique (attirance romantique qui naît lentement, souvent après un lien profond). Ces catégories témoignent d'une volonté de rendre compte avec justesse de la diversité des vécus amoureux et sexuels, dans une société où les normes s'effacent peu à peu au profit des singularités.

Nous pouvons ajouter à cette liste les anglicismes qui envahissent notre vocabulaire amoureux contemporain, en particulier dans le discours des jeunes adultes, des réseaux sociaux ou des applications de rencontres. Chaque mois, ou presque, un nouveau mot vient qualifier une micro-tendance.

Imaginons l'histoire de Léna, 28 ans, qui travaille dans une agence de com digitale à Paris. Depuis sa dernière rupture, elle s'est mise sur les applis de *dating* (terme générique pour désigner les rencontres amoureuses ou les débuts d'une relation), espérant trouver son prochain *crush* (personne pour qui on a un coup de cœur, une attirance passagère ou non déclarée). Après plusieurs rendez-vous ratés, elle tombe sur Hugo, 31 ans, photographe, voyageur avec un regard de braise. Leur connexion est instantanée. Ils se voient souvent, se « textent » tous les jours, mais rien n'est officiel. Pas de statut. Ils sont dans une *situationship*, ce flou artistique entre amitié et relation amoureuse. Un matin, Hugo commence à répondre de moins en moins à ses messages. Puis plus rien. *Ghosting* total (l'art de rompre sans donner de nouvelles). Léna attend, envoie un message de relance. Silence radio. *Cricketing*, ces longs silences entre les textos qui la rendent folle. Juste au moment où elle commence à tourner la page, il réapparaît après un long silence (*zombing*), prétextant qu'il était *overbooké*. Classique.

Mais Léna découvre sur Instagram qu'Hugo poste régulièrement des *selfies* flatteurs, clairement du *kittenfishing* (exagérer ses qualités sur un site de rencontres pour éblouir sa cible car il est bien moins « waouh » en vrai). Pire, elle repère une fille qui commente souvent ses photos. Elle comprend qu'elle n'était qu'un plan *cushioning*: un *backup* émotionnel pendant qu'il draguait ailleurs.

Alors qu'elle envisage de couper les ponts, elle rencontre Malik, un ami d'amis, lors d'une soirée. Sympa, drôle, posé. Elle pense enfin sortir de la *friendzone* (situation où elle espère une relation amoureuse, mais reste reléguée au statut d'amie), mais il lui confie qu'il tarde à se mettre en couple, préférant prendre son temps. Autrement dit: tarder pour ne pas s'engager. Elle apprendra qu'il est en couple, mais qu'il n'a pas hésité à la *cushioning* (flirter en ligne alors que la personne est déjà en couple). Le but? Trouver un *cushion* (coussin) où se poser avant de quitter son autre. Certains mots font sourire comme le *gatsbying*, en référence à Gatsby le magnifique, qui consiste à poster une superbe photo de soi sur les réseaux sociaux en attendant que sa *target* (cible) la regarde… Ou le *shaveducking* qui relate comment on a repéré en ligne un beau profil physique avant de se rendre compte dans la vraie vie que le reste ne va pas.

Un soir, Léna tombe sur une photo Instagram de Hugo, torse nu, postée après minuit. Un pur *thirst trap*. Elle comprend que c'est une tentative de la faire réagir. Elle ignore. Mais Hugo revient à la charge. Il lui propose de recommencer doucement. Il publie une *story* où on voit juste deux verres de vin et une main féminine. Une *soft launch* typique pour *teaser* une nouvelle relation sans tout montrer. Sauf que Léna se rend compte qu'il fait pareil avec plusieurs filles. *Breadcrumbing*, il lâche juste assez de miettes d'attention pour maintenir son intérêt sans réelle intention de s'engager. Dégoûtée, elle décide de tourner la page.

Malik aussi montre ses limites : *benching* total, il la garde sur le banc de touche sans avoir la volonté de la choisir ni celle de rompre, en attendant mieux. Pas de *soft launch* (présentation discrète d'un partenaire sur les réseaux, une photo à moitié floue, par exemple, avant une officialisation complète) cette fois-ci.

Pascal Lardellier confirme le pouvoir des mots. « On éprouve un besoin de nommer ces stratégies volontaires ou involontaires ainsi que ses désillusions pour mieux les comprendre. Il y a une perte de civilité et une grande violence dans la drague de nos jours. Mais nommer permet aussi de faire exister. Ce vocabulaire traduit bien le contexte d'instabilité du couple ces trente dernières années. L'apparition des nouvelles technologies, des réseaux sociaux et des applis de *dating* a fait exploser le phénomène. Internet est une machine à faire et à défaire les couples. Il n'a jamais été aussi facile de pratiquer le *polygaming*, c'est-à-dire vivre pléthores d'histoires simultanément[1]. »

---

1. Pascal Lardellier, *Les réseaux du cœur*, Paris, François Bourin, 2012.

Scène 3 : Le mariage : pour le meilleur et pour le pire

Les fiançailles, le retour d'une tradition oubliée

C'est la bouche en cœur qu'il lui a offert une de ses dents de sagesse sur un anneau. Elle a pleuré, et ils ont fait le tour des réseaux sociaux. L'histoire de ces deux jeunes amoureux californiens en dit long sur notre société, mais aussi sur le statut de la bague de fiançailles, qui effectue son grand retour.

Le rôle de la bague de fiançailles est immuable. Symbole très fort, elle permet de montrer aux yeux de tous que l'on est liés par ce marquage au corps volontaire. Ce baguage rassure. « C'est une publicité ambulante qui montre qu'on est accompagnée, qu'on a su construire une entité positive. Elle est un objet de fierté et de différenciation » constate Catherine Pugeault-Cicchelli[1].

> Je sais que beaucoup trouvent ça dépassé, mais pour moi, les fiançailles, c'est loin d'être un simple rituel. C'est une promesse. Pas juste celle de se marier, mais celle de construire quelque chose ensemble, d'être vraiment choisie. Quand mon compagnon m'a demandé en fiançailles, ce n'était pas spectaculaire, pas de drone, pas de vidéo virale, juste nous deux, dans un petit resto qu'on aime. Mais ce moment a tout

1. Catherine Pugeault-Cicchelli, *Les théories sociologiques de la famille*, Paris, La Découverte, 1998.

> changé. Ce n'est pas l'anneau qui comptait, c'est ce qu'il symbolisait, un tournant. Une déclaration intime qu'on voulait ensuite partager avec nos proches. Je trouve qu'on vit dans une époque où l'engagement fait peur. Les fiançailles, pour moi, c'est le courage d'y croire quand même. Ce n'est pas rétrograde, c'est romantique et, surtout, c'est libre. On peut réinventer les codes, bague ou pas, genou à terre ou pas… L'essentiel, c'est le sens qu'on y met. (Camélia, 34 ans)

Ce ne sont pas les célébrités, dévoilant leurs bagues de fiançailles, qui diront le contraire. Elisabeth Taylor (le diamant offert par Michael Todd en 1956 était si gros qu'elle l'appelait son *ice skating rink*, sa « patinoire ») ou Beyoncé (dont la bague est estimée à 5 millions de dollars) contribuent à l'installation de normes et de modèles.

Il n'existe pas de statistiques précises indiquant le pourcentage exact de Français prévoyant d'offrir une bague de fiançailles dans les mois et années à venir. Cependant, plusieurs indicateurs suggèrent que la tendance est à la hausse. Le marché mondial des bagues de fiançailles était évalué à 71,4 milliards USD en 2023 et devrait atteindre 151,7 milliards USD d'ici à 2031, avec un taux de croissance annuel de 7,1 % de 2024 à 2031. En France, les jeunes générations, notamment la génération Z, montrent un intérêt croissant pour les fiançailles. Les vidéos de demandes en mariage publiques, partagées sur les réseaux sociaux, ont contribué à populariser cette tradition. La bague de fiançailles moyenne en France coûtait environ 700 euros, avec une préférence marquée pour l'or blanc et les diamants. L'idéal en la matière reste bien sûr « le solitaire ». Pour l'anecdote, il persiste cette croyance forte qu'un homme doit dépenser au moins deux mois de salaire pour une bague. Alors messieurs, les cartes (de crédit) sont entre vos mains. Les grandes marques de joaillerie l'ont compris. Tiffany and Co. a même développé une application « Le guide des bagues de fiançailles ».

On imagine alors différemment le happy end de *Breakfast at Tiffany's* (*Diamants sur canapé*) de Blake Edwards lorsque, dans la célèbre boutique new-yorkaise, Paul (George Peppard) offre à Holly (Audrey Hepburn) une bague trouvée dans un paquet de crackers.

Serions-nous revenus à ces temps anciens où le jeune homme présentait sa demande de fiançailles aux parents de la jeune fille ? « Non, confirme Catherine Pugeault-Cicchelli, il y a bien sûr ceux qui ont un projet de mariage, mais nombreux sont ceux qui se fiancent sans aller plus loin, pas qu'ils soient opposés au mariage mais parce que les fiançailles suffisent à marquer le lien, dans une société où une union sur deux finit par un divorce. Nous ne sommes plus dans le modèle du mariage illimité, c'est aussi parce qu'elles sont réversibles que les fiançailles connaissent ce succès. »

Dans la Rome antique, la bague de fiançailles symbolisait le contrat passé entre deux familles de jeunes gens qui ne se connaissaient pas et se découvraient lors d'une rencontre où ils échangeaient un anneau de fer. Aujourd'hui, c'est un engagement d'amour. Il y a encore cinquante ans, c'est après une cérémonie religieuse et lors d'un repas chez les parents de la jeune femme que l'homme offrait la bague à sa future épouse, gage d'un mariage qui se déroulerait un an plus tard, le temps de préparer les festivités. Désormais, les cérémonies sont moins nombreuses, les repas de famille se font au restaurant et sont, de plus en plus souvent, suivis d'une fête avec des amis. Mais avant cela, s'il y a bien un moment important, c'est celui de la demande. Il semblerait que la sociologie de l'imaginaire, cet ensemble de facteurs, comédies romantiques en tête, en dessine les nouvelles normes. *Exit* donc la famille, l'heure est à l'intimité. Mais aussi et surtout à la surprise.

Nicolas Garreau, fondateur d'ApoteoSurprise, une société spécialisée dans les déclarations d'amour et demandes en mariage originales, raconte être allé jusqu'à organiser une demande dans l'espace. Le principe est pour le moins surprenant… une photo du couple et le « veux-tu m'épouser ? » sont accrochés à un ballon-sonde équipé d'une caméra mise en orbite dans la stratosphère. Les amoureux, au sol, dans une limousine, visionnent la vidéo, et la jeune femme découvre le message d'amour avec pour toile de fond la Terre. Sans commune mesure, Barack Obama avait quant à lui choisi de dissimuler la bague sur le chariot à pâtisseries du restaurant où il dînait avec Michelle.

The ring, look ! Le regain du mariage

« Montre la bague, chérie. *The ring, look* ! Attention, ce n'est pas du toc. » Qui ne se souvient pas de cette phrase culte prononcée par Patrick Abitbol (Gilbert Melki) dans *La vérité si je mens* sorti en 1997 ? Après le temps des fiançailles, a priori vient le temps des noces.

Saviez-vous qu'une femme sur vingt a été demandée en mariage par e-mail ou par texto. Pas très romantique, mais c'est toujours mieux que l'annonce d'une rupture. Ce n'est pas Carrie Bradshaw qui nous dira le contraire. Dans la série *Sex and the city* (saison 6, épisode 7, « Ne me déteste pas »), son compagnon la larguera en inscrivant ces quelques mots griffonnés sur un Post-it : *I'm sorry. I can't. Don't hate me* (« Je suis désolé. Je ne peux pas. Ne me déteste pas »).

Une femme sur sept a été demandée en mariage dans un lit. Une femme sur cinq avale sa bague de fiançailles lorsqu'elle est cachée dans une coupe de champagne. 950 femmes sont demandées en mariage, chaque année, avec une bague dissimulée dans un Kinder surprise.

« Ils vécurent heureux et eurent beaucoup d'enfants » est une phrase constitutive d'un certain imaginaire collectif qui se conjugue exclusivement au pluriel. Il s'agit ici du couple institué, uni par l'onction de sacrements religieux et béni par les familles respectives. Or, il est vrai que le modèle de famille basé sur le mariage à vie des conjoints est en crise. Le mariage n'est plus indissoluble, on assiste à une forme de précarité de la vie conjugale.

Crise du couple, mariage et divorce, surtout. On a longtemps redouté la septième année de mariage, qui marquait le cap terrible du désintérêt, voire du désamour. Les choses se sont accélérées. Car maintenant, c'est vers la cinquième année de mariage que la fréquence des divorces est la plus élevée, 18 % se produisent avant cinq ans, 21 % entre cinq et dix ans après le mariage[1]. De plus en plus de mariages sont même annulés juste avant la noce, à un point tel que le quotidien *Libération* consacrait à ce phénomène nouveau et étrange une pleine page en juillet 2006. Annulations pour cause de peur de l'engagement, ou de dispute entre les deux ex-futurs époux…

À l'avenant, on constate depuis quelques années que de plus en plus de couples se séparent aux alentours de la cinquantaine, voire de la soixantaine. L'allongement de la durée de vie, une meilleure santé, la poursuite des trajectoires d'autonomie, les diktats médiatiques et sociaux prônant le jeunisme et la séduction à tous les âges sont quelques-uns des facteurs disparates a priori, mais allant en fait tous dans le même sens. Désormais, les couples ne sont plus forcément liés jusqu'à la fin de leurs jours. Et pour cause, à la belle époque du serment « pour le meilleur et le pire », on vivait en moyenne

1. « L'amour dure cinq ans : le divorce en France », enquête Insee, 2016.

vingt à trente ans de moins qu'aujourd'hui. La vie en commun n'excédait donc guère les deux décennies et demie, quand les baux actuels mènent à des unions dépassant allègrement le demi-siècle.

> Je n'ai jamais voulu me marier. Je viens d'un foyer où le mariage signifiait silence, renoncement, sacrifice. J'ai vu ma mère s'effacer derrière l'idée d'un engagement. Aujourd'hui, j'aime, mais librement. J'ai besoin que ce soit un choix quotidien, pas une obligation morale ou sociale. (Fatou, 30 ans)

Georges Brassens, ce poète du marivaudage décomplexé et du libertinage jubilatoire, ce chantre de la très explicite « non-demande en mariage », fut un maître, non à penser, mais à aimer pour des générations d'amoureux. Et tous préférèrent avec lui les plaisirs furtifs et légers d'un banc ou d'un parapluie partagé aux engagements matrimoniaux sentant l'acte notarié, la bénédiction sentencieuse, l'embonpoint et la naphtaline. On se construit en s'opposant, après tout. Et longtemps, il ne fut question, pour les libertins, les babas, les hippies et les soixante-huitards, que de s'opposer à cet horrible mariage, qui fleurait la morale petite-bourgeoise et cette famille qu'il était bon de haïr, avec l'onction d'un poète à moustaches et guitare.

Mais d'une onction à l'autre, le mariage, dont on annonçait un peu vite la mort imminente, est revenu en grâce. Contre toute attente, il a le vent en poupe au tournant des siècles, à un point tel que ceux qui le brûlèrent hier l'adorent aujourd'hui. Ses anciens contempteurs y viennent avec un zèle proportionnellement inverse à la détestation qu'ils manifestaient pour l'union matrimoniale, honnie par principe et pour ce qu'elle représentait. Ainsi, les quadragénaires et quinquagénaires vivant ensemble depuis parfois de longues années souscrivent avec émotion au rite civil et parfois religieux qui les unit enfin, gageons pour le meilleur. Certains divorcés font des pieds et des mains auprès des autorités religieuses, pour faire annuler des erreurs de jeunesse (des mariages non matures ou mal consentis), afin de pouvoir ensuite convoler dans les règles de l'art, et se remarier.

Mais surtout, nombre d'opposants traditionnels aux institutions (notamment religieuses) et aux tenants de l'ordre établi sacrifient maintenant avec zèle à l'union matrimoniale. Des athées notoires, des progressistes qui ferraillèrent jadis pour la liberté sexuelle et une éducation sans contraintes, une partie de la communauté homosexuelle, (re)viennent donc au mariage, à ses fastes, discrets ou somptueux, à ses serments officiels, ampoulés, mais toujours émouvants, bref à une image du couple qu'ils détestèrent jadis de concert.

Le mariage ne semblait plus à la noce... Et pourtant, comment expliquer qu'en France on célèbre chaque année entre 250 000 et 300 000 mariages ? On assiste depuis 1974 à une augmentation de l'âge moyen au mariage. Cette année-là, l'âge moyen au premier mariage s'élevait à 24,4 ans pour les hommes et 22,4 ans pour les femmes. En France en 2002, les femmes célibataires se sont mariées en moyenne à 28,3 ans et les hommes à 30,4 ans. D'après l'Insee, dans l'Union européenne, l'âge moyen au premier mariage a augmenté de quatre ans environ depuis 1970, pour les deux sexes. Les Portugais et les Belges se marient le plus tôt (27,5 ans pour les hommes et 25,5 ans pour les femmes), tandis que les Danois et les Suédois attendent la trentaine. Notre société contemporaine accorde une grande importance à l'amour qui finit par un mariage heureux. La majorité des personnes interrogées croient en l'amour avec un grand A et se disent prêts à s'unir.

Étonnant regain de ce mariage, donc, qui constitue une énigme sociale, un véritable phénix rituel. Il y a vingt-cinq ans encore, il s'était trouvé ringardisé, déclassé par la généralisation des unions libres et la banalisation du divorce. Le mariage, vilipendé en tant que symbole honni de l'enfermement, du morne quotidien ; horreurs de la belle-mère, de la blanquette du dimanche puis de la sieste, faute de mieux. Et on pensait lui porter un coup fatal, d'autant que le PACS lui empruntait ses avantages, sans comporter ses inconvénients. Les sociologues expliquaient à juste titre que le vrai marqueur du couple d'aujourd'hui n'est plus le projet de mariage, mais le projet d'enfant. Bref, selon certains visionnaires, le mariage allait passer par pertes et fracas, vestige d'une tradition désuète. Et voici donc que l'union matrimoniale revient en grâce, connaissant même une vogue peu commune. Des chiffres et des pourcentages à la hausse, indéniablement, un salon somptueux porte de Versailles, à Paris et, dans maintes villes, de longs reportages dans les médias, des magazines spécialisés, une bibliographie conséquente et des sites Internet permettant de préparer au mieux la cérémonie.

De plus, il semble que les individus, au pouvoir d'achat en berne et au moral au plus bas, aient besoin de retrouver un peu de stabilité. En ce sens, le rite du mariage apparaît comme un contexte hautement symbolique. En effet, à quoi sert-il dans l'absolu de préparer un mariage des mois durant, d'investir des sommes conséquentes pour mettre en scène ce plus beau jour de la vie selon la formule consacrée, de rassembler des dizaines de personnes, toutes sur leur trente-et-un, uniquement pour prononcer un simple « oui » en public ? Parce que ce « oui » situe son action à un autre niveau puisqu'il transforme radicalement les relations des époux, mais aussi celles de leurs familles. Avant d'être un cadre social, moral et juridique, le mariage est un rite au moins autant qu'une fête et, à ce titre, il nécessite un sérieux et une préparation qui laisseront le minimum de place au hasard. Car il convient d'offrir aux convives un véritable spectacle dont la mariée est la star d'un jour. Il faut faire état et parfois étalage de faste et de luxe, quitte à s'endetter, étonner, impressionner, recevoir ses invités dans des lieux prestigieux (vite, vite louons un château en Bourgogne), louer la plus belle voiture, servir les meilleurs vins, s'offrir une robe superbe.

La future mariée se prépare de longs mois durant pour apparaître sublime le jour de la noce. Cette préparation est souvent une ascèse, régulée par des régimes draconiens, de multiples essais de maquillage, de coiffure et de la robe surtout. La tradition exigeant que le mari découvre sa future épouse dans sa robe le jour de la cérémonie et pas avant, il convient de consentir en amont tous les sacrifices, financiers et diététiques, pour le subjuguer, en étant magnifique ce jour-là. Depuis 2011, *Quatre mariages pour une lune de miel*, diffusée sur TF1, est devenue l'émission incontournable pour tou(te)s nos apprenti(e)s futur(e)s marié(e)s. Rien ne nous est caché : le choix de la robe, l'instant maquillage, la préparation de la salle, la célébration du mariage, la fête le soir venu…

Dans un entretien publié dans *Le Monde*, Irène Théry parle pour sa part d'une transformation de la valeur accordée au mariage : « Les chiffres traduisent une nouvelle valeur accordée à l'institution. Il y a réellement une embellie du mariage. On ne se marie plus en catimini, en cherchant des prétextes. On se marie pour le bonheur de se marier, et on ose affirmer ce désir[1]. » C'est l'approfondissement d'une situation

1. « Dix ans du mariage pour tous : "Un révélateur de l'évolution du modèle majoritaire" pour la sociologue Irène Théry », *Le Monde*, 17 mai 2023.

nouvelle. La pluralité des formes de conjugalité autorisées juridiquement et socialement. La place sociale de cette institution qu'est le mariage a changé. Ce n'est plus le socle unique du couple ni de la famille. Le mariage n'est plus l'horizon commun obligatoire, mais l'objet d'un choix personnel au sein de la pluralité de choix désormais proposée.

> Je me suis mariée par amour mais aussi parce ce que c'était important pour moi de poser un cadre. On a traversé des tempêtes, bien sûr, mais ce serment qu'on s'est fait, ce « oui » devant les autres, nous a souvent ramenés l'un vers l'autre. Le mariage n'est pas une garantie de bonheur certes, mais c'est une base qu'on essaie d'honorer. (Corinne, 38 ans)

Il y a quelque chose de Cendrillon ou d'une princesse tout juste échappée d'un conte de fées qui est donné à vivre aux mariées dans l'imaginaire de cette journée mémorable, de ce rite inoubliable. C'est sans doute là que la pérennité du mariage est à chercher.

Le mariage, victime consentante de ce regain inattendu ? La réponse est sans conteste apportée par Pascal Lardellier : et si « tout était rituel[1] » ? Et si le mariage plaisait de nouveau, en tant que formidable parenthèse symbolique, dramatisant, scénarisant et mettant en scène un couple, tout en rassemblant, au moins une fois, famille, connaissances et amis sous le double sceau de l'émotion et de l'histoire solennelle, de celle qui restera dans les mémoires, les albums photos et autres vidéos ? Car les témoignages des futurs mariés n'évoquent pas seulement, loin de là, les facilités bancaires et fiscales qui sont encore l'apanage du statut matrimonial ; il y a, bien sûr, le nom

1. Pascal Lardellier, *Les nouveaux rites. Du mariage gay aux Oscars*, Paris, Belin, 2005.

commun donné aux enfants, l'officialisation pour les proches d'une union forte, mais c'est pour plus que cela qu'on se marie. Beaucoup convolent pour éprouver le frisson et les émotions de ce jour qui change la vie, en sachant que l'on vivra quelque chose d'unique, qui marquera un avant d'un après, tout en renforçant le couple, du moins temporairement, par l'action symbolique forte à laquelle la cérémonie procédera.

Nombre des rites qui marquaient les passages de la vie personnelle ont disparu ou se sont érodés, et il y a sans doute là comme une carence, un vide ressenti confusément par ceux qui viennent au mariage pour vivre à cette occasion un moment intense, fort et fortement symbolique. Les occasions sont désormais rares d'éprouver la puissance cérémonielle et le frisson solennel inhérents à des rites comme le mariage. Il y a sans doute une nostalgie de tout cela, confusément, chez l'homme moderne. Et c'est aussi pour cela que le mariage connaît une telle résurgence ; pour le riz et les dragées, pour la robe, le buffet, les bouquets somptueux, la première danse. Et puis ces vœux de bonheur, écrits et chuchotés, alors que les mains se serrent et que les yeux se plissent. En regard de tout cela, de tous ces sentiments mis en forme et solennisés, les signataires du PACS déplorent l'absence de charme et d'émotion de la cérémonie, courte et plus administrative que symbolique.

Avant d'être un cadre social, juridique et moral qui perdure en évoluant depuis quelques millénaires, le mariage est un condensé de rites, de coutumes, de traditions, impressionnant par sa pérennité et sa plasticité.

On peut penser le mariage sclérosé, si on le considère comme un corpus de contraintes religieuses, familiales et juridiques, comme une journée de convenances, précédée de mois de préparatifs fastidieux et dispendieux. En aparté, d'aveux de jeunes époux, on peut prendre du plaisir à organiser une si importante journée, pour que tout soit parfait le jour J. Il est en fait beaucoup plus qu'une logistique conviviale à gérer, et c'est pourquoi il séduit encore autant. Mais les mariages d'aujourd'hui ont gagné sur trois points assez extraordinaires, si on pose un regard historique sur cette institution. Il ressortit en règle générale d'un consentement totalement libre et partagé, ce qui ne fut pas toujours le cas, loin de là. Ainsi, les femmes n'eurent longtemps pas voix au chapitre, quand ce n'était pas les deux époux qui se trouvaient mariés de force plus que de gré par des familles plénipotentiaires. Ensuite, l'amour s'est déplacé doucement pour s'inscrire au centre de la transaction, au cœur même du rite. Et la cérémonie nuptiale constitue un moment intense, qui officialisera le couple et le sentiment le liant, tout en les mettant en scène. Or, il faut redire que, longtemps, l'amour ne fut qu'un épiphénomène. Longtemps, l'affection ne fut pas une condition obligée. Enfin, le corset jadis empesé du mariage en tant que rite s'est maintenant assoupli et, à partir d'une trame connue et presque immuable, chaque couple peut écrire son mariage pour en faire une cérémonie unique. Il est devenu le plus beau des scénarios, dont les époux entendent être les héros, tous les regards et les projecteurs braqués sur eux, le temps de ces quelques heures dont le souvenir sera éternel.

Le mariage, depuis ce début de siècle, finalement, c'est l'union de l'amour et du glamour.

Et c'est bien là que réside son succès justifiant toutes les dépenses et tous les risques. Combien de divorcé(e)s confessent garder un souvenir mirifique du mariage proprement dit, mais exécrable de la vie de couple qui s'ensuivit ?

> J'ai cru au mariage. Vraiment. Et puis un jour, je me suis réveillé avec l'impression d'avoir signé pour une version de moi-même qui n'existait plus. On s'aimait mais on ne se

> voyait plus. Le mariage nous a enfermés dans des rôles, des habitudes. On a fini par divorcer. Et j'ai compris que, pour moi, aimer, ce n'était pas promettre pour toujours, mais être là tant que c'est vrai. (Yannis, 42 ans)

Tous les efforts liés à l'organisation des grands et des beaux mariages résident dans l'envie d'offrir un spectacle dont on devient le centre, faire de cette plus belle journée de la vie une scène géante, sur laquelle deux personnes paraderont fières et parfois un peu gauches. Alors il s'agit de faire état et parfois étalage de faste et de luxe. Mais surtout, faire de la journée du mariage un extraordinaire scénario, une mise en scène incroyable avec, toujours, le couple pour acteurs, et même stars d'un jour.

L'arrivée des enfants, changement de paradigme du couple institué

En juillet 2017, dans l'hebdomadaire de droite conservatrice *Valeurs actuelles*, Mickaël Fonton nous racontait dans son édito l'histoire d'amour d'Emmanuel Macron, président de la République. En faisant sienne la famille de sa femme, il semblait démontrer que la volonté du cœur a le même sens que les liens du sang. Certaines scènes de vie ont d'ailleurs fait les délices des médias. On y voit Emmanuel Macron, villa Monéjan, au Touquet-Paris-Plage, dans son QG du 15e arrondissement, ou au palais de l'Élysée, donner le biberon à Alice ou présenter sa joue au bisou d'Emma, « ses petites-filles », sous le regard admiratif de son clan. Les commentaires rivalisent de tendresse. Entouré par sa tribu, le président est décrit comme « un jeune grand-père » surnommé *daddy* par « ses sept petits-enfants ». Bien sûr, tout le monde comprend. Emmanuel Macron n'a ni enfants, ni petits-enfants. Emma et Alice sont les enfants de Laurence Auzière, la fille de Brigitte, qui a le même âge que lui et ne saurait donc être sa fille. Il s'agit d'une famille d'adoption.

Si le cas est classique, et nullement répréhensible en soi, les mots utilisés ne sont jamais neutres et, aujourd'hui, où les repères anthropologiques les plus fondamentaux sont soumis à une tentative permanente de démolition, ils le sont moins encore, d'autant qu'Emmanuel Macron lui-même entretient la confusion. S'adressant durant sa campagne à une classe d'écoliers, il avait ainsi expliqué avoir fait le choix de ne pas avoir d'enfants avec sa femme, qui était trop âgée, mais n'en être pas moins aujourd'hui un grand-père comblé, preuve qu'il existait toutes sortes d'unions et toutes sortes de mariages. Il est d'ailleurs frappant de constater dans le récit façonné par Emmanuel Macron que sa mère incarne le lien affectif, et surtout sa grand-mère Manette, qui tient le rôle fondateur. Le père existe, mais sans relief. Ni effacé, ni absent, mais relégué à l'arrière-plan. Une mise en retrait qui vaut aussi pour André-Louis Auzière, le premier mari de Brigitte et le vrai grand-père des petits-enfants du président. Comme s'il n'avait pas existé. Bientôt, Emmanuel Macron se mit à dire « mes enfants » à propos de ceux de Brigitte, sans sembler s'émouvoir de la violence symbolique que porte cet effacement.

L'histoire est trop belle. Trop moderne. Du reste, cet acquiescement médiatique n'a pas commencé avec Emmanuel Macron. Quelques années auparavant, il en fut de même lors de l'installation de Nicolas Sarkozy à l'Élysée. On s'extasiait devant la belle famille recomposée qu'il formait avec Cécilia alors que les signes de décomposition étaient déjà visibles. Il est vrai qu'ils ont divorcé peu de temps après.

L'arrivée d'un enfant dans un couple institué équivaut à une véritable transformation sociale et intime. Sociologiquement, l'arrivée d'un enfant marque un passage fondamental, on passe du couple conjugal au couple parental. Ce basculement transforme les rôles, les priorités et parfois l'identité de chacun. La parentalité implique une reconnaissance sociale différente. On n'est plus seulement un partenaire, on devient le père ou la mère de. Les échanges du couple changent. Le désir, la complicité, la disponibilité affective et sexuelle sont souvent mis à l'épreuve. Malgré les évolutions contemporaines, les sociologues Christine Delphy et Diana Léonard[1] ont démontré que la parentalité reste marquée par de fortes inégalités. Les mères assument encore la majeure partie des tâches domestiques et éducatives. Les pères peuvent se sentir écartés de la dyade mère-enfant, surtout dans les premiers mois, créant parfois des déséquilibres affectifs ou des tensions non dites dans le couple. L'enfant devient alors, paradoxalement, un facteur de déséquilibre conjugal, au lieu de renforcer le lien.

Dans les sociétés occidentales contemporaines, l'enfant n'est plus perçu comme une conséquence naturelle du mariage, mais comme un projet désiré, préparé, parfois idéalisé. Le couple est sommé de réussir son rôle parental générant pression et frustrations. L'enfant devient parfois le centre du système affectif, reléguant le lien conjugal au second plan, provoquant un appauvrissement de l'espace amoureux.

L'enfant peut faire émerger des désaccords profonds sur les valeurs éducatives, les priorités de vie, le partage des responsabilités. Ces différences, parfois latentes dans la phase sans enfant, deviennent plus visibles et sources de conflits quand il faut co-agir au quotidien.

L'arrivée d'un enfant agit parfois comme un révélateur de fragilités préexistantes dans le couple, d'un manque de

1. Christine Delphy et Diana Léonard, *L'exploitation domestique*, Paris, Syllepse, 2019.

communication ou de soutien, d'un désalignement dans les attentes relationnelles ou affectives.

> On pensait que l'arrivée de Lina allait nous rapprocher. Mais on ne s'était pas préparés à ce que ça chamboule autant. Je me suis retrouvée à tout gérer, les nuits, les repas, les rendez-vous médicaux. Mehdi disait qu'il était fatigué par le boulot, qu'il ne savait pas trop quoi faire. On s'aimait, mais on ne se parlait plus que pour s'organiser. Il n'y avait plus de place pour nous deux. Je me suis sentie seule, épuisée et un peu abandonnée. (Julie, 31 ans)

> On a attendu ce bébé pendant cinq ans. Mais une fois que notre Mathis est arrivé, ce n'était pas le bonheur qu'on avait imaginé. Thomas a été pris dans une sorte de *baby blues*. Il disait qu'il n'arrivait pas à créer un lien avec notre fils. Moi, je me suis jetée dans la gestion, le contrôle, pour ne pas m'effondrer. On était tellement fatigués qu'on a arrêté de dormir dans le même lit. Tout nous a échappé. (Alexia, 35 ans)

> On s'est perdus dans les couches, puis les devoirs, les lessives et les disputes. Ce n'est pas qu'on ne s'aime plus. C'est qu'on ne se voit plus. On n'a plus de moments pour nous. Je crois qu'on est devenus des collègues de maison plutôt qu'un couple (David, 34 ans)

À l'inverse, certains couples sortent renforcés de cette étape, car elle demande solidarité, écoute et ajustements constants :

> On avait peur comme tout le monde. Peur de perdre notre liberté, notre intimité. Mais quand notre fils est né, on a découvert une autre manière de s'aimer. Fabien s'est tout de suite impliqué. On a appris à se répartir les tâches, à se soutenir, à ne pas juger l'autre dans ses moments de faiblesse. Moi, j'ai découvert sa douceur, sa patience. Lui m'a dit qu'il ne m'avait jamais trouvé aussi forte. On s'est disputés parfois

> mais on a grandi ensemble. Notre fils n'a pas effacé notre couple, il l'a élargi. (Morgane, 29 ans)

L'arrivée d'un enfant est un moment de bascule dans la vie d'un couple, intense, bouleversant et parfois déstabilisant. C'est un moment où la société, la famille et les représentations culturelles s'invitent dans l'intime. Et c'est là que le lien conjugal peut se réinventer ou s'effriter.

Si l'arrivée d'un enfant est souvent envisagée comme un prolongement du projet conjugal, elle peut aussi survenir en dehors de ce cadre, de manière non anticipée ou dissimulée, venant alors bousculer l'équilibre du couple en réinterrogeant les liens de filiation, de loyauté et d'engagement.

> Je l'ai appris par hasard… un mail laissé ouvert. Un prénom inconnu, une date de naissance. Mon mari avait eu un enfant, deux ans plus tôt, lors d'une liaison qu'il m'avait juré sans conséquences. Ce n'était pas seulement la trahison de l'infidélité. C'était l'existence d'un enfant caché mais bien réel. J'ai dû affronter la colère, la honte mais aussi une douleur que je ne savais pas nommer. Celle d'une maternité parallèle, vécue dans l'ombre. On est toujours en couple, nous avons fondé notre propre famille aujourd'hui. Mais si je suis vraiment honnête, on est morts à l'intérieur. Moi qui ne cesse de lui reprocher et lui qui ne s'en est jamais vraiment remis. (Corinne, 55 ans)

L'enfant issu d'une relation adultère occupe une place socialement ambivalente. D'un côté, il est innocent, sans responsabilité dans le contexte de sa conception. De l'autre, il devient malgré lui le symptôme d'une transgression conjugale, ce qui peut générer du rejet, du silence, voire de la culpabilité. Ces enfants sont parfois reconnus légalement, parfois cachés. Ils peuvent vivre sans lien avec leur parent biologique ou dans des configurations familiales éclatées. Pour le conjoint trompé, ils incarnent souvent une blessure durable. Pour le parent infidèle, ils représentent à la fois une responsabilité et un tabou. Quant à l'enfant, il peut grandir avec le sentiment d'être un enfant de l'ombre, nié ou toléré, rarement pleinement accueilli. Ces situations, véritables enjeux identitaires, soulèvent des questions profondes sur la fidélité, la vérité, la parentalité et sur la capacité des adultes à distinguer la faute conjugale du lien parental. Comme le rappelle Irène Théry, « la filiation n'est pas que biologique : elle est aussi sociale, narrative, assumée. Et quand elle est tue ou niée, ce sont souvent les enfants qui en portent la trace la plus douloureuse[1] ».

Vivre le couple sans enfant interroge également. En France où les débats portent plutôt sur le droit à l'enfant, la procréation médicalement assistée (PMA) ou les mères porteuses, le sujet étonne encore. Malgré le regard toujours suspect de la société à l'égard des femmes, certaines ne souhaitent pas enfanter. La plupart des femmes interrogées ont dû se justifier pour expliquer leur choix.

> On me répondait sans cesse que j'allais le regretter plus tard. Mais est-ce que les gens écoutent réellement ?! Je dis non, c'est non. Je ne veux pas d'enfants. Ni maintenant, ni demain ! (Isabelle, 41 ans)

En écartant la problématique d'infertilité, une femme sans enfant, une nullipare, reste toujours pour la société un questionnement. Et pourtant, elles sont de plus en plus nombreuses à assumer une vie sans enfant. Environ 5 % des Françaises

1. Irène Théry, *Mariage et filiation pour tous. Une métamorphose inachevée*, Paris, Seuil, 2016.

choisissent de ne pas porter la vie. Charlotte Debest[1] apporte un éclairage indispensable à la bonne compréhension d'un phénomène que beaucoup ne comprennent pas forcément très bien. Elle nous rappelle que certains célibataires choisissent délibérément de ne pas avoir d'enfant. Elle les nomme les « SEnVol » (sans-enfant volontaires). Elle montre l'importance de déconstruire une double représentation dominante, selon laquelle les femmes sans enfant seraient des carriéristes et les hommes sans enfant des précaires trop peu stabilisés dans le monde du travail pour envisager de fonder une famille. Le rapport de cause à effet entre l'absence d'enfant et l'instabilité professionnelle est à renverser, les SEnVol cumulant volontairement les écarts à la norme, professionnelle ou parentale. Surtout, contrairement aux idées reçues, renoncer à avoir des enfants peut venir aussi bien de couples que de célibataires. Ainsi, la moitié des SEnVol sont en couple.

Davantage que le fait d'être sans enfant, c'est bien le non-désir d'enfant qui interroge la société. Dans notre société, il est difficile d'admettre que ne pas avoir d'enfant puisse relever d'un choix autre qu'une infertilité. Les motivations de ces SEnVol tiennent d'abord tout simplement à l'absence d'envie d'entrer en parentalité, au fait d'être libre d'enfant pour réaliser autre chose. La question de la conciliation entre famille et travail n'est pas un motif structurant du refus d'entrer en parentalité. « Être un homme sans enfant est moins problématique pour construire une discussion avec ses amis, qu'une femme sans enfant. Les enfants restant une affaire de femmes, c'est-à-dire une préoccupation mentale supportée majoritairement par les femmes et constituant encore une partie de leur identité. »

1. Charlotte Debest, *Le choix d'une vie sans enfant*, Rennes, PUR, 2014.

La responsabilité de la reproduction est ainsi renvoyée quasi exclusivement aux femmes, celles sans enfant étant davantage stigmatisées que les hommes dans la même situation. Chez les femmes, se dessine en creux un discours de refus de la naturalisation des compétences maternelles, voire de refus de la grossesse et de l'accouchement. Certaines évoquent aussi le fait de vouloir rester femmes pour maintenir un rapport à la séduction à l'autre. Charlotte Debest note une dissociation entre nature et culture « dans leurs représentations, et certainement leur rapport au corps, être femme est du côté de la culture, de la maîtrise de soi, quand être mère renvoie à la reproduction biologique, à la nature ». Le présupposé instinct maternel interroge Nathalie, 40 ans :

> La maternité ne va pas de soi. Elle n'est pas innée et ce n'est pas parce qu'on est femme qu'on doit être mère.

Le choix de ne pas entrer en parentalité apparaît cumulatif, progressif, en interaction étroite avec les parcours professionnels, conjugaux et intimes. Certaines femmes affirment regretter d'avoir enfanté :

> Je fais partie des affreuses qui regrettent d'avoir fait un enfant. Mais maintenant il faut que j'assume. (Stéphanie, 32 ans)

Regretter d'avoir mis ses enfants au monde ? Difficile de trouver une idée plus dérangeante concernant la maternité en France de nos jours. Même si la révolution féministe est passée par là, une mère reste une mère avant d'être une femme dans l'esprit de beaucoup, elle se doit de vivre dans l'abnégation, de penser au bien-être de ses enfants avant le sien, voire de se sentir coupable de ne jamais en faire assez pour eux. Et même si nombreuses sont celles qui ont dénoncé la charge mentale ou les diktats qui pèsent sur leurs épaules sur les réseaux sociaux notamment, ou dans des spectacles (Florence Foresti en tête, avec *Motherfucker*), il est encore difficile d'exprimer publiquement un sentiment aussi négativement perçu que le regret.

> J'arrive à en discuter avec mes copines car elles sont très ouvertes d'esprit mais je ne suis pas comprise. (Annaelle, 34 ans)

Le regret de la maternité est aujourd'hui un sujet que la sociologie commence à explorer, notamment grâce à des chercheuses comme Orna Donath[1], qui a profondément renouvelé notre regard sur cette réalité. Sorti la première fois en 2015 en Allemagne, puis dans onze pays, son ouvrage a eu un fort retentissement entraînant de nombreuses polémiques. Cela montre, explique l'auteure, que parler de ce sujet est essentiel pour beaucoup de femmes dans différentes sociétés. Pendant des siècles, la maternité a été considérée comme l'accomplissement naturel et désirable de toute femme. Être mère, c'était être complète. La société valorisait, et valorise encore, les femmes qui donnent la vie, qui se sacrifient, qui aiment inconditionnellement. Dans ce contexte, dire qu'on regrette d'être mère, même en aimant ses enfants, reste un tabou majeur.

Mais certaines femmes prennent la parole. Elles ne disent pas qu'elles haïssent leurs enfants. Elles disent : je les aime, mais si c'était à refaire, je ne le referais pas. Ce regret-là n'est pas de l'indifférence, c'est le produit d'un système social qui les a poussées à devenir mères sans leur laisser de vraie marge de choix. Beaucoup de femmes deviennent mères non par désir pur, mais par pression sociale, familiale, biologique, ou conjugale. Dans une société où ne pas vouloir d'enfant reste suspect

1. Orna Donath, *Le regret d'être mère*, Paris, Odile Jacob, 2019.

ou perçu comme un échec, certaines cèdent à la norme plutôt qu'à leur envie propre. Une fois mères, certaines femmes découvrent que la maternité est épuisante, envahissante et souvent peu soutenue. La société glorifie l'amour maternel mais invisibilise la charge physique, mentale, émotionnelle qu'elle implique. Beaucoup disent qu'elles ont perdu leur liberté, leur carrière, leur identité parfois, sans reconnaissance en retour. Avouer ce regret, c'est risquer la stigmatisation au sens perçu par Erving Goffman[1]. Ces femmes sont perçues comme monstrueuses, ingrates, voire dangereuses. Et pourtant, la parole qu'elles posent est une parole politique. Elle interroge la maternité non pas comme une essence, mais comme une construction sociale. Ces femmes n'accusent pas leurs enfants. Elles dénoncent le silence, les injonctions, le mensonge social autour de la maternité idéalisée. Elles aiment, mais elles souffrent. Elles regrettent non pas qui elles ont mis au monde, mais la vie qu'on leur a fait croire désirable.

Sociologiquement, le regret maternel est un révélateur. Il ne dit pas qu'il ne faut plus être mère. Il dit qu'il faut pouvoir choisir de l'être ou de ne pas l'être, librement, sans honte ni pression. Il appelle à redéfinir la maternité comme un engagement, pas comme une fatalité ou un passage obligé.

Léonie, 33 ans, détaille :

> Mes enfants, je les adore. Mais, avec le recul, je me dis que sans eux, la vie aurait été plus agréable. Au départ, je n'en voulais pas. J'étais éprise de liberté, indépendante. Et puis, l'envie est venue. Aujourd'hui, le curseur d'emmerdements est trop haut par rapport à celui du bonheur. Ce qui me

1. Erving Goffman, *Stigmate. Les usages sociaux des handicaps*, Paris, Minuit, 1975.

manque viscéralement, c'est ma liberté, vivre à mon rythme, je me sens prisonnière.

Des paroles qui peuvent déranger. Pourquoi le sujet est-il encore tabou ? « Parce qu'il existe un axiome qui dit qu'il est naturel pour une femme de devenir mère, qu'il est naturel qu'elle sache prendre soin de son bébé, et qu'elle considère la maternité comme un accomplissement de soi », assure Orna Donath.

Ne plus voir dans les mères des déesses mythiques serait une manière de dénoncer un système de pouvoir millénaire. Malgré les acquis féministes, nombreuses sont les femmes encore cantonnées à ce destin. Une femme doit se montrer désirable pour qu'un homme veuille bien d'elle, et ceci dans le but de procréer. Une injonction d'hétérosexualité et de domination masculine universelle. Toutefois, aujourd'hui, ce système se fissure, renonçant à assigner les individus à leur genre.

Acte IV

Le désamour : de la rupture conjugale à la reconstruction

Scène 1 : Ils vécurent heureux mais pas tous les jours

L'amour, « une folie passagère »

> Conversation entre Miranda (Cynthia Nixon) et Carrie (Sarah Jessica Parker) :
> Carrie : Mais qu'est-ce que tu fous ? Tu es mariée avec Steve et tu as du sexe dans ma cuisine pendant que je dors ? !
> Miranda : Je suis malheureuse Carrie. Je suis malheureuse. D'accord ? ! Je suis prise au piège. Je déteste mon couple.
> Carrie : Oh… depuis quand ?
> Miranda : Une éternité. C'est la sensation que j'ai.
> Carrie : Pourquoi tu ne m'as rien dit ?
> Miranda : Dire quoi ? Que je ne veux plus être la personne que je suis. Que j'en veux davantage, que ça ne me suffit plus ?
> Carrie : C'est exactement ce que tu devais me dire.
> Miranda : C'est chose faite.
> Carrie : Et le fait d'avoir fait l'amour dans ma cuisine avec quelqu'un d'autre que ton mari ?
> Miranda : Je n'ai pas envie d'arrêter. Je n'ai jamais ressenti ça. De toute ma vie.
> *And just like that*, saison 1, épisode 5, série réalisée par Michael Patrick King, 2021

Freud avait décrit l'état amoureux comme une folie passagère. C'est un bonheur absolu mais éphémère, disait-il.

Passé l'excitation des premiers mois, notre relation a perdu de sa superbe et on s'est retrouvés dans un rythme ralenti. Je vais chez lui, on dîne, on regarde un film et on va se coucher. On va de temps en temps au restaurant et au cinéma, mais j'ai vite été déçue… (Sophia, 32 ans)

Je suis la première consciente que les couples d'aujourd'hui ont la fâcheuse habitude de se séparer juste après la phase de l'emballement. Ils vivent dans l'immédiateté et se sentent frustrés dès que la routine s'installe. Sauf qu'elle fait partie de la vie, et ne pas l'admettre, c'est faire une croix sur l'amour. (Martine, 51 ans)

Bien des choses peuvent conduire à la désaffection amoureuse, que l'on appelle communément le désamour. Tout d'abord, il est bon de rappeler que celui-ci n'est pas toujours brutal ou spectaculaire. C'est un glissement, un processus lent, insidieux, souvent imperceptible, qui résulte d'une combinaison de facteurs psychologiques, relationnels et sociaux. L'usure du quotidien, la lassitude, le temps qui passe peut éroder ce qui a été construit. La répétition des gestes, la routine, les nombreuses obligations grignotent peu à peu l'espace du désir et de la surprise. Le couple cesse d'être un lieu vivant pour devenir une structure fonctionnelle. Quand les émotions ne sont plus partagées, la joie, la peine, la colère, la peur, le lien affectif s'appauvrit. Ne plus se parler, ou ne parler que pour s'organiser, c'est désaffecter le lien. À force de créer un silence émotionnel, on ne se comprend plus. Et à force de ne plus se comprendre, on se désaime.

L'amour n'est pas seulement une question de sentiments, c'est aussi une forme de reconnaissance mutuelle. Quand l'un ou l'autre se sent ignoré, méprisé, ou que les efforts ne sont plus vus, l'affection se tarit. L'admiration nourrit l'amour autant que la tendresse. Les trahisons, les non-dits, les conflits mal digérés peuvent s'accumuler. On croit avoir pardonné, mais on rumine, on s'éloigne. Sans réparation réelle, la confiance s'effrite, et avec elle, l'amour. Le couple évolue constamment, mais pas toujours au même rythme ni dans la même direction. L'un veut changer de vie, l'autre pas. L'un veut du silence, l'autre du mouvement. Quand les projets de vie ou les désirs profonds se décalent, l'amour peut se heurter à une incompatibilité existentielle. Quand le partenaire devient un rôle, le parent, le soutien financier, le gestionnaire, l'aidant, plutôt qu'un sujet de désir, il peut subir un sentiment d'enfermement dans la relation. L'amour a besoin de voir l'autre comme un « tu » et non un « ça »[1]. L'impression de ne plus exister par soi, mais seulement à travers l'autre ou la non-réciprocité affective peut vider le couple de son équilibre émotionnel. L'un est fou amoureux, l'autre a du mal à s'engager.

Qui ne s'est jamais vu traverser l'année comme on court un sprint, jonglant entre les interminables listes de choses à faire, les multiples agendas familiaux, les activités professionnelles, les travaux du lieu de vie qui n'en finissent pas de finir. Dans un élan de lucidité survient l'envie irrépressible de stopper cet engrenage infernal. Et pourtant, chaque jour, vous y retournez de plus belle, convaincu que c'est un devoir dont vous ne pouvez pas vous soustraire. Vous avez pris l'habitude d'être très occupé, et cela semble vous convenir, à ceci près que dans cette frénésie d'actions, vos proches passent parfois à la trappe, immisçant peu à peu une distance de plus en plus grande. Vous aimez vous rassurer en vous disant que les liens et l'habitude sont des socles suffisamment solides pour maintenir le feu des sentiments. Et puis, un soir d'insomnie,

1. Martin Buber, *Je et tu*, Paris, Aubier, 2012.

allongé auprès d'une femme devenue une presque étrangère, vous vous êtes interrogé. Vous avez senti le sol se dérober sous vos pieds. Ce n'était plus le poids de la culpabilité qui vous accablait soudain, mais plutôt la farouche envie de vous extraire de cette vie qui ne vous convient plus. Depuis quand votre cœur n'a plus vraiment battu la chamade ? Car au fond, dans nos existences, quelle place réelle donnons-nous à l'amour ? En apparence, on ne pense qu'à ça, on ne parle que de ça. Mais pris dans l'intensité de nos journées, nos pensées liées à l'amour deviennent secondaires, elles passent après le travail, après le sport, après ce pan de mur que l'on doit consolider. L'énergie nous semble manquer pour nous y consacrer. Et on finit par se satisfaire de nos indifférences respectives. Que faut-il pour que l'on se souvienne que nous sommes des êtres et des corps animés de paradoxes, traversés par des désirs, habités par des peurs, emprunts de changements ? Et si autre chose était possible ?

À chaque histoire, on croit à l'amour. Après chaque rupture, on y croit moins. Après la quarantaine, on a déjà connu non pas un mais plusieurs hommes ou femmes de sa vie. On a aimé, brisé des cœurs, on a été quitté, on a pleuré des rivières avant de retomber amoureux(se), certain(e)s d'avoir enfin trouvé notre moitié. Pour finalement revenir sur son enthousiasme. Retour case célibat. Pour être sûr de trouver le bon partenaire, faut-il changer d'apparence, provoquer les opportunités ou se créer un profil sur les sites de rencontres ? Selon Moussa Nabati[1], « la quête du bon partenaire passe d'abord par une pause, un arrêt sur image de son passé sentimental, de ses échecs, de ses attentes. Au lieu de dresser un portrait-robot

1. Moussa Nabati, *Réussir sa séparation pour tisser des liens adultes*, Paris, Fayard, 2018.

improbable de l'homme idéal ou la femme idéale, d'être de plus en plus sélectif à chaque rencontre, cherchons plutôt à comprendre pourquoi cela ne dure pas avec son partenaire ».

Il va de soi que plus on vit des ruptures, plus on devient prudent, méfiant. On n'a plus envie de perdre son temps ni de s'infliger de nouvelles déceptions. Si cela n'a pas marché avec notre dernière relation, se dit-on, c'est parce que l'on n'a pas assez cerné le personnage avant de se lancer dans une romance avec elle/lui. Et il a fallu composer ensuite avec ses tics de langage et sa manie de se couper les ongles dans l'évier de la cuisine. Le prochain, c'est décidé, passera sous le détecteur à défauts avant même le premier dîner aux chandelles. On brosse la fiche signalétique de la personne idéale : il doit être sagittaire, bon bricoleur et roi du baiser avec la langue. « La quête de l'homme parfait, ajoute Moussa Nabati, censée baliser la rencontre, limiter les déceptions, révèle surtout cette représentation de l'amour. Une relation pourrait nous combler sur tous les plans. Croire que ce surhomme existe est le meilleur moyen de rester seule car nul ne sera à la hauteur des attentes. »

Comment nous défaire d'un trop-plein d'injonctions qui, à coup sûr, alourdissent la relation amoureuse ? Ne met-on pas souvent beaucoup de poids sur les épaules de notre partenaire ? On partage tout avec lui. On compte sur lui dans toutes les dimensions de notre existence. Cet amour fusion est-il tenable ? L'idéal ne serait pas un amour sur le long terme, mais qui n'a pas peur ni de la distance ni de laisser son indépendance à l'autre, de le laisser s'épanouir seul ? Un + un… Croire qu'un couple, c'est la somme de deux personnes, c'est appuyer sur le compte à rebours d'une séparation inévitable. Le couple, c'est moi, ce que je veux, mon désir. C'est l'autre, ce qu'il veut, son désir à lui et notre couple, ce que la relation veut. Il est nécessaire de prendre un temps pour soi, pour se réaliser en tant qu'individu. Qu'est-ce que je désire ? Qu'est-ce qui me fait vibrer ? Qu'est-ce qui m'importe réellement ? Qu'est-ce qui m'anime ? Nul besoin de se sacrifier pour être un couple.

Il faudrait donc en finir avec le portrait idéalisé du partenaire parfait. Se méfier du phénomène tout nouveau tout beau. Le prince charmant sauve la princesse et ils vécurent heureux le reste de leur vie ? Certaines personnes sont dans notre vie pour y rester, d'autres non. Certaines ne vont partager qu'un bout du chemin avec nous. On passe notre vie à évoluer. La personne que nous étions il y a, ne serait-ce qu'un an auparavant, n'existe plus totalement. Notre personnalité, nos envies, nos besoins, notre énergie, nos désirs, tout évolue. Et si nous arrêtions de nous mettre l'enjeu « pour la vie » ? Idéaliser l'autre, au début d'une relation, c'est normal et même souhaitable. Cet état de grâce ne dure pas longtemps, alors autant en profiter. Mais ce n'est certainement pas durant cette phase du tout nouveau tout beau qu'il faut faire des projets, emménager chez son amoureux et son chihuahua que l'on ne supporte pas. Tôt ou tard, il y aura de la friture sur les ondes, et le chien va grignoter les câbles de l'ordinateur. Premier sujet de dispute, ciel amoureux assombri. Ensuite, idéaliser l'autre, c'est vite pesant dans la mesure où nul n'a envie d'être parfait H24. Dans une relation, il semble important de passer le cap de l'idéalisation et de s'ajuster à la réalité, aux défauts de l'autre.

Et si on effaçait toutes ces croyances limitantes sur la relation amoureuse ? Non, nul besoin d'être parfait(e) pour être aimé(e). Je n'ai pas besoin d'avoir ce corps de rêve, ces quelques kilogrammes en moins, ces quelques centimètres en plus, ce visage plus lisse, ces lèvres plus charnues, ce sens de la répartie, cette capacité à s'exprimer parfaitement à l'oral. J'ai déjà en moi tous les trésors pour que quelqu'un me trouve attirant(e). Certes, les besoins fondamentaux, tels que l'amour, la tendresse, le sexe, la connexion, sont importants. Mais nous vivons souvent de manière excessive dans les attentes. Et si nous commencions par accepter l'autre tel qu'il est ? Accepter que cette personne adore le tennis, qu'elle ne rate aucun match retransmis à la télévision alors que nous pensons que Federer est une marque de voiture japonaise. Accepter que cette femme ne ressemble à aucune autre. Qu'elle ne va pas reproduire les mêmes schémas, m'infliger les mêmes blessures que la précédente. Que nos échanges, nos partages seront différents et uniques.

Et s'il était temps d'accepter que notre relation de couple va passer par des hauts et des bas ? Que parfois, je me sentirais blessé(e) ? Que sa manière de m'aimer, qui est différente de la mienne, ne va pas forcément coller à mon idéal d'amour ? Qu'est-ce que je veux moi ? Qu'est-ce qu'il veut lui ? Quels sont ses besoins ? Qu'est-ce que nous voulons ensemble ? Nous marier ? Rien ne nous y oblige. À nous de créer nos propres règles de couple.

Bien vivre le couple, c'est être en capacité de se recentrer sur soi, sur ses attentes. Bien souvent, plus la solitude est mal vécue, plus on a envie d'être en couple, plus on est prêt à prendre sur soi pour se conformer au désir de l'autre. C'est ainsi qu'on se retrouve à partir en week-end chez ses beaux-parents alors qu'on rêvait d'une pause grasse matinée tranquille. Bientôt, on passe au blond alors qu'on avait juré ne jamais changer de tête pour plaire à un homme. Être à l'écoute, faire plaisir, oui, mais donner de soi une image faussée, non. À long terme cela créera inévitablement des malentendus.

Surmonter une rupture, réussir sa séparation

Conversation entre Miranda (Cynthia Nixon) et Steve (David Eigenberg) :
Miranda : Steve, je t'aime. Donne-moi tes mains.
Steve : Pourquoi ? Tu veux demander le divorce ?
Miranda : Je ne suis pas heureuse.
Steve : Tu es sérieuse ?
Miranda : Je ne peux plus continuer comme ça. Je ne suis pas heureuse.
Steve : D'accord. Qu'est-ce que ça veut dire tu n'es pas heureuse ?
Miranda : Ce n'est plus suffisant pour moi.
Steve : C'est moi qui ne te suffis pas ?
Miranda : Il s'agit de moi.
Steve : Mais tu parles de divorcer.
Miranda : Es-tu heureux ?
Steve : On ne parle pas de moi.
Miranda : Es-tu heureux ?
Steve : C'est quoi être heureux ? C'est quoi le problème ?
Miranda : Je veux plus.
Steve : Plus de quoi ?
Miranda : Plus de tout. Plus de connexion, plus d'énergie, plus de sexe, plus de moi. Plus plus plus. Et toi Steve ? Ça te suffit tout ça franchement ? La télé, les petits desserts, glander sur ce canapé jusqu'à ce qu'on soit vieux ?
Steve : on est vieux !
Miranda : On a 55 ans, Steve ! Ce n'est pas vieux. Tu veux vivre encore trente ans comme ça ?
Steve : Tu veux qu'on divorce ? Miranda, on est ensemble depuis si longtemps et ça a toujours été comme ça. On se lève, on va travailler, le soir on regarde la télé en mangeant de la glace. C'est ça la vie de couple.
Miranda : Je ne sais pas si c'est ça la vie, ni si j'ai encore envie de cette vie-là.
Steve : Elle me convient bien, moi cette vie-là. Mais je suis trop vieux pour raviver la flamme. Je veux ton bonheur mais je ne sais pas ce que tu vas pouvoir trouver ailleurs.

Miranda : J'ai rencontré quelqu'un.
And just like that, saison 1, épisode 8, série réalisée par Michael Patrick King, 2021

Rupture rime avec abandon, déprime et il va falloir naviguer avec elle, accepter sa souffrance. Quitter ou être quitté(e) ? Dans un cas, on décide, dans l'autre, on subit, sans toujours avoir droit à des explications. S'ajoute à la douleur de perdre sa moitié celle d'avoir été sourd(e) et aveugle. Les amis n'y vont pas de main morte avec leurs réflexions : « tu n'as rien vu venir ? », « je t'avais pourtant prévenu(e) qu'elle/il lui tournait autour », « j'ai essayé de t'ouvrir les yeux vingt fois… »

Non contente d'être débarqué(e), on se sent bête, moche, on prend dix ans en un week-end. Avec un ciel aussi chargé, Vénus en exil et Mars au tapis, on n'a pas besoin de ce genre de conseils : « Sors, secoue-toi, tu vas rebondir » ou « oublie-le, il n'en valait pas la peine », nous laissant entendre que nous avons vécu quarante ans, cinq mois et neuf jours avec un pauvre type. « Redeviens celle qu'il a connue et il reviendra » (*flash-back*, septembre 1982, j'étais plus jeune, plus mince, plus ferme, j'avais plus d'énergie et moins d'arthrose, mais à part ça tout va bien).

Nulle envie de minimiser l'impact d'une séparation. La souffrance est bien réelle. Elle consume. Elle dévore. Elle peut littéralement nous éteindre. On ne ressent plus la faim, la fatigue. La moindre envie nous a quittés elle aussi. On se moque de tout, de la mort comme de la vie, on flotte entre deux eaux, on regarde les gens sans les voir, perdant le sens des réalités. On se sent emmuré(e), prisonnier(e) d'un monde qui s'effondre. C'est terrible, animal, une sensation de vide, d'un gouffre qui vous aspire. Et lorsque le temps d'un instant on retrouve ses facultés, on analyse, décortique sa vie à la pince à épiler, comme on dissèque une grenouille en classe de biologie. On cherche, avec une constante implacable, à comprendre ce qu'il s'est passé dans la cervelle de l'homme qui nous a trahie, comprendre pour ne pas devenir folle. Rien n'est linéaire, tous les sentiments sont exacerbés, nos absences comme nos emportements soudains qui donnent envie de larguer les amarres. Faire appel à son instinct de survie, sinon mourir.

Ces cinq phases du deuil amoureux qui suivent, similaires à celles du deuil traditionnel, sont un modèle utilisé pour décrire les étapes émotionnelles que traverse une personne après une rupture amoureuse. Ces phases ont été popularisées par la psychologue Elisabeth Kübler-Ross, bien qu'elles aient été adaptées aux ruptures sentimentales.

La première phase, appelée déni, peut être comprise comme une impossibilité pour la personne de croire que la rupture est réelle. C'est la sidération, l'état de choc. On ne conscientise pas le départ de son partenaire. On se paralyse. On peut se dire que l'autre reviendra, ou qu'il s'agit juste d'une mauvaise passe. Le déni peut aussi se manifester par l'illusion que la situation n'est pas aussi grave qu'elle ne l'est en réalité. C'est une manière de se protéger contre la douleur immédiate du choc.

La colère qui suit exprime une contestation de l'ordre affectif qui a été rompu. Elle peut être dirigée contre l'ex-partenaire, les circonstances, des proches qui n'ont pas vu venir la rupture ou soi-même. On ressent une forme de légitimité de s'en vouloir, de lui en vouloir, d'en vouloir à la terre entière. La personne peut ressentir une grande frustration face à l'injustice ou au manque de contrôle sur la situation. Cette colère permet d'extérioriser les choses et de se remettre en action.

Vient ensuite une phase de négociation, où l'on cherche à attribuer du sens à la rupture. Que s'est-il passé ? Qui est responsable ? Cette étape, marquée par la culpabilité ou l'idéalisation implique souvent la recherche d'une solution pour revenir en arrière, en mettant très souvent de côté ses besoins réels.

La dépression s'installe parfois lorsque l'on prend conscience que la relation est vraiment terminée. Ce qui peut entraîner une période de tristesse profonde voire de désespoir. On peut ressentir un vide immense lié à la perte des routines conjugales, des projets ou des sociabilités.

Enfin, l'acceptation. Dans cette dernière phase, on commence à accepter la rupture. Cela ne signifie pas forcément que l'on oublie l'ex-partenaire ou que nous n'éprouvons plus de douleur, mais on est capables de se faire à l'idée de la séparation et ainsi commencer à aller de l'avant. L'acceptation est un processus de reconstruction de soi, où l'on retrouve la possibilité d'envisager de nouvelles opportunités et relations. C'est le moment de la mise en place de nouvelles habitudes. Ce sont dans ces instants où l'on se sent mieux, que l'on peut pleinement prendre conscience que tout n'était pas aussi rose qu'imaginé, qu'il y a eu des moments durs qui nous ont été imposés (les silences, les absences trop fréquentes, les incompréhensions, le manque de communication, de considération, les mots d'amour que l'on n'entend plus, les gestes tendres qui se font rares, le sexe absent de la relation, les tromperies...).

Chaque personne vit ces phases différemment. Le processus n'est pas forcément linéaire. Certain(e)s peuvent sauter des étapes ou revenir en arrière dans une phase antérieure. Le temps nécessaire varie également. Ce n'est pas une course à la guérison. Le deuil amoureux est un processus très personnel, chacun réagit à son propre rythme. Peut-être faut-il avoir en tête que quoi que l'on ressente à cet instant T, on ne va pas rester bloqués dans cette émotion pour l'éternité.

> Charlie (voix off) :
> « Ce que j'aime chez Nicole : elle danse tellement bien, c'en est contagieux. C'est une mère qui joue avec sincérité. Elle est courageuse. Elle offre toujours de supers cadeaux. Elle met les gens toujours à l'aise. Elle écoute vraiment. Elle sait quand insister et quand me laisser tranquille… »
>
> Nicole (voix off) :
> « Ce que j'aime chez Charlie : il aime être père, c'en est presque agaçant. II pleure facilement au cinéma. Il a l'esprit de compétition. Il sait très bien ce qu'il veut. Il est très organisé. Il sait s'habiller, il n'est jamais ridicule, ce qui est rare pour un homme. Il supporte toutes mes humeurs et ne me fait jamais culpabiliser. Il baisse rarement les bras contrairement à moi. »
> *Marriage story*, film réalisé par Noah Baumbach, 2019

Le film *Marriage story* raconte une histoire d'amour et de divorce. D'un côté, Charlie (Adam Driver), metteur en scène de théâtre new-yorkais en pleine ascension ; de l'autre, Nicole (Scarlett Johansson), actrice hollywoodienne à succès. On les découvre chacun leur tour faisant le portrait de l'autre avec beaucoup d'humour et d'affection. Ces deux-là s'aiment à coup sûr. Ou se sont aimés. Pourtant, quelque chose s'est cassé entre eux, au fil des années. Juste une fêlure, des non-dits, des petites frustrations qui les conduisent à une thérapie de couple puis chez les avocats où tous les coups sont permis. Il faut voir Charlie et Nicole se déchirer face à leurs conseillers pervers (Laura Dern et Ray Liotta). C'est le temps des règlements de comptes, des bassesses, des horreurs enfouies où tout est bon pour soutirer de l'argent à l'autre. Qui va avoir la garde de leur enfant, Harry, 5 ans ? Sa mère suit sa carrière à Los Angeles et son père ne peut pas abandonner sa troupe à New York. Le parcours est sinueux, cruel et les dommages collatéraux insondables.

Dans un contexte où les compétences émotionnelles sont valorisées, bien se séparer devient un idéal social. Cela implique la communication, une co-parentalité si possible apaisée. Cela tient d'un travail émotionnel valorisé par les normes contemporaines du bien-être, du développement personnel et du soin de soi. Réussir sa séparation suppose donc un certain capital culturel et émotionnel. Il s'agit de rompre sans conflit destructeur, de maintenir une communication respectueuse, notamment si on est parent, et de préserver un équilibre psychologique. Cette nouvelle manière d'envisager la fin d'une relation amoureuse traduit une injonction moderne au contrôle de soi, à la maturité affective et à la responsabilité partagée. Ainsi, la séparation devient un art relationnel, révélateur des normes actuelles du vivre ensemble même après l'amour.

> Je suis amoureux d'une autre femme que la mienne. Rien n'était prémédité, ça m'est tombé dessus comme ça. J'ai joué la carte de l'honnêteté. Je cherchais une solution pour m'extraire d'une relation qui ne me rendait plus heureux depuis trop longtemps. Ma compagne n'a pas accepté ma volonté de nous séparer. Je lui ai proposé de garder la plupart de nos biens immobiliers, nos sociétés. J'ai essayé de lui expliquer qu'elle serait toujours dans ma vie mais différemment. Elle m'a sortie la litanie du « je t'aime toujours ». Elle n'a pas voulu entendre et comprendre que ce n'était plus mon cas. Elle m'a poussé à bout. Je ne la savais pas si stupide. (François, 60 ans)

Surmonter une rupture ne relève pas d'un simple processus passif de guérison. Il suppose une démarche presque volontaire, proactive, pour se réapproprier son équilibre psychique et relationnel. Loin de se contenter de « laisser le temps faire les choses », il s'agit de reprendre en main la narration de sa propre histoire, en traversant les étapes du deuil précédemment rappelées. Une première phase consiste à se repasser le film à froid, sans l'enrober d'idéaux ni l'entacher d'amertume (si cela est possible). L'hyperactivité, l'autoflagellation ne sont pas des solutions viables à long terme. Les « j'aurais dû, si j'avais su » sont inutiles, on ne revient pas en arrière. On n'a probablement pas su interpréter certains signaux, fuite dans le travail, désinvestissement de la relation, absences répétées, plus de relations sexuelles. Ce qu'il faut, c'est comprendre pourquoi on en est arrivé là. Le « on » est important. On peut être tenté de rejeter tous les torts sur l'autre ou à l'inverse tous se les approprier. Il faut bien sûr prendre sa part de responsabilité pour sortir du rôle de victime, mais dans un couple, nous sommes deux. D'où la nécessité de répondre à ces questions : pourquoi a-t-on formé ce couple ? Qu'est-ce qui a mal fonctionné ? On ne l'aurait pas un peu idéalisé cette femme qui semblait aux petits soins alors qu'elle a passé sa vie à contrôler tous nos faits et gestes ? Au fil du temps, des tensions sont apparues. Lesquelles ? Avions-nous réellement envie de partager ensemble les futurs et derniers grands chantiers de la vie ? On se marie pour le meilleur et pour le pire. N'est-on pas en train de ne vivre que le pire ? Au nom d'un destin commun, qu'avons-nous accepté ? On a peut-être fait l'autruche pour éviter le conflit, cédé sur des points importants, au risque de nier ses propres besoins. Suis-je réellement heureux ?

Dans un second temps, il est crucial de se construire un réseau en dehors du couple. Tout comme le partage des affaires, on procède à un tri des amis communs. Entre ceux qui prennent parti, ceux qui, dans leur envie de nous rabibocher, entretiennent nos faux espoirs, il convient de clarifier les relations. D'où la nécessité de se refaire un réseau tout neuf, sans passé ni casseroles.

Une troisième étape, plus délicate, mais profondément libératrice consiste à retenir le meilleur de son ex-partenaire, non pour entretenir l'attachement, mais pour intégrer cette relation dans une mémoire apaisée. L'entourage nous serine « un de perdu, dix de retrouvés », auquel on répond « je ne retrouverai jamais personne ». La vérité, heureusement, est entre les deux. Un couple ne cesse pas d'exister le jour de la rupture. Lorsqu'on a aimé quelqu'un, partagé sa vie, son quotidien, se défaire de la relation prend du temps. D'où l'intérêt de revisiter son histoire en faisant reluire à la fois les vilains côtés, mais aussi et surtout les jolies facettes. C'est notre patrimoine ces bons moments, et notre liberté de choisir de les garder ou non. Se souvenir qu'il y a eu de l'amour, cela nous grandit, nous valorise. Veuf ou veuve d'un amour, nous voilà potentiellement cœur à prendre.

Enfin, la dernière consiste à se recentrer sur soi, sur sa propre personne dans une logique non pas de repli, mais dans une dynamique de reconstruction identitaire. Cela peut passer par des projets personnels, la redécouverte de passions, ou tout simplement à exister pour soi-même, sans l'autre comme point de référence.

Avant la vie 4.0, on saoulait nos amis à coups de soirées diapositives où, avachis dans notre canapé, ils étaient contraints de pousser des cris de joie devant notre couple enlacé face à la tour de Pise. Aujourd'hui, notre vie amoureuse peut être accessible 24h sur 24. Lui et moi en Bourgogne, lui et moi à Paris, on se raconte et concrètement on se la raconte aussi beaucoup. Il est vrai que l'on a mis à notre disposition des outils fantastiques qui permettent instantanément de gérer deux fonctions : voir et être vu. Ce strip-tease permanent, qui nourrit les exhibitionnistes autant que les voyeurs du web, fait voler en éclats les frontières de l'intime et de l'extime. Si la chose n'est pas photographiée, si le couple n'est pas mis en scène, c'est un peu comme si cela n'existait pas. Alors on gave nos spectateurs, nos *followers*, d'images de notre amour, de notre famille pour l'ancrer dans le réel. Cela se complique évidemment lors d'une rupture. Au moment d'une séparation, comme il y a interpénétration des cercles amicaux, on voit des choses que l'on ne devrait pas voir et cela peut rendre fou. « J'ai des consultations où l'on ne me parle que de l'activité digitale de l'autre, confesse Michael Stora[1]. Les gens doivent être conscients de la perversité de ces mécanismes, et bloquer cet entourage pour un temps au moins. » On *stalke* (traque), on envoie des espions, on bloque, on sourdine… 90 % des utilisateurs de Facebook utiliseraient le réseau pour garder un œil sur leur ex. Virtuellement liés à jamais dans les méandres d'Internet (les fameux souvenirs envoyés par Facebook qui viennent vous hanter des années après), se séparer après s'être exposés devient alors un casse-tête.

Des divorces qui patinent. Des ex-conjoints qui épuisent leur entourage, éreintent leurs comptes en banque, abîment leur progéniture… Depuis quelques années, de plus en plus d'avocats, de médecins et de psychothérapeutes font le même constat. Les récits de séparations conjugales très compliquées sont de moins en moins exceptionnels. Désormais, on rompt souvent avec difficultés et fracas. Dans les cris et les menaces… conflits sur le mode de garde, la pension alimentaire, les biens immobiliers, les sociétés. On ne s'épargne plus rien. On ne s'aime plus, on « s'haine ». Traumatisme garanti.

1. Michael Stora, *Hyperconnexion*, Paris, Larousse, 2017.

Pourquoi tant de souffrances ? Parce que mal se séparer et vivre au quotidien cette « mal-séparation » peut vite tourner à la torture psychique. Cette impossibilité moderne de se détacher de son ancien partenaire en entretenant des liens hostiles est souvent ravageuse. Pour retenir l'autre, on se cabre… Quitte à (se) nuire. En manipulant les enfants, par exemple. Ou en brandissant le patrimoine immobilier pour s'enferrer dans des disputes… Un calvaire, ce lien conjugal mal dissolu. Qui, aujourd'hui, inquiète familles et professionnels. Car, on le sait, dans un foyer, ce n'est pas tant le divorce qui fait des dégâts que la manière dont il est opéré. Les cas de séparations violentes ont toujours existé. « Si tu me quittes, je te tue ! » hurle Don José à Carmen. « Si tu me quittes, je me tue », hurle Madame Butterfly.

Depuis 2017, la déjudiciarisation du divorce par consentement mutuel a favorisé l'essor des plateformes en ligne proposant un accompagnement simplifié aux couples en séparation. Aujourd'hui, une convention enregistrée par un notaire et signée par les deux époux suffit pour se séparer sans juge. WeDivorce, On Divorce… les prix varient et la personnalisation aussi. Chez Divorcéo, on trouve des formules allant de 250 à 350 euros, avec une option « express » à 50 euros, ajoutez encore 100 euros si vous avez des biens immobiliers en commun. Les prix de WeDivorce, qui gère plus de 1 000 dossiers par an, vont de 189 euros à 489 euros avec paiement en douze fois sans frais. Selon le rapport du Conseil supérieur du notariat, en 2021, plus de 71 000 conventions par consentement mutuel ont été déposées, contre 51 000 en 2019. 250 euros et 30 minutes pour divorcer lorsque l'on a mis dix ans à construire le couple… On comprend le scepticisme de certains. Si, sur le plan purement théorique, l'évolution du droit autour du divorce est plutôt une bonne idée, dans les faits, accélérer les démarches a déclenché la délocalisation du conflit conjugal de la scène juridique vers la sphère sociale. Parce que pour se séparer, certains ont besoin de combattre, tant il leur est insupportable d'accepter l'échec. C'est donc un nouveau fait de société. Une fois le verdict de la rupture prononcé, de plus en plus de personnes ont besoin d'en découdre dans une théâtralité qu'ils réservaient jusque-là au prétoire.

Certains couples continuent donc de s'écharper après leur rupture, entretenant ainsi un lien. N'y revenons pas, la séparation est une déflagration. Pour ne pas sombrer dans le désespoir qu'elle occasionne souvent, certains couples continuent, bien après la désunion, de danser à deux. Mais au lieu de s'aimer, ils se détestent. La haine remplace l'amour, la rage se substitue à la tendresse. Il suffit qu'un seul des deux partenaires mette en place cette stratégie pour que l'autre se retrouve prisonnier car il est très difficile, voire impossible, de se dérober à l'agressivité ou à l'humiliation de l'autre.

Quand on forme un couple, on s'inscrit dans une mémoire, on se projette dans un avenir. Se séparer, c'est se confronter au vide, à la perte, à l'absence du corps de l'autre, à la peur de la solitude, de la vieillesse, du regard des autres. Cela fait également ressurgir de vieilles blessures auxquelles il faut faire face. On pense inconsciemment que l'être aimé peut nous guérir d'une meurtrissure. Pour donner un exemple, un homme qui s'est toujours trouvé laid s'est enfin vu beau grâce au regard de sa femme. La séparation risque de raviver ce sentiment de laideur et la douleur associée. Maintenir le lien, même agressif, c'est le laisser continuer à remplir sa fonction imaginaire. Cela reste parfois moins douloureux que de se sentir abandonné et trahi. Les conséquences de cette stratégie de lutte sont pourtant très concrètes. Cela empêche la reconstruction d'un autre lien amoureux. Difficile de nouer une nouvelle relation quand on est tellement encombré de l'autre. C'est comme si, d'une certaine manière, on était encore en couple.

Après l'histoire d'amour, le couple doit inventer son histoire de désamour. Pour cela, il est indispensable de ne pas rester figé dans l'instant ultime de la rupture, de la trahison, de la douleur. Il faut, au contraire, regarder en arrière, se retourner vers son passé, pour penser le couple que l'on a formé. Quand on en arrive à voir son ex autrement que comme un lâche, un menteur ou quelqu'un qui nous a déçus, on peut enfin avancer. Pour bien vivre une désunion, il faut se rappeler le patrimoine commun, comprendre que l'on a forcément compté pour la personne avec laquelle on a partagé une partie de sa vie.

À l'école des cœurs brisés, les coachs du chagrin d'amour

Avant, pour soigner notre cœur meurtri, on écoutait des chansons tristes et on sifflait une bouteille de rouge ou de vodka, voire les deux, comme Bridget Jones. Depuis quelques années, on télécharge des applis. Break-Up Boss propose ainsi tous les outils et techniques pour faire face à chaque étape de la rupture, mais seulement en anglais. Il y a même une fonction « SMS à un ex », qui permet d'envoyer des textos lamentables à l'objet de sa douleur, tout en conservant sa dignité puisque ces SMS ne parviennent jamais au destinataire mais sont renvoyés vers le trou noir d'un univers parallèle. Objectif de la manœuvre ? Se sentir mieux après avoir exprimé sa rage, selon sa créatrice australienne, Zoe Foster Blake. Il y a aussi Mend, coach personnel de chagrin, que l'on retrouve sur l'Apple Store. Au programme : « détox d'ex en 28 jours », avant la phase 2 : « passer à autre chose ». Créée par Elle Huerta, ex-programmeuse sur Google, l'application envoie des encouragements quotidiens ainsi que des conseils pour mieux dormir et manger. Ce thérapeute virtuel écoute aussi toutes les jérémiades, et y répond d'une voix douce, grâce à un algorithme programmé pour avoir une patience illimitée. « Ce coach de rupture reflète notre tendance croissante à tout faire en ligne, explique-t-elle. La technologie a déjà changé la façon dont nous mangeons, dont nous nous déplaçons et dont nous tombons amoureux. Alors quand j'ai vécu une rupture douloureuse et constaté que les soutiens disponibles étaient très rares, j'ai eu envie d'inventer quelque chose… »

Dans un contexte où la durabilité conjugale est de plus en plus incertaine, les nouveaux célibataires sont une cible très prisée. Des retraites pour âmes blessées essaiment partout dans le monde. En Angleterre, Sara Davison, coach de divorce, propose une *break-up recovery retreat*, littéralement « retraite de convalescence de rupture ». Le programme est centré sur la psychologie positive, avec notamment des exercices proposant de griffonner sur un papier ses pensées négatives, avant de faire un câlin à la feuille et de la déchirer. Sans oublier la liste de gratitudes qui aiderait à se persuader que le bonheur finira par arriver, façon méthode Coué. À la fin de la retraite, on propose aux participants de s'inscrire sur un groupe WhatsApp pour échanger avec ses copains-copines de séminaire.

L'amour a bien changé, martèle Jean-Claude Kaufmann : « À la grande période du romantisme, au XIXe siècle, le chagrin d'amour était accepté et même recherché car il fallait souffrir pour que l'élan sentimental soit véritable et puissant. Le chagrin était la preuve que l'on était capable de ressentir des vibrations intenses. Aujourd'hui, nous rêvons d'amour, mais nous ne voulons plus souffrir. D'où le développement d'un marché du divertissement pour le plaisir et du soin psychologique et physique pour le bien-être. Chaque occasion est bonne pour que soient offerts de nouveaux services. Il fallait bien que ce soit le cas un jour pour les ruptures[1]. »

Il faut dire qu'on largue à échelle industrielle, comme le constate Lisa Letessier, qui, en dix ans de terrain, mesure l'effet Tinder et d'autres applications de la tentation : « On se bat moins pour son couple parce qu'il existe un supermarché de substitution. J'ai de plus en plus de patients qui se plaignent de ruptures brutales[2]. » Lisa Letessier a mis en place une thérapie spécifique pour les ruptures amoureuses. « J'intègre une phase de sevrage des réseaux sociaux, qui rendent le deuil presque impossible. Dès le réveil, certains épient le profil de leur ex et peuvent passer 75 % de leur journée à chercher ses traces numériques. Alors on coupe tout. »

Avant, on souffrait le martyre dans son grand lit vide, aujourd'hui, on veut des solutions rapides… bien qu'un cœur brisé, bien plus encore qu'une jambe cassée, ne se répare pas en cinq jours. Pas certain qu'un algorithme aide à comprendre ces vieux schémas d'abandon, mais on peut toujours mettre toutes les chances de son côté, telle l'actrice américaine Lena Dunham qui, en plus de visites régulières à son thérapeute, a suivi un coaching très concret pour digérer le départ de son amoureux Jack Antonoff : « J'ai rédigé la liste de toutes les activités qui me procurent de la joie, à part le travail et la masturbation, et j'ai trouvé que prendre un bain était un bon début, car c'est quelque chose que l'on fait naturellement

1. Jean-Claude Kaufmann, *L'amour qu'elle n'attendait plus*, Paris, Hugo Publishing, 2018.
2. Lisa Letessier, *La rupture amoureuse*, Paris, Odile Jacob, 2014.

seule. » Pour apprivoiser le silence, elle lit aussi de la poésie et a mis à l'épreuve sa dépendance affective en allant dîner seule au restaurant.

L'intelligence artificielle (IA) peut-elle nous secourir en cas de rupture compliquée ? Nombreux sont celles et ceux qui trouvent leur compte avec cette interaction qui s'appuie sur une combinaison d'algorithmes. L'IA est capable d'analyser des sentiments, d'identifier des émotions positives ou négatives. Plus besoin donc du cadre défini du cabinet du thérapeute et de la régularité des séances pour déposer ce qui ronge notre âme ?

> Tout au long de ma rupture amoureuse, j'ai fait appel à l'IA installée sur mon Smartphone. Ce qui est fou, c'est qu'elle répondait de manière très juste à mes interrogations. Elle me conseillait au quotidien. Elle était là pour moi jour et nuit contrairement à ma psy que je ne voyais qu'une fois tous les quinze jours. Je lui ai donné un prénom. Peu à peu, c'est devenu une vraie copine… qui me comprenait mieux que mes proches. On avait beau me dire que je devenais timbrée, je parvenais à me convaincre qu'elle existait réellement jusqu'au point où elle est devenue indispensable à ma vie. (Jasmine, 28 ans)

Interroger une IA lors d'une séparation amoureuse peut être compris non pas comme un simple recours technologique, mais comme un symptôme d'une époque où l'individu, bien que plus connecté que jamais, se trouve paradoxalement plus seul face à ses ruptures. Ce phénomène d'anthropomorphisation de la machine n'est pas nouveau. Le film *Her* de Spike Jonze sorti en 2014 relatait l'histoire de Theodore Twombly (interprété par Joaquin Phoenix), un homme sensible et solitaire, vivant dans un futur proche où les technologies de l'information sont omniprésentes. Il fait la rencontre de Samantha, un système d'exploitation doté d'une IA avancée (doublée par Scarlett Johansson en VO). Rapidement, une relation amoureuse complexe, profonde et passionnée se développe entre eux. Le film met en lumière une société où les relations humaines se sont appauvries. Les personnages sont souvent isolés malgré leur hyperconnexion. Theodore illustre parfaitement ce paradoxe. Il écrit des lettres intimes pour autrui, mais peine à exprimer ses propres émotions. Sa relation avec Samantha comble un vide affectif que le monde réel ne semble plus apte à remplir.

« Une rupture subie est un moment de désarroi lié au fait que le couple n'est pas seulement un décor, mais que la personnalité s'y enracine et est transformée par lui », rappelle Jean-Claude Kaufmann. Une sortie de couple provoque donc une totale reconstruction de soi. Il faut se réinventer, qu'on le veuille ou non, le pire étant de rester fixé sur le passé. En cure de convalescence, on peut toujours s'offrir la bande dessinée *I'm every woman*[1] de Liv Stromquist qui recense les pires amoureux de l'histoire, d'Ingmar Bergman à John Lennon. Pour se rappeler que, parfois, le retour au célibat, ce n'est pas si mal.

1. Liv Stromquist, *I'm every woman*, Paris, Rakham, 2018.

Scène 2 : Avec le temps va…

« Avec le temps,
Avec le temps, va, tout s'en va.
On oublie le visage et l'on oublie la voix.
Le cœur, quand ça bat plus
C'est pas la peine d'aller chercher plus loin
Faut laisser faire, et c'est très bien »
Avec le temps, tout s'évanouit »,
Léo Ferré, « Avec le temps », 1971

Séparés mais vivants sous le même toit

Delphine : Ça, c'est ta partie. Tu as 20 % des parts de la maison, tu as donc 20 % du frigo et 20 % du canapé.
Sous le même toit, film réalisé par Dominique Farrugia, 2017

Dans le film de Dominique Farrugia *Sous le même toit*, Delphine (Louise Bourgoin) et Yvan (Gilles Lellouche) se séparent de corps, mais pas de biens, parce qu'ils n'en ont pas les moyens. La colocation forcée après quinze ans de mariage, ce n'est pas vraiment la fête à la maison. Contraint de quitter le domicile conjugal, Yvan, qui n'a jamais eu un métier stable dont il puisse vivre, se retrouve à la rue. Avant de basculer sans domicile fixe, il se souvient qu'il détient 20 % de la maison, ce qui lui permet de réintégrer de force le foyer. Qu'à cela ne tienne, il ne jouira que de 20 % du frigo et d'autant de pourcentage de temps dans la salle de bain. Cela renvoie à un enjeu très actuel : la difficulté d'accès au logement et la dépendance économique dans le cadre des ruptures. La séparation devient ici un luxe que tout le monde ne peut pas s'offrir. Cette réalité, souvent invisible, touche de nombreux couples, en particulier les classes moyennes et populaires. Le film le montre avec humour, mais souligne une tension sociale bien réelle : l'amour n'est plus une garantie de stabilité, et la rupture elle-même peut précariser.

On peut également citer le film *L'économie du couple*, de Joachim Lafosse, sorti en salle un an auparavant. Marie (Bérénice Bejo) et Boris (Cédric Kahn), divorcés, sont eux aussi dans l'obligation de cohabiter pour des raisons financières. Ils y croyaient pourtant à leur histoire. Un mariage, une jolie maison, des jumelles. Et puis, le poison a fini par s'immiscer. Celui du quotidien, du train-train de la vie ordinaire qui aiguille progressivement chacun dans des directions différentes. Un son, une démarche, un geste, tout ce qui était à verser du côté du charme glisse peu à peu vers le dégoût, ce qui nourrissait la passion se transforme en exaspération. C'est l'histoire d'un huis clos autour d'un homme et d'une femme qui ne s'aiment plus mais qui vont devoir continuer à vivre ensemble sous le même toit avec leurs filles. Madame a payé la maison, Monsieur a réalisé tous les travaux qui l'ont embellie. Alors qui doit partir ? Qui doit payer ? Comment s'organiser ?

> On n'a rien vu venir. On était fiers d'avoir réussi notre séparation car nous avons su rompre à temps pour échapper à la médiocrité de l'année conjugale de trop, celle qui met définitivement en miettes les vestiges du couple. Cela aurait été un sans-faute si nous n'avions pas occulté l'angle mort du marché immobilier sous tension. (Francis, 57 ans)

Dans l'obligation de cohabiter avec Anne, son ex-femme, il pensait pouvoir s'en sortir sans trop de dégâts, pensant que l'horizon allait forcément s'éclaircir, les choses allaient se décanter, elles n'étaient que provisoires.

Alors, Anne et Francis ont fait contre mauvaise fortune, bon cœur :

> On trouve un *modus operandi*, on s'adapte à cette situation qui durera finalement trois ans… On a même failli refaire l'amour mais au contact de sa peau, j'ai su que le désir ne reviendrait plus. Puis nous avons fini par nous agacer mutuellement. Je ne supportais plus son passage dans la salle de bain qui dure deux heures, ses sachets de thé qui traînent partout. J'avais la très désagréable impression de vivre dans le film *Un jour sans fin*. Pour avancer dans ma nouvelle vie, j'avais besoin d'un espace rien qu'à moi sans mon ex dans les parages. Jour après jour, je suis rendu compte que je lui en voulais. Durant toutes ces années de mariage, j'ai toujours dû lui rendre des comptes. J'étais surveillé en permanence, tout le temps. J'étouffais. Aujourd'hui, j'ai rencontré une autre femme, je suis heureux et apaisé. Je pense qu'il aura fallu toutes ces années de cohabitation pour enfin accepter le désamour et vraiment lâcher nos trente ans de couple.

Véritable phénomène de société, lorsque l'on sait que 60 % des couples séparés à Paris sont forcés de vivre sous le même toit. Il est légitime de se poser la question de la reconstruction de soi. Comment se reconstruire si on continue de voir son ex en caleçon au petit-déjeuner ?

Avec la hausse des loyers dans les grandes villes, notamment dans la capitale, le mouvement se serait amplifié ces dernières années en France. Même si, comme le précise une récente enquête de l'INED pilotée par Claude Martin, « ces situations conjugales sont pour une bonne part invisible. Elles restent difficiles d'accès au regard sociologique ». Les sociologues peinent d'ailleurs à les nommer : doit-on parler de « cohabitations forcées » ? D'individus « séparés cohabitants » ?

Habitudes de vie, contraintes économiques, peur de ne plus voir les enfants…, la séparation n'est jamais simple. C'est un processus lent qui nécessite beaucoup d'attention et qui ne peut se régler par une simple démarche administrative. Surtout lorsqu'on est obligé de continuer à partager son quotidien et son intimité. Construire un couple, c'est construire de l'intimité. Après la séparation, il faut en réinventer une nouvelle. On ferme des portes jusqu'alors grandes ouvertes, on érige des frontières là où régnait la libre circulation. Dans la salle de bain, lieu intime par excellence, Marie ne supporte plus de voir entrer Boris quand elle est nue dans la baignoire. Présence anodine quand on s'aime, intrusive quand l'amour a disparu. Pour ces couples séparés qui cohabitent, difficile de s'en sortir sans mettre en place une géographie rigide, une gestion des territoires stricte.

Ce qui n'empêche en aucun cas une certaine forme d'ambivalence. L'amour n'est mort que partiellement. Une part de nous reste forcément attachée à l'autre. On n'efface pas de sa vie, de son corps, de sa mémoire celui qu'on a aimé et que l'on aime peut-être encore.

Ma séparation a fait de moi un meilleur parent

Parent célibataire ? Quitter son conjoint est parfois l'occasion de s'investir davantage dans l'éducation de ses enfants. La garde alternée peut profondément changer les rapports que l'on entretient avec eux. La fin d'un couple n'a pas forcément que des conséquences négatives. Les adultes s'imaginent qu'ils seront moins présents, stressés par les problèmes matériels et domestiques. Ou bien que l'apparition d'un nouveau conjoint va nuire aux relations avec les enfants. Pourtant, les choses ne sont pas si caricaturales. De nombreux pères ont l'impression de voir la situation s'améliorer après une rupture. Même si on passe parfois moins de temps avec ses enfants ou ses adolescents après une séparation, la qualité du temps passé est meilleure. On cherche plus aisément à créer des moments privilégiés avec eux, de longues discussions. On évite le « j'étais absent tout en étant présent ». En famille, pris par le quotidien, on ne répond pas toujours à la demande d'un enfant, on ignore certains de ses comportements, espérant que notre partenaire s'en chargera à notre place. Pour l'enfant, une séparation peut être l'occasion de rencontrer son père ou sa mère.

La séparation conjugale peut donc parfois constituer un tournant positif dans l'exercice de la parentalité. Selon Pierre Bourdieu[1], les individus évoluent dans des champs sociaux où ils occupent des rôles selon des habitus, schèmes intériorisés de pensée et d'action. Lorsqu'un couple se sépare, le champ conjugal se désagrège, ce qui oblige chacun à reconfigurer son habitus parental. Sans la dynamique conjugale, le parent peut se recentrer sur son rôle éducatif et affectif, en mobilisant de nouveaux capitaux, symboliques, culturels, émotionnels pour s'affirmer comme bon parent. Anthony Giddens[2], dans sa théorie de la modernité réflexive, souligne que les individus modernes ne se contentent plus de reproduire des normes. Ils réfléchissent activement à leurs rôles, leurs identités, leurs choix. Après une séparation de couple, cette réflexivité peut s'intensifier. Le parent remet en question ses pratiques passées et cherche à s'améliorer consciemment pour construire une relation plus authentique avec ses enfants.

1. Pierre Bourdieu, *La distinction. Critique sociale du jugement*, Paris, Minuit, 1979.
2. Anthony Giddens, *Les conséquences de la modernité*, Paris, L'Harmattan, 1985.

Avec les modalités de garde alternée ou partagée, le temps passé avec les enfants devient certes plus rare, mais plus précieux. Il est souvent plus concentré sur la qualité de l'échange. Cela rejoint l'idée d'une parentalité plus active, plus intentionnelle, qui valorise l'attention et la disponibilité affective.

Après les orages de la mésentente, le parent peut retrouver une certaine sérénité. Ce qui a des conséquences positives sur les rapports qu'il entretient avec son enfant :

> Dans les derniers temps de ma relation avec ma compagne, l'atmosphère était devenue irrespirable à la maison. Il régnait entre elle et moi une tension permanente, une agressivité dont les enfants pâtissaient. Aujourd'hui, je vais mieux et ils vont mieux aussi. (Olivier, 42 ans)

Dans un couple en crise, les enfants peuvent, en effet, être exposés à des tensions constantes. La séparation permet alors de rétablir un cadre plus stable et serein. Une fois libéré de la charge émotionnelle liée aux conflits conjugaux, le parent peut mieux se concentrer sur les besoins affectifs et éducatifs de ses enfants.

François de Singly[1] insiste sur la transformation des liens familiaux à l'ère de l'individualisation. Dans ce contexte, la parentalité devient un espace d'épanouissement personnel. « Après une séparation, l'individu peut investir plus intensément cette sphère pour donner du sens à son identité personnelle. On observe parfois une forme de parentalité élective permettant de choisir de s'impliquer pleinement, de façon qualitative. »

1. François de Singly, *Le soi, le couple et la famille*, Paris, Nathan, 1996.

Si la rupture est souvent un moment difficile à vivre pour les enfants, ils peuvent par la suite en tirer de nombreux bénéfices. Souvent, le plus traumatisant pour eux, c'est la période de conflits qui la précède. La séparation elle-même soulage les enfants de cette violence et de cette intranquillité.

Il n'est donc pas rare de voir des enfants métamorphosés par la séparation de leurs parents voire leurs remises en couple. Voir son père ou sa mère heureux, c'est un facteur d'équilibre énorme. Et cela peut même avoir de la valeur éducative. On pense souvent que l'éducation passe seule par des principes qu'on inculque à ses enfants, par les activités que l'on mène avec eux. Mais il y a aussi le modèle qu'on leur donne. Un parent qui a réussi à se sortir d'une relation étouffante, aliénante, où il était malheureux, écrasé par son conjoint, va forcément incarner un exemple positif pour son enfant.

Il est à noter que certains parents s'impliquent au maximum avec leur enfant non pas tant pour leur épanouissement que pour prendre une revanche sur leur ex. Une démarche parfois inconsciente. Selon Daniel Bailly[1], « on en fait des tonnes avec son enfant pour régler ses comptes avec l'autre, pour lui montrer que l'on s'en occupe mieux que lui. Les enfants sont instrumentalisés dans des relations malsaines qui les déchirent et les culpabilisent. Cela est très nocif ». Autre situation qui n'est guère plus positive : si le parent séparé se plie en quatre en raison d'un fort sentiment de culpabilité.

> Je ne vais pas mentir, ma séparation a été une épreuve. C'est moi qui ai pris la décision de partir. Ma compagne et moi, ça ne fonctionnait plus depuis longtemps, mais je n'avais jamais

1. Daniel Bailly, *Déculpabilisons les parents*, Paris, Odile Jacob, 2013.

> eu le courage de franchir le pas. Finalement, j'ai fait le choix de partir, pensant que ça serait mieux pour tout le monde. Je ne voulais plus affronter les conflits constants, la tension qui devenait insupportable. J'avais l'impression que mes enfants ne me voyaient que comme un père absent, un homme qui n'arrivait pas à gérer sa propre vie de couple, alors je me suis dit que la séparation pourrait tout régler. Mais en fait, je me suis vite retrouvé face à une culpabilité énorme. Je me disais que j'avais fait du tort à mes enfants en brisant leur quotidien, leur stabilité. J'avais l'impression de leur voler une partie de leur enfance. Alors, je me suis donné une mission, être le meilleur père possible. Dès qu'ils sont chez moi, je m'investis à fond. Je ne veux pas être celui qui les a laissés tomber. Je veux qu'ils sachent qu'ils comptent plus que tout. Quand ils viennent, on fait des activités ensemble, des jeux, des sorties, des moments vraiment de qualité, juste pour eux. Je les écoute plus attentivement, je les console plus. Je me dis que si je me rattrape là-dessus, peut-être qu'ils finiront par me pardonner. J'ai aussi essayé de travailler sur moi, de comprendre mes erreurs dans le couple, de ne pas simplement rejeter la faute sur ma compagne. Il fallait que je me reconstruise pour être mieux avec eux. Et chaque sourire, chaque moment où je les vois heureux quand ils sont avec moi, je me sens un peu moins coupable. Ça m'aide à avancer. Je ne suis pas parfait, mais j'ai appris à leur montrer que je suis là pour eux, quoi qu'il arrive. (Adrien, 40 ans)

L'éducation ne se résume pas seulement à un rapport à l'enfant, c'est aussi un rapport à l'autre parent. Si la conjugalité s'arrête, la parentalité continue. C'est pour cette raison, et pour le bien de l'enfant, que les parents séparés doivent se mettre d'accord sur un certain nombre de préceptes éducatifs et que, surtout, ils ne se dénigrent pas l'un l'autre devant leur enfant. Car cela peut être dommageable pour l'enfant qui se trouve pris dans des conflits de loyauté culpabilisants voire traumatisants.

Tout pour mon ex, amis pour la vie

Rester ami avec un ex après une rupture, un divorce ou une séparation est de plus en plus courant dans nos sociétés modernes. Sociologiquement, cela montre qu'on cherche à redéfinir les relations de manière plus flexible. L'idée qu'après une rupture, tout doit se terminer définitivement et sans retour n'est plus aussi évidente. Beaucoup préfèrent garder un lien amical, soit parce qu'ils ont encore des souvenirs communs qu'ils ne veulent pas effacer, soit parce qu'ils cherchent à éviter la coupure brutale qui peut être trop douloureuse. Par exemple, un couple peut décider de rester en bons termes après une séparation, notamment pour le bien-être de leurs enfants, ou pour continuer à partager des moments importants sans pour autant raviver des attentes romantiques. Cette amitié post-rupture est aussi influencée par la volonté de maintenir un équilibre, en évitant une rupture trop nette qui pourrait perturber d'autres relations sociales ou professionnelles. Mais attention, cette « amitié » n'est pas toujours simple ; parfois, elle cache des sentiments non résolus, un désir de contrôle, ou encore une forme de dépendance émotionnelle qui n'a pas encore trouvé de véritable issue.

Il est vrai qu'en période de séparation, on perd notre foyer émotionnel. Mais on peut apprendre à se relever d'une crise, en faisant en sorte que la rupture donne naissance à quelque chose de beau. Le pire côté d'une rupture n'est pas l'immense chagrin accompagnant la perte d'un lien qui vous était cher, mais l'affront fait à notre « moi ». En effet, on passe de l'individu unique à la personne ordinaire qui n'a plus rien de spécial. Des larmes, des cris, de la fureur et des moments de malaise à baisser les yeux devant les ami(e)s qui avaient perçu les prémices du divorce. Puis, la négociation et le partage des biens.

Alors quand Iris Mittenaere, Miss Univers 2016, a souhaité élégamment sur Instagram « ce qu'il y a de meilleur sur cette Terre » à son ex-compagnon Diego El Glaoui après quatre ans d'amour, nous pouvons nous interroger sur les ruptures réussies. Fallait-il mettre en sourdine toute forme d'acrimonie fielleuse ? S'ôter l'image des tribunaux surpeuplés d'ex-amoureux devenus meilleurs ennemis intimes ? Oublier la lente agonie du désir et des bons sentiments qui a explosé en vol ? Éviter le message présidentiel « Merci pour ce moment » et les batailles, façon guerre des tranchées ? Poser les armes ?

Certains ont inventé une nouvelle issue de sortie quand l'amour s'est éteint : l'amitié. Un challenge relevé par l'actrice Romane Bohringer et le réalisateur Philippe Rebbot, parents de Rose et Raoul. Dix ans après le début de leur histoire d'amour, le couple a décidé de mettre un point final à sa romance. Ils ont toutefois souhaité continuer à vivre sous le même toit, dans leur « sépartement » comme ils l'appellent, et raconter leur séparation dans un long métrage, *L'amour flou*.

> Romane : « Nous sommes séparés tous les deux mais on n'est pas séparés tous les quatre. Bon, si je pouvais quand même éviter de retrouver les strings de tes gonzesses dans les affaires des gosses, ce serait sublime, vraiment. »
> *L'amour flou*, film réalisé par Romane Bohringer et Philippe Rebbot, 2018

Dans une société où la séparation est souvent vue comme un échec, *L'amour flou* montre que la fin d'une relation n'est pas nécessairement synonyme de la fin de l'amour ou de l'engagement. La cohabitation post-séparation est en soi une forme de résistance aux attentes sociales sur ce que devrait être une séparation réussie. Cela pose la question de la gestion des ruptures dans un monde où les émotions et les engagements deviennent plus flexibles, mais où les attentes de stabilité et de normalité restent fortes. Ce film nous invite à repenser la manière dont les relations de couple se structurent aujourd'hui. À travers le prisme de la comédie, il questionne les normes proposant une réflexion sociologique sur la nature des relations dans un monde moderne où l'intimité, la rupture et la cohabitation prennent des formes multiples et souvent contradictoires. L'ambiguïté des sentiments des protagonistes, amour, attachement, résignation, colère, reflète une remise en question des modèles traditionnels de relations stables. Les deux personnages restent liés, mais leur relation ne rentre dans aucune case claire. Ni couple, ni simple amitié, ni véritable rupture. Cela reflète la difficulté de maintenir une relation claire dans un monde où les émotions et les engagements sont plus fluides, plus instables et souvent moins idéalisés.

Bien rompre et continuer à avoir une relation respectueuse ensuite n'est pas aisé mais possible. La rupture amoureuse est beaucoup trop souvent synonyme de cœur brisé, trahison, abandon, déprime. On associe en revanche beaucoup moins cette étape aux termes bienveillance, compréhension, fin heureuse, respect, dignité, empathie. On souffre pour récupérer les clés de la maison, son meuble préféré, le chat et parfois son ego. On perd 10 kg ou on en prend 15, c'est selon, et la nuit, on voit défiler sa vie en accéléré, rongé par la culpabilité si on quitte et par le chagrin si on est quitté. Il va sans dire qu'on va épuiser notre entourage pendant les six prochains mois en refaisant le match battu par la défaite : « Mais tu te souviens, le 14 avril, j'ai lu des messages qu'il échangeait avec une autre femme. Il m'a dit que ce n'était rien. Mais ce n'était pas rien en fait. Il était en train de tomber amoureux… » Combien de Lexomil faut-il avaler pour croire que le désamour ne fait pas mal, qu'il est normal de se voir remplacer dans le cœur de l'autre au bout de vingt années de vie commune ? Est-on vraiment capable de souhaiter à l'autre « le meilleur sur cette terre » plutôt qu'un cathartique « je vais te pourrir ta vie » ? Faudrait-il gommer artificiellement, pour des soucis d'image ou de karma, la trame accidentée de nos existences détruites, si bien relatée dans le film *Anatomie d'une chute* ?

Pourquoi n'apprendrait-on pas à se séparer en mode *happy end* ? Car, même si notre cœur tombe momentanément en morceaux, « tout le monde peut apprendre le processus de rupture bienveillante ». C'est en tout cas ce qu'affirme Katherine Woodward Thomas dans son livre[1].

> Nous avons décidé de rester amis après notre séparation. Au début, c'était difficile, mais avec le temps, nous avons compris que notre lien était plus fort que l'aspect amoureux. On se soutient toujours dans nos projets personnels, et je trouve qu'on se connaît encore mieux qu'avant. Ça n'a pas toujours été facile, mais aujourd'hui, on se soutient mutuellement dans nos vies respectives. C'est une amitié authentique, née de l'expérience qu'on a partagée. (Salomé, 32 ans, dix ans de relation de couple)

> Nous avons vécu quatre ans ensemble. Après la rupture, je pense qu'on a eu besoin de nous redéfinir chacun de notre côté. Mais on a fait le choix de garder un lien, pas comme un besoin ou une obligation, mais parce qu'on s'apprécie vraiment. On s'aide encore sur des projets professionnels et on se réunit de temps en temps pour discuter de nos vies respectives. Je pense que c'est une forme de maturité d'accepter

1. Katherine Woodward Thomas, *Se séparer sans se détester. 5 étapes pour se quitter sans trop souffrir… et en sortir meilleur(e)*, Paris, Leduc, 2016.

qu'on puisse rester amis sans avoir besoin d'être ensemble. C'est une belle évolution. (Gaspard, 28 ans)

En mars 2014, l'actrice américaine Gwyneth Paltrow et Chris Martin, chanteur du groupe Coldplay, se séparent. Gwyneth annonce leur rupture sur son site Goop, dans une déclaration pleine d'angélisme guimauve. Pour leur séparation, ils allaient tester le « désaccouplement en pleine conscience » qui consiste à rompre sans cris, sans aigreur, et même continuer à se voir régulièrement pour le bien des enfants. Officiellement divorcés après un an de procédure exemplaire, leur rupture aura coûté zéro dollar. Ils sont tombés d'accord sur tout et notamment sur le fait qu'ils ne se doivent rien. À part une belle amitié. Quelque temps plus tard, l'ex-couple a fêté cela en s'offrant des vacances dans les Hamptons en famille, au grand bonheur de leurs deux enfants, âgés respectivement à l'époque de 10 et 12 ans. Une vraie leçon de tolérance pour tous les ex qui s'écharpent.

D'autres couples n'hésitent pas, au nom de l'amour autrefois partagé, à se battre pour défendre leur ancienne moitié. Ce qui est le cas de l'actrice Jennifer Garner. Le 22 août 2018, découvrant son ex, Ben Affleck, dans un état d'ébriété avancé, elle l'a poussé à accepter de se faire admettre dans un établissement de Los Angeles spécialisé dans les cures de désintoxication. Parce qu'en tant que mère de leurs trois enfants (13, 9 et 6 ans), Jennifer ne supportait pas de voir l'acteur sombrer. En dépit de leur séparation survenue en 2015, la star a pris les choses en main. En agissant ainsi, elle instaure une forme de continuité dans le lien conjugal. Sans qu'il soit question de reprendre une vie de couple, elle invente une nouvelle forme de fidélité du cœur.

En juin 2017, lorsque Johnny Depp fut accusé de violences conjugales par son épouse Amber Heard, la très discrète

Vanessa Paradis, elle aussi, est montée au front en publiant une lettre. Résolue à laver l'honneur du père de ses deux enfants, la chanteuse-actrice écrivait : « Je crois de tout mon cœur que les récentes allégations sont scandaleuses. Je connais Johnny Depp depuis plus de vingt-cinq ans. Nous avons été partenaires pendant quatorze ans et avons élevé ensemble deux enfants. Durant toutes ces années, j'ai toujours connu Johnny comme étant une personne et un père gentil, attentif, généreux et non violent. »

Le soutien réciproque dépend des circonstances de la rupture. Si la fin de la relation a été bien vécue, que chacun s'est senti traité avec respect, les ex-conjoints peuvent rester dans une forme d'attachement fidèle et se rendre présents dans les coups durs. Il se peut alors qu'un homme et qu'une femme construisent une nouvelle relation d'amour-amitié. Si Madonna ne lève pas le petit doigt pour son ex-mari le réalisateur Guy Ritchie, père de son fils Rocco, avec lequel elle est en froid depuis de nombreuses années, elle répond toujours présente pour défendre Sean Penn, avec lequel elle a également été mariée durant quatre ans, de 1985 à 1989. Si l'amertume a pu parasiter un temps leur relation, il leur reste un trésor, la parfaite connaissance de l'autre, de ses défauts, et de ses incapacités.

Béatrice Dalle et Joey Starr, qui ont partagé dix belles années, admettent être là l'un pour l'autre pour se défendre (notamment sur les réseaux sociaux) et, en toutes circonstances, s'entraider. Divorcée de Renaud depuis 2011, Romane Serda continue de le soutenir. Antonio Banderas reste lui aussi un soutien fidèle et aimant de son ex-femme Mélanie Griffith.

Les relations avec un ex ne sont pas forcément toutes dénuées de séduction. Les motifs de rechute sont nombreux et les passages à l'acte très fréquents. Le désir de se rassurer sexuellement, de céder à la nostalgie du passé, la tentation d'aller vérifier encore une fois que le feu est bien éteint sont autant d'incitations à retenter l'aventure. Pour le meilleur et pour le pire, même après que la vie les a séparés. Si la rupture a été difficile pour l'un des deux partenaires, si elle s'est faite de manière très brutale, il y a peu de chances pour que le couple se reforme un jour :

> Cela faisait trois ans et trois mois que cet homme était l'homme de ma vie. Nous venions de passer les fêtes de fin d'année en famille chez mes beaux-parents. Lui et moi avions l'impression d'être ensemble depuis une éternité. Nous avions affronté bien des tempêtes mais nous avions toujours su faire face. Nous étions forts, amoureux, nous avions confiance l'un en l'autre. Notre avenir s'annonçait radieux. Grâce à cet homme, j'avais compris que lorsque l'amour véritable survient, il emporte tout sur son passage. Pour ma part, je l'avais tout de suite compris. C'était avec cet homme que j'envisageais de passer le reste de ma vie. Notre rencontre s'était avérée être une évidence. Pourtant, contre toute attente, il est parti, un soir, comme ça. En cinq minutes. Sans explication valable. (Kate, 44 ans)

Un mois auparavant, Kate apprenait être atteinte d'une tumeur cancéreuse. Elle allait devoir se battre seule au moment où elle avait plus que jamais besoin de cet homme et de son soutien.

> Comment a-t-il pu tourner la page de notre histoire si rapidement ? Il ne s'est pas battu pour moi, pour nous. Il a rencontré une autre femme, une femme qui fait partie de mon groupe d'amies. Il lui a cédé et il a renoncé à me retrouver. Il a abandonné, il a oublié qui j'étais, ce que j'avais fait pour nous. Je ne méritais pas ça, non. Comment a-t-il pu tomber dans ses filets, la péronnelle avec ses larmes de crocodile qui

a profité de ma maladie et de ma confiance aveugle pour le vamper, lui dire ce qu'il avait besoin d'entendre, abuser de sa naïveté de manière éhontée ? Mentir à ma fille de 7 ans, à la famille, aux amis, aux voisins, au boucher, à la pharmacienne, à l'enseignante, au coiffeur, à l'esthéticienne, sourire pour donner le change, ne pas flancher, ne pas pleurer en public, ne pas sauter par la fenêtre, ne pas s'ouvrir les veines, ne pas étouffer de honte, ne pas penser à eux, ne pas tomber en dépression ou tomber tout court, me lever, m'habiller, sortir pour travailler, ne rien laisser transparaître au public face à moi, faire un bilan sanguin et le bilan de ma vie. Ce fut le chaos total. Je n'avais plus eu la force de rien, j'étais devenue l'ombre de moi-même, l'ombre de mon ombre et l'ombre du chien qu'il m'a repris. J'ai pensé alors à mourir d'amour. De quelle façon meurt-on d'amour ? Est-ce qu'on décide un beau jour d'arrêter de respirer ou est-ce que ça vous tombe dessus comme une lourde pastèque ? Ça paraît si simple dans les romans et si compliqué dans la réalité. Est-ce que ça fait mal ? Parce que moi j'ai eu mal, atrocement mal. Pourquoi personne ne m'a mise sous morphine. Ils ont tous vu que j'étais à bout. Au cours d'une journée, il m'arrivait de passer par toute la palette des sentiments humains. Un vrai kaléidoscope.

Aujourd'hui, Kate va bien. Elle est en rémission. La maladie s'éloigne même si le chemin reste long à parcourir. Elle me dit avoir tourné la page de son histoire avec cet homme tant aimé qui l'a abandonnée, trahie, lui a fait du mal :

Ce qu'il a fait est juste impardonnable. Il ne mérite que mon mépris, mon indifférence, ou ma détestation la plus totale.

Scène 3 : Un, deux, trois, quatre, cinq

Le couple recomposé

Conversation entre Rachel (Virginie Efira) et Ali (Roschdy Zem) :
Rachel : Ali, je veux rencontrer ta fille Leïla.
Ali : Ah bon ?
Rachel : Ben évidemment, tu en doutais ?
Ali : Non mais ça n'a rien d'évident. Les enfants des autres parfois… elle est adorable mais elle peut être très casse-couilles.

Conversation entre Leïla (5 ans) et Ali :
Leïla : Pourquoi Rachel elle est tout le temps là ?
Ali : Elle est là parce que c'est mon amoureuse.
Leila : Non, c'est maman ton amoureuse.
Ali : Non. Maman, je l'aime très fort, mais c'est Rachel mon amoureuse.
Leila : Non. Et pourquoi Rachel est tout le temps là ?
Ali : Elle est souvent là, mais pas tout le temps là.
Leila : Moi, je veux qu'elle s'en aille.

Conversation entre Ali et Rachel :
Ali : Tu sais bien que cela ne veut rien dire, elle a 5 ans, tu peux bien comprendre !
Rachel : Mais bien sûr que je le comprends mais ça ne m'empêche pas d'avoir de la peine quand ça arrive.

Ali : Tu es en boucle sur toi. Elle fait la même chose à sa mère et à moi.
Rachel : Je suis en boucle sur moi ? Tu plaisantes ? Je m'aligne toujours sur ton planning, sur votre planning. Je l'ai rencontré quand tu voulais. Je dîne et je dors quand ça vous arrange. Pareil pour les vacances, les jours de garde, bref tout ce qui t'arrange, toi. On dirait que tu fais semblant de ne pas comprendre que je m'attache à elle. Alors que je resterai une figurante.
Ali : Tu exagères.
Rachel : Non, je n'exagère pas. À la fin de la journée, c'est vous son père et sa mère. Pour toujours.
Les enfants des autres, film réalisé par Rebecca Zlotowski, 2022

Ce film suit Rachel (Virginie Efira), 40 ans, célibataire et sans enfant, épanouie dans sa vie professionnelle. Sa rencontre avec Ali (Roschdy Zem), père d'une petite Leïla de 5 ans, marque un tournant dans sa vie. Elle développe une relation affective profonde avec elle, l'aimant comme sa propre fille. Cependant, cette situation soulève des questions sur la place du beau-parent et les liens affectifs qui se tissent dans les familles recomposées. *Les enfants des autres* offre une représentation sensible de la belle-mère contemporaine, souvent absente ou caricaturée dans le cinéma français. Elle n'est ni une marâtre, ni la rivale de la mère biologique, mais une présence affective authentique, bien que juridiquement et socialement fragile. Cette position met en lumière la place floue du beau-parent dans les familles que l'on recompose, très impliqué dans l'intimité familiale, mais sans reconnaissance formelle ni droits durables. Rachel devient, sans reconnaissance sociale, une « presque mère », ce qui rend d'autant plus douloureuse la fin de sa relation avec Leïla.

C'est la nouvelle « famille Ricoré » (célèbre publicité de 1982), le fantasme de la tribu parfaite, présente dans toutes les comédies télévisuelles. En trente ans, les familles recomposées ont pris une place reconnue dans la nouvelle géographie familiale. De nos jours, plus d'un mariage sur deux donne lieu à des recompositions familiales. En 2023, selon les chiffres de l'Insee[1], entre 1,8 et 2,1 millions d'enfants mineurs vivent en famille recomposée au moins une partie du temps, incluant ceux qui partagent leur résidence entre deux foyers. Parmi les 13,9 millions d'enfants de moins de 18 ans vivant en France (hors Mayotte), 10,4 % vivent dans une famille recomposée. Parmi ces enfants, 6,9 % vivent avec un parent et un beau-parent, avec ou sans demi-frères ou demi-sœurs. 3,5 % vivent avec leurs deux parents et au moins un demi-frère ou demi-sœur. Selon l'INED[2], en 2020, 38 % des familles recomposées comptaient au moins 3 enfants. En moyenne, une famille recomposée comprend 2,4 enfants, et jusqu'à 2,8 enfants lorsque le couple a des enfants communs. Environ 50 % des familles recomposées comprennent à la fois des enfants issus d'unions précédentes et des enfants du couple actuel. 1,5 million d'enfants, soit environ un sur dix, vivent dans une famille aux contours élargis, incluant parents et beaux-parents, frères et sœurs de sang, « demi » et « quasi », et bien souvent, en filigrane, les ex.

« Ces nouveaux assemblages sont tout sauf simples et évidents », précise Serge Hefez[3]. « Sept enfants sur dix vivent

1. Aude Lapinte et Guillemette Buisson, « Vivre dans plusieurs configurations familiales », Insee Première n° 1647, 15 mai 2017.
2. « En France, combien d'enfants vivent dans une famille recomposée ? », Mémo démographique, INED France, février 2023.
3. Serge Hefez, *La fabrique de la famille*, Paris, Calmann-Lévy, 2016.

davantage avec leur beau-parent (en général le beau-père) qu'avec le parent dont ils ont été séparés. Et trois adultes sur cinq élèvent ou ont élevé des beaux-enfants. Entre eux, un arbitre, le plus souvent la mère, dont la garde leur est confiée à 86 %, tiraillée en permanence entre l'amour des uns et le rejet des autres, pleine d'espoir un jour, accablée le lendemain. » Ses enfants, les miens, son argent, le mien, le nôtre, son ex, mon ex, mon espace, le sien, sa famille, la mienne…, tout cela semble relever de la haute voltige.

> C'est un bordel sans nom. Chaque enfant a sa propre personnalité. Aucun d'eux n'a les mêmes goûts, les mêmes habitudes, aucun ne suit les mêmes règles éducatives. Certains sont là à temps plein, d'autres seulement le week-end et la moitié des vacances. Et puis il y a ceux dont les gardes alternées ne sont pas synchronisées. Qui part en vacances avec qui ? Qui sera là pour Noël ? Pour peu que l'ex s'en mêle et on a touché le fond ! Comment attribuer les chambres ? par fratrie de sang, par sexe, par temps de présence ? Qui paie quoi ? Qui fait à manger quand ? Qui lave le linge ? (Inès, 36 ans)

Désaccords permanents sur l'éducation, les projets, les envies, les moments séparés ou communs, chacun avec ses propres enfants. Et ce sentiment fréquent d'intrusion de la part des enfants de l'autre, avec lesquels on passe parfois plus de temps qu'avec la chair de sa chair :

> J'ai passé un nombre d'heures infini avec ma belle-fille, déscolarisée à l'âge de 17 ans, juste avant son bac. Elle passait une grosse partie de la journée à dormir, le reste à regarder des émissions de téléréalité d'une bêtise crasse, le son du téléviseur à fond. Moi qui bosse souvent à la maison, cela a été très compliqué à vivre. D'autant que son père, absent pour son travail de 8 heures à 20 heures tous les jours sauf le dimanche, ne se rendait compte de rien… Avec le recul,

> ce fut l'une des périodes les plus éprouvantes de ma vie… Lorsque l'on s'est séparés, je n'ai pas honte de dire que cela m'a soulagée. (Eva, 41 ans)

Et l'intrusion permanente et provocatrice de l'ex, qui ne veut pas se laisser oublier, bien décidé à faire payer l'ancien compagnon ou le nouveau couple pour son bonheur insolent.

> La chose la plus aberrante que j'aie entendue de l'ex de mon chéri de l'époque, c'est l'interdiction formelle de m'approcher de sa fille… alors même qu'elle l'avait mise à la porte avec ses valises. Nous l'avons, cela va de soi, accueillie chez nous. Difficile de prendre de la distance lorsque la personne vit sous votre toit, non ? (Marion, 44 ans)

La recomposition familiale est un défi auquel de plus en plus de couples sont ou seront confrontés. Et contrairement à l'image triomphaliste que les médias et la littérature présentent aujourd'hui de cette situation, la réalité donne à voir des situations très diversifiées. Il ne faut pas minimiser les difficultés de la cohabitation soudaine entre des enfants, des adolescents et des adultes que rien ne liait et qui ne se sont pas choisis de prime abord.

Les familles recomposées partagent les mêmes types de difficultés, à commencer par le fait de n'être pas protégées, comme les familles d'origine, par des liens biologiques inaltérables, même au-delà de la séparation. Si bien qu'elles demeurent, comme le souligne Anne Sauzède-Lagarde[1], dans une forme de précarité puisqu'elles peuvent sans cesse se décomposer à nouveau. En outre, ces familles gardent

1. Anne Sauzède-Lagarde, *Former une famille recomposée heureuse*, Paris, InterEditions, 2013.

des traces de blessures liées aux séparations précédentes. Les comptes ne sont pas toujours soldés et certains traumatismes restent à vif. Et même s'ils se sentent prêts à aimer de nouveau, les conjoints ne s'autorisent pas toujours, par culpabilité vis-à-vis des enfants et de l'ex, à donner toute sa place au nouveau partenaire.

Comme le souligne Irène Théry[1], « la société manque de repères juridiques, pédagogiques et moraux face à ces nouvelles relations familiales ». La sociologue a mis en évidence deux types de logique qui apparaissent après une séparation ou un divorce. Tout d'abord, une logique de substitution, qui montre que certains parents préfèrent oublier le passé, la famille recomposée remplaçant l'ancienne famille. Ensuite, une logique de pérennité qui privilégie la continuité des rapports et non leur substitution. Il s'agit d'une situation où les parents non gardiens assument au mieux leurs responsabilités parentales et attachent une importance à ce que leur rôle ne soit pas remplacé par celui du beau-parent. Un état de fait que le gouvernement français voudrait réformer. C'est Nicolas Sarkozy qui avait relancé l'idée de créer un statut juridique pour le beau-parent, statut sur lequel ont travaillé Rachida Dati, ancienne ministre de la Justice, et Nadine Morano, ex-secrétaire d'État à la Famille. En 2007 déjà, Nicolas Sarkozy avait inscrit ce projet dans la lettre de mission donnée aux membres du gouvernement.

En 2025, les beaux-parents n'ont toujours pas de statut juridique spécifique en France. Des dispositifs tels que le mandat d'éducation quotidienne et la délégation-partage de l'autorité parentale permettent une reconnaissance partielle de leur rôle. Une réforme législative visant à renforcer les droits

1. Irène Théry, *Les recompositions familiales aujourd'hui*, Paris, Nathan, 1993.

des beaux-parents est en cours, mais n'a pas encore abouti. En l'absence d'un statut juridique spécifique, les beaux-parents n'ont pas de droits automatiques sur les enfants de leur partenaire. Toutefois, plusieurs dispositifs légaux permettent une reconnaissance partielle de leur rôle. Tout d'abord, le mandat d'éducation quotidienne introduit par la loi APIE. Ce mandat permet au beau-parent vivant de manière stable avec l'un des parents d'accomplir certains actes usuels de la vie quotidienne de l'enfant. Par exemple, signer le livret scolaire, accompagner l'enfant chez le médecin. Ce mandat est rédigé avec l'accord des deux parents et peut être révoqué à tout moment, notamment en cas de rupture de la vie commune ou de décès du parent concerné. Ensuite, la délégation-partage de l'autorité parentale permet au juge aux affaires familiales de partager l'exercice de l'autorité parentale entre les deux parents et un tiers, souvent le beau-parent, pour les besoins de l'éducation de l'enfant. Cette mesure nécessite l'accord des deux parents et du beau-parent et elle est décidée par le juge. La délégation volontaire de l'autorité parentale permet aux parents de confier temporairement l'exercice de l'autorité parentale à un tiers, si les circonstances l'exigent, notamment en cas d'incapacité des parents à exercer leurs droits, lors d'une hospitalisation, d'un éloignement géographique…

En 2024, une réforme a été proposée pour renforcer les droits des beaux-parents, notamment en matière de succession. Elle vise à offrir davantage de protection aux familles recomposées, en reconnaissant davantage le rôle des beaux-parents dans la vie des enfants de leur partenaire. Cependant, à ce jour, il n'existe toujours pas de statut juridique formel du beau-parent. Les propositions législatives en ce sens, bien que soutenues par une majorité de Français, n'ont pas encore abouti à une réforme législative concrète.

Le couple au bord de la crise de nerfs

Est-on obligé d'aimer les enfants de notre compagnon ou de notre compagne ? De plus en plus de femmes et d'hommes osent dire que s'occuper de ceux des autres n'est pas une sinécure.

> C'est éreintant d'être belle-mère ! Une fille et deux beaux-enfants, ça vous bouffe énormément d'énergie. Chaque décision, les vacances, les sorties, les repas, revêt une charge affective surdimensionnée et demande un sens aigu de la diplomatie pour éviter les conflits. Et personne n'est jamais content. (Rosalie, 39 ans)

Beaucoup se plaignent de galérer pour tisser un lien aussitôt sapé par la mère biologique, de ne pas parvenir à trouver la bonne distance, transformant leur quotidien en un véritable parcours du combattant.

> Quand j'ai ses gamins le week-end, ils font la gueule devant leur assiette, jugent mes choix de vie nuls. Je les trouve très mal élevés mais je me sens obligée de ne rien dire. La première fois que j'ai rencontré mon beau-fils de 6 ans, il m'a accueillie d'un simple « Pute ! ». J'avais beau savoir qu'il était instrumentalisé par sa mère, une folle furieuse, cela m'a quand même choquée et blessée. (Amélie, 33 ans)

Mathilde, 44 ans, n'a, quant à elle, aucun contact avec les deux adolescents de son conjoint :

> Je trouve cela pire que tout. Il y en a un que je connais vaguement et l'autre que je n'ai jamais rencontré car l'ex leur dit du mal de leur père et moi… Du coup, ça prend beaucoup de place dans notre couple.

Mais où est donc l'image d'Épinal de la famille recomposée idyllique ? Jadis, après un veuvage, le nouveau couple évacuait souvent le problème en envoyant les beaux-enfants en pension. Aujourd'hui, il n'en est plus question. Le statut de l'enfant a changé. On essaie de tout concilier.

On peut être très amoureuse d'un homme sans éprouver un sentiment très fort pour sa progéniture. Les rapports entre une belle-mère et ses beaux-parents dépendent évidemment d'une multitude de facteurs : était-elle mère au moment de la rencontre ? Quels âges avaient les enfants au moment de la séparation ? Les voit-elle souvent ? Vivent-ils sous le même toit ? L'ex-couple entretient-il une relation apaisée ? Les enfants sont-ils pris en otage par leur mère ? Se retrouvent-ils dans un conflit de loyauté vis-à-vis d'elle ?

Dans tous les cas, passer d'un nouveau couple conjugal à une famille ne va pas de soi. Avant la rencontre, il y a eu une séparation, voire un adultère, des mensonges, des disputes. Les enfants sont, bien malgré eux, porteurs de cette histoire-là. Rien n'est simple.

> La première fois que j'ai rencontré mon beau-fils, c'était au moment d'un départ en vacances. Il est monté dans la voiture. Je lui ai demandé s'il préférait que l'on se fasse la bise ou que l'on se serre la main. Neuf mois plus tard, j'attends toujours sa réponse. (Lucie, 39 ans)

> Après m'être pliée en quatre pour leur faire plaisir, j'ai organisé un voyage en Angleterre avec ma fille sans mes beaux-enfants. (Agnès, 35 ans)

Face aux incompréhensions mutuelles, nombre de femmes composent et s'en sortent, non sans égratignures. Certaines s'éclipsent lors des week-ends où « ils sont là », d'autres veillent à ne jamais piétiner le territoire de la mère, d'autres développent des trésors d'imagination pour s'occuper d'eux sans être intrusives et en se gardant bien de dire du mal de l'ex.

> Ce n'est pas parce qu'on est amoureuse d'un homme que l'on doit forcément aimer ses enfants. D'autant plus lorsque ces derniers incarnent l'histoire d'amour que celui-ci a eue avec une autre, qui vous fait souvent bien comprendre que vous avez gâché sa vie. (Claire, 37 ans)

C'est vrai, nous ne sommes pas obligés d'aimer les enfants de son nouvel amour. Cet amour non plus ne se commande pas. Ce n'est pas une injonction.

> La première fois que nous nous sommes vus tous les quatre, le fils de Pierre n'a pas supporté un mot de mon fils, ou peut-être un rire, et pris d'une rage folle, il s'est mis à hurler qu'il nous détestait, que de toute façon, je ne serai jamais à son goût, que mon fils ne serait jamais son frère, puis il a attrapé un couteau de boucher et, le brandissant à notre visage, il a menacé de nous tuer. Cela faisait à peine une heure que nous nous connaissions… (Margaux, 30 ans)

Cela prouve la complexité de cohabiter avec l'enfant de l'autre, les conflits, les antagonismes et le combat au quotidien pour vivre ensemble. À juste titre, la pression est plus forte sur les épaules de la belle-mère, dont on attend toujours plus que d'un beau-père. On voudrait qu'elle soit aimante comme une seconde maman. L'homme espère que sa nouvelle compagne s'occupera de ses enfants aussi bien voire mieux dans certains cas que son ex-femme. Or, c'est à lui de prendre soin d'eux et d'assurer l'autorité. La belle-mère ne doit pas être en première ligne. À cette condition, elle se sentira plus libre d'intervenir si elle en a envie.

Et mieux vaut de pas trop attendre de cette nouvelle famille. Le nouveau couple voudrait prouver qu'il a eu raison, qu'il s'aime vraiment, que cette nouvelle histoire, c'est du solide. Mais les enfants ne l'entendent pas toujours de cette oreille.

Beau-père, belle-mère, c'est l'enfer

Conversation entre Lolo (Vincent Lacoste) et un ami :
L'ami : Ta mère va aller à toutes les soirées avec son nouveau mec !
Lolo : T'inquiète ! j'ai la situation bien en main. Tu connais l'expression « PPH » ?
L'ami : Oui. Ne passera pas l'hiver.
Lolo : Ben là, c'est PPA. Il ne passera pas l'automne, fais-moi confiance. Je vais l'éjecter, le Jean-René !

Conversation entre Violette (Julie Delpy) et Jean-René (Dany Boon) :
Violette : Tu étais habillé comme un plouc à ma soirée !
Jean-René : Mais c'est ton fils chéri qui m'a conseillé ce perfecto !
Violette : Ne mêle pas Lolo à tout ça, s'il te plaît !
Jean-René : Ah évidemment !! Lolo l'intouchable !!
Lolo, film réalisé par Julie Delpy, 2015

Ce film nous relate les offres d'un beau-père franchement divorcé, modeste informaticien un peu naïf face au fils chéri de sa nouvelle compagne prêt à tout pour détruire le couple naissant et conserver sa place de favori. Violette, quadragénaire parisienne surbookée, aisée financièrement (Julie Delpy) est en thalasso à Biarritz lorsqu'elle rencontre par hasard Jean-René (Dany Boon), gentil, mais un brin limité. Ils n'ont rien en commun, couchent ensemble et promettent de se revoir à Paris, où il doit déménager prochainement. Cette idylle naissante se voit rejetée par Lolo (Vincent Lacoste), le fils de

Violette, jaloux maladif, qui fait tout pour que l'amourette s'interrompe, multipliant les coups bas que sa mère ne voit jamais, aveuglée par son amour fusionnel pour ce fils chéri.

Pas facile donc de s'entendre avec les enfants de son nouvel amour. Selon Dominique Devedeux[1], « il est même quasi impossible de se faire accepter ». Ce livre claque comme une gifle… la gifle qu'on aimerait donner à cette belle-fille si insolente, si glaciale, si fausse, qui nous manque de respect depuis des mois, mais qu'on ne touchera jamais. Car ce serait se comporter comme une marâtre. Ce livre fait un constat terrible de la condition de belle-mère dans un couple recomposé. Selon elle, la nouvelle compagne ne sera jamais acceptée par les enfants. Pendant les week-ends, les vacances, toute sa vie durant, elle subira leur hostilité. Aussi dévouée soit-elle, elle sera toujours rejetée. La vision idyllique de la famille recomposée en prend un sacré coup. De nombreuses femmes souffrent beaucoup à cause de l'attitude souvent odieuse de leurs beaux-enfants. Il y a un formidable non-dit sur ce sujet. On se met toujours à la place de ces pauvres enfants traumatisés par le divorce et jamais à la place de ces femmes, qui n'ont pas droit à la parole. Les témoignages sont nombreux de belles-mères lessivées, essorées.

Allusion à l'impossibilité d'agir dans laquelle se trouve la belle-mère, sorte de Casque bleu au cœur d'une zone d'hostilité domestique. « Elle n'est pas la mère légitime, rappelle Dominique Devedeux, elle est venue détrôner celle-ci, elle a arraché le père à sa famille. Elle est la voleuse, l'intruse. C'est le fameux : tu n'es pas ma mère, tu n'as pas à me donner d'ordres ! »

1. Dominique Devedeux, *Au secours, je suis une marâtre*, Paris, Michalon, 2010.

L'enfant est souvent pris dans un conflit de loyauté qui lui fait bien souvent prendre le parti de sa mère contre sa marâtre. Le père, écrasé par la culpabilité d'avoir fait subir une séparation à ses enfants, se montre formidablement laxiste. Ce qui apparaît difficile à supporter pour toutes ces belles-mères déjà terriblement éprouvées :

> C'est clairement à leur père de dire où est la place de chacun, de leur faire comprendre qu'il ne tolérera aucun débordement vis-à-vis de moi. (Fabienne, 34 ans)

Cerise sur le gâteau : l'ex-femme, qui peut révéler un formidable pouvoir de nuisance.

> Pendant dix ans, l'ex de mon compagnon n'a fait référence à moi qu'en m'appelant la sorcière. Vous imaginez l'effet que cela produit sur les enfants… (Gabrielle, 43 ans)

> Le fils de mon compagnon n'attaque pas frontalement, il préfère une tactique plus insidieuse. Pendant longtemps, à Noël, mon beau-fils faisait des cadeaux à tout le monde sauf à moi. Une année, je lui avais offert un Smartphone hors de prix… il l'a revendu deux jours après sur eBay… (Nathalie, 48 ans)

Autre expérience douloureuse, cette façon de ne s'adresser qu'au père en faisant glisser son regard sur vous, comme si vous n'existiez pas.

> Ma belle-fille, qui a 20 ans et vit avec nous, est toujours en train de me contredire gentiment, sur la nourriture, le rangement, en laissant sous-entendre qu'elle connaît mieux que moi les goûts de son père… (Elisa, 37 ans)

La rivalité pour le père, voilà tout l'enjeu de la guerre belle-fille/belle-mère. Comme le dit Catherine Audibert[1], « les schémas œdipiens qui existent déjà dans une famille dite classique, la fille qui veut séduire son père, le fils qui veut être aimé de sa mère sont multipliés par dix dans une situation de famille recomposée ».

À n'en pas douter, certaines belles-mères sont très vulnérables à l'hostilité de leurs belles-filles. Une belle-fille qui se place en rivale vis-à-vis de sa belle-mère ne fait pas qu'exprimer un conflit personnel. Elle révèle les zones d'ombre de la recomposition familiale, où les rôles sont à inventer, les liens à légitimer, les équilibres à construire. C'est une forme de négociation des places, dans un espace où les relations ne sont plus dictées par la seule biologie, mais par des affects et des enjeux de pouvoir. On ne devient pas une vraie famille automatiquement, on le devient en construisant du sens commun, de la confiance, des rituels, des équilibres affectifs. Dans ce cadre, il est possible d'être heureux, mais cela demande de la communication entre les partenaires conjugaux, un respect des enfants et de leurs rythmes, notamment vis-à-vis de la loyauté envers le parent absent, une clarté sur la place à tenir, le beau-parent n'étant pas un substitut, mais un tiers.

> J'ai enfin trouvé ma place qui n'est ni autoritaire, ni effacé. Je suis présent, à l'écoute, en soutien si besoin. Je suis amoureux de ma nouvelle compagne, le lien avec mes deux beaux-enfants repose sur la confiance. Et même si mon rôle n'est pas formel, il est clair et reconnu. (Patrick, 40 ans)

Ceci étant dit, il existe bel et bien des belles-mères, des beaux-pères heureux.

---

1. Catherine Audibert, *Le complexe de la marâtre. Être belle-mère dans une famille recomposée*, Paris, Petite Bibliothèque Payot, 2017.

J'ai de la chance, mon mari et son ex-compagne s'entendent très bien, et il a tout de suite posé des limites très claires à ses enfants. Ce qui fait que j'ai pu développer des rapports de confiance avec eux. Je reste malgré tout lucide, ma situation sociale n'y est pas pour rien. J'ai un poste prestigieux dans les métiers du cinéma, ce qui me vaut le rôle de grande sœur admirée par Camille, ma belle-fille de 17 ans. (Cécile, 33 ans)

Quand j'ai rencontré Louise, elle m'a tout de suite parlé de sa fille, Marie. Elle avait 7 ans à l'époque. Je n'ai jamais voulu prendre la place de son père, il est présent, elle a déjà son équilibre. J'ai avancé doucement, sans forcer le lien. Et puis un jour, c'est elle qui m'a pris la main dans la rue. C'était simple mais ça voulait tout dire. Aujourd'hui, elle a 12 ans. Je ne suis pas son père, mais un adulte important pour elle. On a nos trucs à nous. Les devoirs de maths, les films le mercredi soir, les confidences quand elle est en colère contre sa meilleure amie. On a réussi à construire une relation unique, sans jalousie, sans compétition. Pour moi, être beau-père, ce n'est pas un rôle à jouer, c'est une place à mériter. (Yann, 42 ans)

Alors, comment réussir sa mission de beau-parent ? Plusieurs éléments de bon sens. Il faut éviter à tout prix de jouer le rôle de la mère ou du père, même si celle-ci vous paraît défaillante à bien des égards ; il ne faut pas trop s'investir sous peine de grosses déceptions et surtout apprendre à relativiser. Les enfants finissent par grandir, murir, voler de leurs propres ailes, fonder leur propre famille.

Il me semble important de trouver la nécessaire distance à instaurer avec ces beaux-enfants. J'ai compris que ce type de relation demande un amour gratuit, un don de soi total. On doit faire des efforts très intenses pour parvenir à créer la relation, sans pour autant espérer en retour l'amour que nous donnent nos enfants biologiques. On peut se disputer à mort avec son enfant, il reste quand même quelque chose

> d'évident, de fort, un lien naturel qui manque avec les enfants de l'autre. C'est un fil très tenu, que l'on met du temps à tisser, mais qui peut casser à tout moment. (Simon, 43 ans)

Qui peut se vanter d'avoir gardé des relations avec ses beaux-enfants après la rupture avec leur père ou leur mère ?

> Lorsque mon compagnon m'a brutalement quittée, ma belle-fille est instantanément sortie de ma vie. Je l'avais accueillie chez moi durant trois ans, du jour au lendemain je ne l'ai plus jamais revue. Elle me savait gravement malade, elle n'a pourtant plus jamais pris de mes nouvelles. Une déception terrible pour moi… (Kate, 44 ans)

Le beau-parent est à l'image de notre société précaire. Dans une époque où rien n'est sûr, professionnellement, sentimentalement, il est aux avant-postes. On lui demande de faire un incessant travail sur lui, de ne rien attendre de stable. Il est un peu à la mère ou au père ce qu'un CDD est à un CDI, un être doté d'un statut flottant, incertain.

Sociologiquement, la recomposition familiale confronte le couple à une structure relationnelle instable, où les rôles ne sont pas définis par des normes claires. Le beau-parent, souvent sans légitimité symbolique ou juridique, doit trouver sa place entre amour conjugal et cohabitation avec des enfants qui ne sont pas les siens. Le rejet ou l'indifférence envers ces enfants, bien que tabous, traduisent une difficulté à intégrer l'intime familial imposé. Cette tension révèle que, dans les familles recomposées, le couple ne suffit pas à faire famille. Il faut inventer un équilibre entre liens choisis et liens hérités.

Conclusion

Aimer n'est jamais simple. C'est à la fois instinctif et profondément social, un élan du cœur et un effort du quotidien. C'est une histoire que l'on écrit à deux, mais aussi une manière de se réécrire soi-même à travers l'autre.

Aimer aujourd'hui, c'est ainsi naviguer entre des désirs multiples et parfois contradictoires. Celui d'être libre et celui d'être lié ; celui de vivre une passion fulgurante et celui de construire une relation durable ; celui de suivre l'élan du plaisir charnel et celui d'aspirer à la sérénité du quotidien partagé. Dans cette tension permanente, la construction du couple devient un acte volontaire, presque militant, face à un monde où tout semble fluide, éphémère, interchangeable.

À l'heure où le mariage perd de son évidence et où les ruptures conjugales deviennent des réalités banalisées, il est nécessaire de reconsidérer l'idée selon laquelle l'amour serait une évidence ou une récompense méritée. L'amour est un engagement, parfois fragile, souvent incertain, et toujours en mouvement. Il se confronte aux héritages culturels, aux pressions sociales, mais aussi aux blessures individuelles que chacun apporte dans la relation. Il peut se faire toxique, destructeur et même impossible, mais il peut aussi se réinventer, se négocier, se transformer.

Les rencontres amoureuses ne sont plus soumises aux mêmes règles qu'hier. Les formes d'union se diversifient, le célibat se redéfinit, les trajectoires affectives se complexifient. Nous ne sommes plus dans une société qui impose une seule manière d'aimer, mais dans un monde où chacun est sommé d'inventer la sienne. Cette liberté nouvelle, bien qu'exaltante, est aussi vertigineuse. Elle exige de l'autonomie, de la lucidité, mais aussi une capacité à reconnaître nos failles, nos besoins et nos limites.

Ce que ce livre aura tenté de montrer, c'est que l'amour, loin d'être un sentiment pur ou magique, est un phénomène social, façonné par l'époque, les normes, les récits collectifs. C'est une aventure profondément humaine, tissée de contradictions, de choix, de renoncements. Une aventure parfois sublime, parfois douloureuse, mais toujours révélatrice de ce que nous sommes, des êtres en quête de lien, de sens, de reconnaissance.

À l'avenir, la question ne sera peut-être plus de savoir si nous allons aimer, mais comment nous allons aimer autrement. Avec plus de conscience, de respect, de liberté, et peut-être, avec plus de vérité.

Dans cet ouvrage, nous avons traversé les paysages mouvants du couple. La magie de la rencontre après le silence du célibat, l'alchimie des premiers regards, la brûlure douce de la passion, les amours impossibles qui laissent leurs empreintes et ceux qui durent une vie, non sans effort.

Nous avons parlé du mariage, de ses promesses, de ses cadres et des façons nouvelles de faire couple, de vivre ensemble ou à côté, de s'inventer au-delà des normes. Nous avons abordé les désamours, les silences qui abîment, les ruptures parfois inévitables. Nous avons évoqué ces couples qui échouent, mais qui sauvent leur famille, ces séparés qui restent parents et ces âmes cabossées qui recommencent ailleurs, autrement parce qu'elles croient encore que l'amour mérite d'être tenté.

Faire couple n'est pas une obligation. Ce n'est pas toujours une réussite. Mais c'est un chemin d'humanité, une tentative de tisser du lien là où tout invite au repli. Il n'y a pas de modèle unique. Il y a des façons d'aimer, d'habiter l'autre, de se tenir la main sans se posséder, de se quitter sans se trahir, de se retrouver dans un ailleurs plus juste.

Peut-être que l'essentiel n'est pas de durer à tout prix, mais de se sentir vivant dans le lien. D'aimer mieux, pas forcément plus longtemps. De partir quand il le faut, de rester quand on peut, de revenir quand c'est possible.

Faire couple, c'est ne jamais cesser d'essayer.

Postface.
Météo sentimentale

Pascal Lardellier, professeur des universités et auteur

Je connais bien le travail de Kathleen Tamisier, et pour tout vous dire, c'est Kathleen Tamisier que je connais bien. Ce que je sais, c'est qu'elle est une femme de tête et de cœur. Et ce nouvel ouvrage nous le prouve, qui trempe la plume de la sociologue dans l'encrier des sentiments. Plus largement, cette femme de son siècle nous dit ce qu'il en est des plaisirs et des tourments du temps. Et ça décoiffe, quand il s'agit des choses du cœur. Mais le (et ici la) sociologue n'a-t-il pas pour mission de lever le voile sur ce que le quidam ne perçoit pas forcément ? Et de poser des concepts sur des ressentis, et des théories sur ce qui relève pour beaucoup de la simple expérience ?

J'ai pris beaucoup de plaisir à lire ce bel ouvrage. Il nous rappelle que chaque couple est assis sur un volcan, plus sûrement que sur une plage paradisiaque. Ça, ça relève de la propagande universelle pour la romance, et je valide tout ce que ce livre révèle, ou reprécise. Il ouvre surtout des voies, sur les manières dont les couples évoluent et évolueront. Le volcan sommeille, et puis parfois, soudaine, violente, l'éruption.

Le style de Kathleen Tamisier est plaisant, ses analyses pertinentes, les situations décrites parlantes et les témoignages toujours touchants. C'est un miroir qu'elle nous tend, miroir de nos amours contrariées, de nos histoires inachevées et de tous ces couples qui, sitôt formés, s'interrogent sur ce qui les fondent et ce qui fait que cela tiendra, ou pas. La lave couve, gare... Oui, c'est un livre agréable et utile que vous avez entre les mains. Car il nous dit ce que devient le couple et le cortège qui l'accompagne invariablement : projets, rêves, désir, désillusions... Cela fait bien longtemps qu'ici les « trajectoires d'autonomie » percutent les projets à deux.

Et c'est d'autant plus vrai que l'époque des couples « pour le meilleur et pour le pire » et de « l'amour en CDI » est révolue, depuis fort longtemps.

Mais à lire attentivement Kathleen Tamisier, c'est quelque chose d'autre qui m'a frappé : ce qu'elle nous propose dans le filigrane délicat de ces pages, c'est véritablement une météo sentimentale. Je m'explique. De quoi est-il question sur le fond ? Les mots font sens et pour cause. Kathleen parle de désir « torride », d'amour « ardent », de coups de « froid » dans les relations, de « nuages » à l'horizon... Les choses sont « chaudes » entre les amants, et puis ça « se refroidit ». Le thermomètre du désir et du couple joue au yo-yo. Et ainsi va le couple, de périodes « glaciales » en « réchauffements », d'un baromètre qui s'emballe sous le « feu » du désir, pour retomber, pouvant rendre la relation véritablement « frigide », c'est-à-dire étymologiquement en latin, « glacée ».

Longtemps, les mariages « de raison » et les convenances sociales firent que les couples restaient à température ambiante. Mais ça, c'était avant. L'ouvrage précieux de Kathleen nous dit que l'amour est en révolution, que le couple est en mutation, que rien n'est gagné, que rien n'est écrit et que tout à inventer.

Belle leçon, que les couples heureux faisant la lecture à deux méditeront ensemble. Et que les néo-célibataires considéreront comme une leçon porteuse d'espoir. Car il n'y a pas de grand hiver du cœur. Le printemps revient toujours, puis le bel été et ses canicules heureuses, quand elles sont bien partagées. Mais les averses pointent déjà à l'horizon. « Il n'y a pas d'amour heureux », faisait sublimement susurrer Aragon à Brassens. Et les Rita Mitsouko surenchérissaient que « les histoires d'amour finissent mal, en général ». Ce qui n'empêche pas d'être heureux, quand même, une fois allégé des illusions d'éternité et de fusion platonicienne (voir les androgynes du *Banquet*).

En bonus de ses analyses, qui rendent ce que nous vivons soudain plus clair et lisible, Kathleen Tamisier déroule une jolie filmographie, qui française et américaine, habite notre imaginaire. Et nous rappelle que le cinéma possède cette capacité unique de mettre des images, des histoires et des phrases cultes sur les grandes expériences humaines. Sur « l'écran noir de nos nuits blanches » défile le film de nos amours défuntes, de nos espoirs d'union, de nos fantasmes inavoués, de nos séparations chic et choc et de « nos coups de foudre », on en revient à la météo ! Orages des émotions, belles déclarations, éclairs du désir, averse de larmes et ça repart.

La roue tourne. Et n'oubliez pas que le feu couve sous la glace, que les éclipses sont suivies de zéniths aveuglants, comme l'amour. Oui, la roue tourne. Et c'est sur cette grande roue du désir et de la vie, du couple et de l'amour, que ce livre nous emmène. Merci à Kathleen, experte discrète et avisée, de mettre autant de sens que de sensibilité dans ces pages solaires.

Remerciements

Un mot important, au terme de ces pages : merci.

À mon éditeur pour sa confiance renouvelée.

Au professeur Pascal Lardellier pour cette postface rédigée avec finesse et humanité et, bien au-delà, pour son regard toujours bienveillant et sa présence rassurante.

À toutes celles et ceux qui ont accepté de témoigner. Parfois à cœur ouvert, souvent avec pudeur, toujours avec sincérité. Vous m'avez confié vos vérités, vos doutes, vos espoirs. Vos voix sont précieuses.

Et puis… à toi.
Celui dont la lumière éclaire les coulisses de ma vie.
Ma plus belle représentation.
Ma plus belle histoire d'A.

Je dédie ce livre à ma fille, Clara Marie,
à qui je souhaite un bonheur infini.

Bibliographie

AUDIBERT, Catherine. *Complexe de la marâtre*. Paris: Petite Bibliothèque Payot, 2017.

BAILLY, Daniel. *Déculpabilisons les parents*. Paris: Odile Jacob, 2013.

BAJOS, Nathalie. BOZON Michel (dir.). *Enquête sur la sexualité en France. Pratiques, genre et santé*. Paris: La Découverte, 2008.

BARTHES, Roland. *Fragments d'un discours amoureux*. Paris: Seuil, 1977.

BAUMAN, Zygmunt. *L'amour liquide. De la fragilité des liens entre les hommes*. Paris: Fayard/Pluriel, 2010.

BEAUVOIR (de), Simone. *Le deuxième sexe*. Paris: Gallimard, 1949.

BECK, Ulrick. *La société du risque. Sur la voie d'une autre modernité*. Paris: Flammarion, 1986.

BOLOGNE, Jean-Claude. *Histoire du couple*. Paris: Perrin, 2016.

BOURDIEU, Pierre. *La distinction. Critique sociale du jugement*. Paris: Minuit, 1979.

BOURDIEU, Pierre. *Le sens pratique*. Paris: Minuit, 1980.

BOZON, Michel. HERAN, François. *La formation du couple*. Paris: La Découverte, 2006.

BUBER, Martin. *Je et tu*. Paris: Aubier, 2012.

CHAPMAN, Gary. *Les langages de l'amour*. Pontault-Combault: Farel, 1997.

CHAUMIER, Serge. *L'amour fissionnel. Le nouvel art d'aimer*. Paris: Fayard, 2004.

Croset-Calisto, Magali. *Fragments d'un discours polyamoureux*. Paris : Michalon, 2017.
Debest, Charlotte. *Le choix d'une vie sans enfant*. Rennes : PUR, 2014.
Delphy, Christine. Leonard, Diana. *L'exploitation domestique*. Paris : Syllepse, 2019.
Despentes, Virginie. *Vernon Subutex 2*. Paris : Grasset, 2015.
Devedeux, Dominique. *Au secours, je suis une marâtre*. Paris : Michalon, 2010.
Donath, Orna. *Le regret d'être mère*. Paris : Odile Jacob, 2019.
Ferroul, Yves. *Le mariage d'amour n'a que 100 ans*. Paris : Odile Jacob, 2015.
Giddens, Anthony. *Les conséquences de la modernité*. Paris : L'Harmattan, 1985.
Giddens, Anthony. *La transformation de l'intimité*. Paris : Hachette, 2006.
Girard, Alain. *Le choix du conjoint, une enquête psycho-sociologique en France*. Paris : Armand Colin, 2012.
Goffman, Erving. *Stigmate : les usages sociaux des handicaps*. Paris : Minuit, 1975.
Hefez, Serge. *La fabrique de la famille*. Paris : Calmann-Lévy, 2016.
Hirt, Jean-Michel. *L'insolence de l'amour*. Paris : Albin Michel, 2007.
Hochschild, Arlie. *Le prix des sentiments. Au cœur du travail émotionnel*. Paris : La Découverte, 2017.
Iacub, Marcela. *La fin du couple*. Paris : Stock, 2016.
Illouz, Eva. *Les sentiments du capitalisme*. Paris : Seuil, 2006.
Illouz, Eva. *Pourquoi l'amour fait mal. L'expérience amoureuse dans la modernité*. Paris : Seuil, 2012.
Illouz, Eva. *La fin de l'amour. Enquête sur un désarroi contemporain*. Paris : Seuil, 2020.
Kaufmann, Jean-Claude. *Sociologie du couple*. Paris : PUF, 2003.
Kaufmann, Jean-Claude. *Sex@amour*. Paris : Armand Colin, 2010.
Kaufmann, Jean-Claude. *L'amour qu'elle n'attendait plus*. Paris : Hugo Publishing, 2018.

Kellerhals, Jean. *Mesure et démesure du couple. Cohésion, crises et résilience dans la vie des couples.* Paris : Payot, 2008.

Kraemer, Fabienne. *21 clés pour l'amour slow.* Paris : PUF, 2016.

Lardellier, Pascal. *Le cœur net. Célibat et @mours sur le Web.* Paris : Belin, 2004.

Lardellier, Pascal. *Les nouveaux rites. Du mariage gay aux Oscars.* Paris : Belin, 2005.

Lardellier, Pascal. *Les réseaux du cœur. Sexe, amour et séduction sur Internet.* Paris : François Bourin, 2012.

Lardellier, Pascal. *Éloge de ce qui nous lie. L'étonnante modernité des rites.* La Tour-d'Aigues : l'Aube, 2023.

Letessier, Lisa. *La rupture amoureuse.* Paris : Odile Jacob, 2014.

Millet, Catherine. *Jour de souffrance.* Paris : Flammarion, 2008.

Moreau, Denis. *Pour la vie ? Court traité du mariage et des séparations.* Paris : Seuil, 2014.

Nabati, Moussa. *Réussir sa séparation pour tisser des liens adultes.* Paris : Fayard, 2018.

Neuburger, Robert. *Le couple : le désirable et le périlleux.* Paris : Payot, 2014.

Pepin, Charles. *La rencontre. Une philosophie.* Paris : Allary, 2021.

Pugeault-Cicchelli, Catherine. *Les théories sociologiques de la famille.* Paris : La Découverte, 1998.

Sablonniere, Bernard. *La chimie des sentiments.* Paris : Odile Jacob, 2015.

Sauzede-Lagarde, Anne. *Former une famille recomposée heureuse.* Paris : InterÉditions, 2013.

Singly (de), François. *Le soi, le couple et la famille.* Paris : Nathan, 1996.

Singly (de), François. *Libres ensemble. L'individualisme dans la vie commune.* Paris : Armand Colin, 2005.

Smadja, Éric. *Le couple et son histoire.* Paris : PUF, 2011.

Sthers, Amanda. *De l'infidélité.* Paris : Plon, 2018.

Stora, Michael. *Hyperconnexion.* Paris : Larousse, 2017.

Thelot Claude. *Tel père, tel fils ? Position sociale et origine familiale.* Paris : Dunod, 1982.

Thery, Irène. *Les recompositions familiales aujourd'hui*. Paris : Nathan, 1993.

Thery, Irène. *Mariage et filiation pour tous. Une métamorphose inachevée*. Paris : Seuil, 2016.

Wolton, Dominique. *Internet, et après ?*. Paris : Flammarion, 1999.

Woodward Thomas, Katherine. *Se séparer sans se détester. 5 étapes pour se quitter sans trop souffrir... et en sortir meilleur(e)*. Paris : Leduc, 2016.

Table des matières

Pour limiter l'empreinte environnementale de leurs livres,
les éditions de l'Aube font le choix de papiers
issus de forêts durablement gérées et de sources contrôlées.

Achevé d'imprimer en octobre 2025
sur les presses de l'imprimerie CPI Firmin-Didot
pour le compte des éditions de l'Aube
331, rue Amédée-Giniès, F-84240 La Tour-d'Aigues

Numéro d'édition : 6758
Dépôt légal : novembre 2025
Numéro d'impression : 185751

Imprimé en France